Jürgen Raithel

Jugendliches Risikoverhalten

Jürgen Raithel

Jugendliches Risikoverhalten

Eine Einführung

2., überarbeitete Auflage

Bibliografische Information der Deutschen Nationalbibliothek
Die Deutsche Nationalbibliothek verzeichnet diese Publikation in der
Deutschen Nationalbibliografie; detaillierte bibliografische Daten sind im Internet über
<http://dnb.d-nb.de> abrufbar.

1. Auflage 2004
2., überarbeitete Auflage 2011

Alle Rechte vorbehalten
© VS Verlag für Sozialwissenschaften | Springer Fachmedien Wiesbaden GmbH 2011

Lektorat: Cori Mackrodt

VS Verlag für Sozialwissenschaften ist eine Marke von Springer Fachmedien.
Springer Fachmedien ist Teil der Fachverlagsgruppe Springer Science+Business Media.
www.vs-verlag.de

Das Werk einschließlich aller seiner Teile ist urheberrechtlich geschützt. Jede Verwertung außerhalb der engen Grenzen des Urheberrechtsgesetzes ist ohne Zustimmung des Verlags unzulässig und strafbar. Das gilt insbesondere für Vervielfältigungen, Übersetzungen, Mikroverfilmungen und die Einspeicherung und Verarbeitung in elektronischen Systemen.

Die Wiedergabe von Gebrauchsnamen, Handelsnamen, Warenbezeichnungen usw. in diesem Werk berechtigt auch ohne besondere Kennzeichnung nicht zu der Annahme, dass solche Namen im Sinne der Warenzeichen- und Markenschutz-Gesetzgebung als frei zu betrachten wären und daher von jedermann benutzt werden dürften.

Umschlaggestaltung: KünkelLopka Medienentwicklung, Heidelberg
Druck und buchbinderische Verarbeitung: Ten Brink, Meppel
Gedruckt auf säurefreiem und chlorfrei gebleichtem Papier
Printed in the Netherlands

ISBN 978-3-531-18320-6

Inhalt

Vorwort 7

1 Einleitung 9

2 **Lebensphase Jugend** 13
   2.1 Zum Begriff Jugend und zur Entstrukturierung der Jugendphase ... 13
   2.2 Jugend zwischen Transition und Moratorium 18

3 **Konzeption und Formen des Risikoverhaltens** 23
   3.1 Der Risikobegriff 23
   3.2 Klassifikationen, Konzept und Kategorisierungen des
       Risikoverhaltens 24
       3.2.1 Klassifikationen (kleine Auswahl) 24
       3.2.2 Konzeptionelle Dimensionen 25
       3.2.3 Kategorisierungen 27
   3.3 Gesundheitliches Risikoverhalten 33
   3.4 Delinquentes Risikoverhalten 37
   3.5 Finanzielles Risikoverhalten 42

4 **Erklärungsmodelle** 47
   4.1 Biologistische Sichtweise und das Konzept Sensation Seeking 47
   4.2 Rational-Choice-Modelle 50
       4.2.1 Das Health Belief-Modell 52
       4.2.2 Theory of Planned Behavior 54
       4.2.3 Zusammenfassung 56
   4.3 Das belastungstheoretische Sozialisationsmodell 57
       4.3.1 Theoretische Provenienzen 58
              4.3.1.1 Problem Behavior-Theory 58
              4.3.1.2 Das Entwicklungsaufgabenkonzept und die
                      Entwicklungsfunktionalität des Risikoverhaltens 62
              4.3.1.3 Sozialisationstheoretische Konzeption:
                      Das produktiv realitätsverarbeitende Subjekt 67
              4.3.1.4 Stresstheoretische Konzeption nach Pearlin 72
              4.3.1.5 Stresstheoretische Konzeption von Lazarus 79

4.3.2 Die Objektivität der Belastungspotenziale 84
    4.3.2.1 Sozialstrukturelle Rahmenbedingungen 84
    4.3.2.2 Sozialisationsfelder 89
4.3.3 Zusammenfassung 99
4.4 „Doing gender"-Perspektive und das Modell der geschlechtsspezifischen Stilisierung 102
    4.4.1 Das kulturelle System der Zweigeschlechtlichkeit 102
    4.4.2 Geschlechtsspezifische Stilisierung und die Bedeutung des Körpers 105
4.5 Milieus und Lebensstile als ungleichheitstheoretisches Erklärungsmodell 108
4.6 Ein handlungstheoretisches Mehrebenenmodell als integratives Modell jugendlichen Risikoverhaltens 115

5 Die Erfassung des Risikoverhaltens 121
5.1 Gesundheitsriskantes Verhalten 121
5.2 Delinquentes (rechtsnormriskantes) Verhalten 132

6 Zur Prävention riskanten Verhaltens 135

Literaturverzeichnis 145

Vorwort

Diese Einführung widmet sich dem ubiquitären Phänomen des Risikoverhaltens im Jugendalter. Wenngleich das jugendliche Risikoverhalten aufgrund seiner Entwicklungsfunktionalität bedeutsam und wichtig ist, stellt es doch gleichzeitig wegen seines Schädigungspotenzials und möglicher chronischer Folgen einen gesellschaftlichen Problembereich dar. Dadurch steht es im Fokus von jugend- und gesundheitsbezogener Forschung, Praxis sowie Politik.

Im Mittelpunkt dieses Buches stehen Erklärungsmodelle jugendlichen Risikoverhaltens. Hierbei wird ein breit gefächertes Risikoverhalten im gesundheitlichen, rechtsnormbezogenen und finanziellen Verhaltensbereich postuliert. Entsprechend werden nur Konzeptionen in generalistischer Absicht dargestellt. Auf einzelne Phänomenbeschreibungen außerhalb von Theorien mittlerer Reichweite wird verzichtet.

Das Einführungsbuch richtet sich sowohl an Studierende der Fächer Pädagogik, Psychologie, Soziologie, Sozialpädagogik und Lehramt als auch an Praktiker im Erziehungs- und Jugendbereich und andere Interessierte.

An dieser Stelle möchte ich Kolleginnen und Kollegen aus vielfältigen Bereichen für ihre Anregungen und den fachlichen Austausch sowie den unterschiedlichsten Personen im alltäglichen Kontakt und den Jugendlichen, mit denen ich pädagogisch wie therapeutisch zusammenarbeiten durfte, danken, die meinen Blick auf den „Phänomenbereich" deutlich geschärft haben.

Es würde mich freuen, wenn dieses Buch dem Lesenden hilft, das Phänomen des jugendlichen Risikoverhaltens besser zu verstehen und differenzierter zu reflektieren.

Bamberg/Berlin, im Juli 2011
Jürgen Raithel

1 Einleitung

Die Lebensphase Jugend ist durch die Suche und Entwicklung einer eigenen Identität charakterisiert. Aufbruch und starke Veränderungen sind Kennzeichen dieser Altersspanne. Veränderungen auf biologischer Ebene gehen mit der Veränderung interpersonaler Beziehungen und sozialer Statusveränderungen einher. Schulische und berufliche Entwicklungsbereiche sowie die Gruppe der Gleichaltrigen treten gegenüber dem familiären Umfeld in den Vordergrund. Im Zuge des Übertritts in den Lebensbereich und das Rollensystem des Erwachsenenalters wirken vielfältige Einflüsse auf den jungen Menschen und es ergeben sich neuartige Handlungsmöglichkeiten, aber auch Handlungsanforderungen.

Aufgrund massiver biologischer Veränderungen, psychosozialer Umbrüche und vielfältiger Herausforderungen stellt die Jugend eine hoch riskante Entwicklungszeit dar. Das Austesten eigener Handlungskompetenzen auf der einen Seite und des von der Gemeinschaft ‚noch' Gebilligten auf der anderen Seite sind Hintergrund dafür, dass das Verhalten im Vergleich zur Erwachsenenbevölkerung risiko- bzw. problembehafteter ist (vgl. Hurrelmann 1994; Fend 2001; Schäfers 2001; Raithel 2001). Jugendliche üben oft gesundheitsriskante Praktiken aus (vgl. Seiffge-Krenke 1994; Kolip 2000; Silbereisen/Reese 2001; BZgA 2001; Hurrelmann et al. 2003; RKI 2008; Richter et al. 2010; KKH-Allianz 2011), überschreiten häufiger Grenzen des sozial Erlaubten und missachten Gesetze in Form delinquenter Verhaltensweisen (vgl. Heitmeyer et al. 1995; Wetzels et al. 2001; Mansel/Raithel 2003; BKA 2003). Somit ist das Jugendalter ein Einstiegspunkt und oft auch Höhepunkt für verschiedenste Formen des Risiko- bzw. Problemverhaltens (vgl. z. B. Olbrich 1984; Oerter 1987; Remschmidt 1994; Silbereisen/Reese 2001). Risikoverhalten ist für die jugendliche Lebensspanne als normativ (Muuss 1993, 189) und ubiquitär zu bezeichnen, da sich Jugendliche insgesamt häufiger als Mitglieder anderer Altersgruppen unterschiedlichsten Risiken, in Form von „Ausprobieren", „Testen" und „Grenzen überschreiten", aussetzen. Riskante Verhaltenspraktiken sind also ein wesentliches, nicht gar zu sagen, ein kardinales Bestimmungselement der jugendlichen Entwicklungsphase.

Da riskante Verhaltensmuster im gesundheitlichen, rechtsnormbezogenen (delinquenten) und finanziellen Bereich in der Jugendphase grundgelegt werden und die Gefahr der Habitualisierung in Bezug auf das Erwachsenenalter gegeben ist, kommt dieser Lebensphase für intervenierende präventive Maßnahmen eine herausragende Bedeutung zu (vgl. Hurrelmann 1994; Kolip 1999). Aufgrund der Initialisierung und Habitualisierungsgefahr riskanter Verhaltenspraktiken ist die wissenschaftliche Zuwendung zu diesem Themenkomplex besonders bedeutsam. In der jugendlichen Lebensphase erfolgt eine wesentliche Weichenstellung für das gesamte weitere Leben.

Betrachtet man epidemiologische Befunde zum Gesundheitsverhalten, so ist festzustellen (vgl. Raithel 2005; RKI 2008; Richter et al. 2010), dass sich innerhalb der gesundheitsriskanten Verhaltensweisen der Substanzkonsum aufgrund seiner Verbreitung und seines Gefährdungspotenzials als der gesundheitsdringlichste Verhaltensbereich im Jugendalter darstellt. Ein besonderes Augenmerk kommt hierbei dem Tabak- und Alkoholkonsum zu, bei welchem sich die Mädchen an die Jungen quantitativ immer mehr anpassen, wenngleich qualitative Unterschiede bestehen bleiben (vgl. Kolip 2000; Sieverding 2000). Beim Konsum alkoholischer Getränke rangiert zwar das Bier nach wie vor auf Platz eins, doch folgen bereits bei jüngeren Jungendlichen die sogenannten Alcopops. Hingegen spielt der Konsum illegaler Drogen, und hierbei wiederum jener der harten Drogen, im Jugendalter nur eine untergeordnete Rolle. Ähnliches ist auch für den Medikamentenmissbrauch festzustellen. Der Konsum von Schnüffelstoffen ist zwar vor allem jugendspezifisch, aber von der quantitativen Bedeutung her zu vernachlässigen.

Bedenklicher stellt sich das Bild bezüglich des Gewichtsstatus der Jugendlichen und somit ihres Ernährungsverhaltens dar. So zeigte die HBSC-Studie Germany (vgl. Zubrägel/Settertobulte 2003), dass nur knapp 70 % der Jugendlichen ein Normalgewicht haben. Die nicht-normalgewichtigen Mädchen sind zum größeren Teil untergewichtig bis stark untergewichtig. Bei den Jungen halten sich die unter- und übergewichtigen Jugendlichen ungefähr die Waage. Diese Befundlage ist vor allem auf eine fehlerhafte resp. riskante Ernährung, d. h. Mangelernährung, hochkalorische Ernährung, einseitige Ernährung, ballaststoffarme Ernährung etc. zurückzuführen. Als übergewichtig oder gar adipös gelten nach der KiGGS-Studie knapp 20 % der 11- bis 17-Jährigen (RKI 2008; Lampert 2010).

Ebenfalls als bedenklich ist das lautstarke Musikhören (Lautstärkeverhalten) einzustufen, wenngleich hierzu bislang nur wenig Daten vorliegen. So verweisen doch die vorhandenen Befunde (vgl. Hanel 2001) auf eine epidemiologisch relevante gesundheitsriskante Verhaltensweise hin.

Ein in den letzen Jahren immer mehr an Bedeutung gewonnenes Gesundheitsrisiko stellt die Sonnenexposition in Hinsicht auf die Hautkrebsgefahr dar. Die Gesamtbevölkerungs-Inzidenzrate hat sich in den alten Bundesländern zwischen den 70er- und 90er-Jahren von 3 % fast vervierfacht und die Melanom-Todesfälle fast verdoppelt (Blum/Grabe/Rassner 1998). Die Gefahr im Jugendalter liegt zwar weniger im Melanom-Todesfallrisiko, jedoch in der Habitualisierung riskanten sonnenbezogenen Verhaltens.

Befunde zur Dentalhygiene zeigen ein sehr positives Bild. So putzen sich erfreulicherweise 97 % der Jugendlichen mindestens einmal pro Tag die Zähne.

Allerdings bestehen in der Zahnputzfrequenz deutliche Geschlechtsunterschiede zugunsten der weiblichen Jugendlichen (vgl. Ravens-Sieberer/Thomas/Erhart 2003, 36). Bezüglich des Bewegungs-/Sportverhaltens differieren die Befunde zum Partizipationsgrad der Jugendlichen zwischen 60 und 70 % (vgl. Zinnecker et al. 2002, 66; Brinkhoff 1998, 137). Nach der KiGGS-Studie treiben lediglich 13 % der Jugendlichen nie bzw. weniger als einmal pro Woche eine körperlich-sportliche Aktivität (RKI 2008; Lampert 2010). Mit der – in „gesunden" Maßen betriebenen – Sportaktivität werden vielfältige gesundheits- und entwicklungsförderliche Potenziale verbunden (Lampert 2010), wenngleich außer den kardiovaskulären Effekten alle anderen (psychische, soziale) Wirkpotenziale bisher letztendlich ungesichert sind (vgl. Brettschneider/Kleine 2002; Raithel 2003f). Allerdings stellen sich unterschiedliche Entwicklungen und Ausübungsformen des Sports in mehrerlei Hinsicht als äußerst problematisch dar: Die Sportausübung in Form des Leistungssports kann selbst als ein psychosozialer Belastungsfaktor wirken (vgl. Richartz/Brettschneider 1996). Bei sogenannten Risiko-, Abenteuer- oder Extremsportarten ist das (Gesundheits)Risiko meist zentraler Bestandteil der Aktivität, da nur hierüber der „Kick" erlebt werden kann (vgl. Ipsos 2000; Opaschowski 2000; Raithel 2001a; Rittner 2001; Zinnecker et al. 2002, 170). Bei vielen dieser Aktivitäten geht es um „coolness", die Selbstdarstellung in der Szene, um den „ultimativen Kick" bzw. Grenzerfahrungen und die vertiefte Selbsterfahrung (vgl. Apter 1994; Semler 1997; Neumann 1999; Raithel 2001a; 2003b). Die Gefahr einer gesundheitlichen Schädigung besteht ebenfalls bei exzessiver und extremer Sportausübung. Die Einnahme von Dopingmitteln – mittlerweile auch schon im Freizeitsportbereich – ergänzt den Problembereich.

Das riskante Sexualverhalten kann aufgrund des in den vorangegangenen Jahren deutlich verbesserten Kontrazeptionsverhaltens und der zunehmenden Treue in jugendlichen Paarbeziehungen als deutlich abnehmend bewertet werden (vgl. Neubauer 2001; Raithel 2003c). Allerdings verhüten nach den Daten von Plies et al. (1999, 77) 19 % der Jugendlichen beim ersten Koitus überhaupt nicht. Diese Zahl ist mittlerweile etwas gesunken: 9–12 % der Mädchen und 15–16 % der Jungen benutzten beim ersten Geschlechtsverkehr noch kein Verhütungsmittel (vgl. KKH-Allianz 2011, 177; BZgA 2006).

Zusammenfassend stellen sich der Tabak- und Alkoholkonsum, das Ernährungsverhalten, der Lautstärkekonsum und das sonnenbezogene Verhalten als besonders dringliche gesundheitsriskante Verhaltensweisen heraus.

Um die deliktspezifische Verbreitung delinquenten Verhaltens Jugendlicher abzuschätzen, sei auf die polizeiliche Kriminalstatistik (Hellfeld!) verwiesen (vgl. BKA 2003, 77). Hier stellt sich von den insgesamt 297.881 deutschen und nichtdeutschen jugendlichen Tatverdächtigen im Jahr 2002 der „einfache" Diebstahl als der häufigste Deliktsbereich dar, also Diebstahl ohne erschwerende Umstände, worunter der Ladendiebstahl dominiert. Diesem folgen die Körperverletzung, Sachbeschädigung, Rauschgiftdelikten und „schwerer" Diebstahl (Diebstahl unter erschwerenden Umständen, vor allem von/aus Automaten und in/aus Kiosken). Betrug (vor allem Leistungserschleichung) und Raubdelikte bilden das Schlusslicht der Hauptdeliktbereiche.

Anliegen dieses Buches ist es nun, das Spektrum jugendlichen Risikoverhaltens konzeptionell zu fassen und zu systematisieren. Zu diesem Zweck wird sich nach der Charakterisierung der Lebensphase Jugend (Kap. 2) im dritten Kapitel dem Handlungsbereich des Risikoverhaltens phänomenologisch genähert. Nach einer definitorischen Bestimmung des Risikobegriffs wird das phänomenologische Feld des Risikoverhaltens synoptisch kategorisiert und einzelne Risikoformen näher beleuchtet. Im Kapitel 4 werden verschiedene Erklärungsansätze für jugendliches Risikoverhalten beschrieben, voneinander abgegrenzt und diskutiert. Hierbei liegt ein Schwerpunkt auf dem belastungstheoretischen Sozialisationsmodell, weil dieses in der deutschen Jugendforschung die größte Verbreitung erlangt hat. Das daran anschließende methodisch orientierte Kapitel stellt deutschsprachige Erhebungsinstrumente vor. Im Abschlusskapitel steht die Thematik der Prävention riskanter Verhaltensweisen im Mittelpunkt.

2 Lebensphase Jugend

Die Altersgruppe der Jugendlichen stellt die Lebensphase zwischen der Kindheit und dem Erwachsenenalter dar, wobei es sich um einen eigenständigen Lebensabschnitt handelt. „Jugend ist eine Lebensphase, aber „die" Jugend als einheitliche soziale Gruppe gibt es nicht" (Hurrelmann 1994, 51). Die bestehende Heterogenität in den jugendlichen Lebenswelten und Lebensstilen löst die Vorstellung eines Einheitlichkeitsmythos von Jugend auf und bedarf einer Differenzierung beispielsweise in unterschiedliche Jugendkulturen bzw. Jugendsubkulturen (vgl. Baacke 1987; Baacke/Ferchhoff 1993; Ferchhoff 1994) oder in jugendliche Handlungstypen (vgl. Lenz 1989). Obwohl keine generalisierende Jugendgestalt existiert, wird der Jugendbegriff im Weiteren so verwendet, als handele es sich um ein jugendkultur- und lebensstil-/milieuübergreifendes Kollektiv.

2.1 Zum Begriff Jugend und zur Entstrukturierung der Jugendphase

Weder in der Alltags- noch in der Fachsprache gibt es nur einen Bedeutungsinhalt für Jugend. Dem, was Jugend ist, wird sich im Folgenden einmal aus entwicklungspsychologischer und zum anderen aus soziologischer Perspektive genähert.

Dem entwicklungspsychologischen Modell von Erikson (1966) und dem Modell der kognitiven Entwicklung von Piaget (1926) zufolge befindet sich das Kind ab dem 12. Lebensjahr im Stadium der formalen (abstrakten) intellektuellen Operation und somit in der Entwicklungsstufe bzw. -phase, die als Jugend oder Adoleszenz bezeichnet wird (vgl. Oerter/Dreher 2002). Nach dem Modell von Erikson wird diese Entwicklungsphase durch die psychosoziale Krise „Identität vs. Identitätsdiffusion" (Phase V) geprägt.

Aus soziologischer Sicht sind für die Gegenwartsgesellschaft folgende Elemente für eine Definition von Jugend zu nennen (Schäfers 2001):

- Jugend ist eine Altersspanne im Lebenszyklus eines jeden Individuums, die mit dem Einsetzen der Pubertät um das 13. Lebensjahr beginnt; der Jugend als Altersphase geht die Kindheit voraus; es folgt das Erwachsenenalter.
- Jugend ist die Altersgruppe der etwa 13- bis etwa 25-Jährigen, die lebensphasetypische Verhaltensweisen und Einstellungen besitzt. Hierbei stellen die 13- bis 18-Jährigen (pubertäre Phase) die Jugendlichen im engeren Sinne

dar; für die 18- bis 25-Jährigen und älteren Jugendlichen setzte sich der Begriff Post-Adoleszente durch.
- Jugend ist eine biologisch mitbestimmte, aber sozial und kulturell „überformte" Lebensphase, in der das Individuum die Voraussetzungen für ein selbständiges Handeln in allen gesellschaftlichen Bereichen erwirbt.
- Jugend ist eine Subkultur; eine gesellschaftliche Teilkultur.

In der internationalen Jugendforschung ist der Terminus Adoleszenz vornehmlich im Kontext entwicklungsbezogener Veränderungen der Jugendphase gebräuchlich. Die Adoleszenz erstreckt sich insgesamt über ca. ein Jahrzehnt, das quantitativ wie qualitativ sehr heterogene Entwicklungsprozesse aufweist. Zur Differenzierung der Veränderungsdynamik unterscheidet Steinberg (1993) drei Phasen mit jeweils zugeordneten Altersbereichen:

1) frühe Adoleszenz zwischen 11 und 14 Jahren,
2) mittlere Adoleszenz zwischen 15 und 17 Jahren und
3) späte Adoleszenz zwischen 18 und 21 Jahren.

Die Abgrenzung zwischen Jugend und frühem Erwachsenenalter erfolgt nicht über Altersklassen, sondern anhand von Funktionsbereichen (z.B. Berufsaufnahme), Rollenübergängen und Kriterien sozialer Reife. Doch gerade die Eingliederung ins Berufsleben ist heute zumeist mit einer wesentlichen Verlängerung der Bildungszeit verbunden. Hieraus ergibt sich eine Ausdehnung der Jugendphase, die sich bis zum 30. Lebensjahr erstrecken kann. Parallel entstehen psychosoziale Neuorientierungen, die unter dem Stichwort „Postadoleszenz" diskutiert werden (vgl. Tippelt 1984; Baacke 1994). In Abbildung 1 kann die historische Ausdifferenzierung der Altersrollen nachvollzogen werden.

Die Verlängerung der Jugendphase ist für die heutige Jugend kennzeichnend. Die Identitäts-/Persönlichkeitsentwicklung verläuft in der postadoleszenten Phase zwar „kulturell, politisch und in der Gestaltung ihrer Lebensstile völlig autonom" (Baacke 1994, 43), doch in der beruflichen und materiellen Realisation ihrer Lebensplanung ist diese Altersgruppe häufig behindert und weiterhin auf der Suche nach Verankerung im System (vgl. ebd.).

Die genaue Festlegung der Zeitspanne der Jugendphase ist nur schwerlich möglich. Doch zumindest wird der Eintritt ins Jugendalter gewöhnlich mit der beginnenden Geschlechtsreife gleichgesetzt. Hinsichtlich der Ziele der Jugendphase bestehen keine Differenzen: Einvernehmlich wird diese mit der Ausbildung der Ich-Identität bzw. Individuation verbunden (vgl. Oerter/Dreher 2002; Hurrelmann 1986; Erikson 1966). Sozialisationstheoretisch ist die Ausbildung von Identität mit dem Erwerb von Handlungskompetenz verknüpft. Handlungskompetenz wiederum schafft die Voraussetzung, mit den Anforderungen der Umwelt produktiv umzugehen. Gleichzeitig ist sie aber auch die Grundlage dafür, dass die eigenen Motive, Interessen und Bedürfnisse berücksichtigt und eingebracht werden können.

Abbildung 1   Historische Ausdifferenzierung der Altersrollen
(Quelle: Jugendwerk der Deutschen Shell 1981, 103)

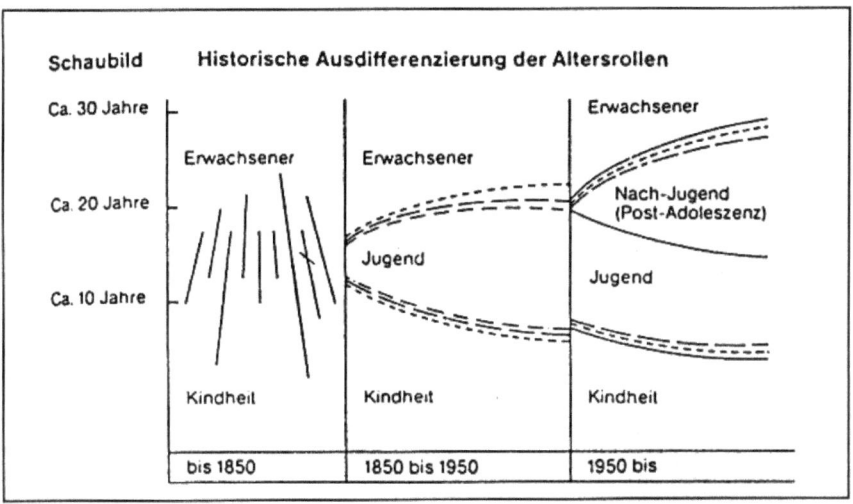

Der soziale Wandel führte auch im Kreise der Jugendforscher und Jugendforscherinnen zu einer Neudefinition der Jugendphase, die sich in massiver Umstrukturierung befindet. Der seit Mitte des 20. Jahrhunderts vollzogene Wandel wird von Zinnecker (1985) als „Wendepunkt in der Epochalgeschichte von Jugend seit dem 18. Jahrhundert" (S. 33) bezeichnet (vgl. Abb. 1).

Die heutige Jugendphase gestaltet sich zunehmend individueller und hebt eine Standardchronologie von Übergangsereignissen auf. Ebenso entstandardisiert und entstrukturiert sich die Abfolge der übergangscharakterisierenden Entwicklungsaufgaben, was vielgestaltige jugendliche Verlaufsmuster und Lebensstile erlaubt (vgl. Kohli 1986; 1998). Dabei besitzt das „Individualisierungstheorem" im Kanon der Modernisierungsprozesse eine dominante Erklärungsfunktion, mit dessen Hilfe Strukturveränderungen und Wandlungen im subjektiven Lebens- und Erfahrungsbereich beschrieben und erklärt werden. Seine Tragfähigkeit liegt darin begründet, dass es sowohl als gesellschaftsstruktureller als auch subjekttheoretischer Ansatz verstanden werden kann (vgl. Arbeitsgruppe Bielefelder Jugendforschung 1990). Individualisierung bedeutet hier eine durch die Komplexitätssteigerung der Sozialstruktur erzwungene Anforderung an die Gesellschaftsmitglieder (vgl. Heitmeyer/Olk 1990).

In der jugendsoziologischen Diskussion werden hierbei diese Modernisierungseffekte ambivalent bewertet: Einerseits werden der Individualisierung positive, einzigartige, chanceneröffnende Perspektiven zugesprochen, andererseits wird der Prozess durch Vereinzelung, Entfremdungstendenzen und Selbstkontrollzwänge charakterisiert und als negativ bzw. problematisch für die Individuations- und Integrationsentwicklung bewertet. Die Effekte der gesellschaftlichen Differenzierung und Individualisierung lassen sich auch deshalb keineswegs eindeutig als positiv oder negativ bewerten, da die Umsetzung erweiterter Handlungschancen und verbesserter Lebenslagen von der jeweiligen Person, ihren individuellen Eigenschaften und Fähigkeiten sowie den konkreten Umweltbedingungen abhängt. Diesen Aspekt lässt Fuchs (1984; 1985) in seiner wohlwollenden These der „Biographisierung der Jugendphase" unberücksichtigt. In der fortschreitenden Individualisierung sieht er entschieden chanceneröffnende und emanzipatorische Perspektiven, welche den Jugendlichen erweiterte Optionsspielräume und Explorationsmöglichkeiten einräumen.

Der ökonomische, soziokulturelle und politische Veränderungsprozess hat gleichzeitig zu erheblichen Veränderungen der Sozialisationsinstanzen und ihren Bedeutungen für die Persönlichkeits- und Integrationsentwicklung Jugendlicher geführt. Eine Differenzierung und Pluralisierung der jugendlichen Verlaufsmuster bzw. eine zunehmende Streuung an Jugendbiographieverläufen verursacht einen Verlust der Konturen, Selbstverständlichkeiten und Verbindlichkeiten des Statusübergangs in sozialhistorischer Hinsicht. Die einheitlichen generalisierenden Jugendbilder zerfallen. Es kommt mit der gleichzeitig milieuspezifischen Wahlfreiheit und der gestiegenen Selbstverantwortung sowie Entscheidungsnotwendigkeit nicht nur zu einem äußeren Pluralismus von Lebenslagen und -stilen, sondern auch zu einer inneren Differenzierung von Lebensentwürfen und -orientierungen.

Der Gewinn an hohen Autonomie- und Freiheitsgraden im Handeln verschafft dem Jugendlichen einerseits Entfaltungsraum für idealistische Selbst- und Weltentwürfe, Selbsterfahrung, Selbstthematisierung, Identitätsfindung und den eigenen Lebensstil in einem (von vielen Zwängen befreiten) psychosozialen Moratorium. Andererseits muss ein Tribut für die dazu gewonnenen Möglichkeiten in einer komplexeren und ausdifferenzierteren Gesellschaft in Form von neuen Risiken und neuen Zwängen geleistet werden. „Die Jugendphase in den heutigen Industriegesellschaften hat sich in historischer Perspektive also tiefgreifend gewandelt" (Hurrelmann 1994, 288).

Eine Verlängerung von Jugend durch die Ausweitung und längere Verweildauer im schulischen und beruflichen Ausbildungssystem, eine Verunsicherung von Jugend durch Arbeitsmarktrisiken und eine Vervielfältigung des Übergangs in den Erwachsenenstatus sind mitverantwortliche Teilprozesse einer erkennbaren Entstrukturierung der bis zur Mitte dieses Jahrhunderts vorherrschenden relativ homogenen Jugendphase (vgl. Olk 1985). So werden beispielsweise die Zugangsschranken zu weiterführenden Schulen und Hochschulen abgebaut und obwohl die sozialen Ungleichheiten nicht aufgehoben sind, ist ein Zugang für alle sozialen Schichten prinzipiell offener geworden.

Neben der Familie ist die Schule aufgrund verlängerter Pflichtschulzeiten, diversifizierter Schullaufbahnen, zunehmender Partizipation an weiterführenden Bildungsgängen, Verschulung der betrieblichen Ausbildungen und Expansion der Hochschulausbildungen zu einer dominanten Lebenssphäre der Jugendlichen geworden, welche den Berufseintritt und damit die sozioökonomische Selbständigkeit bzw. materielle Unabhängigkeit lebenszeitlich aufschiebt. Für die entstandene lebenszeitliche Verlängerung des sozialkulturellen Phänomens Jugendphase kommt den verlängerten Schulbildungszeiten und dem aufgeschobenen Eintritt in das Beschäftigungssystem somit eine zentrale Bedeutung zu.

Der traditionelle Beendigungsmodus des Jugendalters, einer Berufsaufnahme und der damit zusammenhängenden räumlichen, materiellen und emotionalen Ablösungsprozesse aus elterlichen Abhängigkeiten mit der Übernahme neuer Pflichten und Verantwortungen hat sich weitgehend aufgelöst. Es sind vielfältige Beendigungsmodi und Übergangskonstellationen mit einer Pluralisierung von Optionen und Handlungsmöglichkeiten Jugendlicher an dessen Stelle getreten, welche sich in der Abnahme von Verbindlichkeiten bezüglich der Loslösung aus dem Elternhaus, des Berufseintritts und der ehelichen Lebensform (in zunehmendem Maße werden nichteheliche Lebensgemeinschaften und individuelle Lebensformen bevorzugt) zeigt. Ein Eintritt in das Erwachsenenalter kann im Einzelfall in sehr verschiedenen Lebensaltern erfolgen, und ein vollständig beendeter und gelungener Übergang hängt in zunehmendem Maße von einer Selbstetikettierung ab.

Der Übergang in den Erwachsenenstatus verlagert sich für die große Mehrheit der Jugendlichen an das Ende des zweiten oder sogar in das dritte Lebensjahrzehnt. Die Ausdehnung der Jugendphase und die Verlängerung der sozialstrukturellen Kontextbedingungen durch Verschiebungen, Verzögerungen und Veränderungen in Ausbildung und Beruf sowie in Familie und Partnerschaft bieten einerseits eine soziokulturelle Autonomie. Andererseits bleibt jedoch eine sozioökonomische Abhängigkeit bestehen, die Basis für Spannungen zwischen alters- bzw. entwicklungsadäquaten Autonomiebedürfnissen und den ökonomischen Hemmnissen sein kann. Die Jugendlichen befinden sich in einem Lebensabschnitt, der von Selbständigkeit und Unselbständigkeit, von Eigen- und Fremdbestimmung geprägt ist.

Durch die Freisetzung von Traditionen und alten Rollenklischees besteht für jedes Individuum die Chance, einen eigenen Lebensstil aufzubauen. Ebenso bestehen aber auch die Erwartung und ein Originalitätsdruck der sozialen Umwelt (vgl. Engel/Hurrelmann 1993, 3 f.).

Auch durch eine wachsende gegenwartsorientierte „Ich-Finalität" zerfällt das historische Erscheinungsbild der Jugend und es konstituiert sich eine Statuspassage zunehmend individualisierender Jugendbiographien. Eine Auflösung sozialer Milieus und jugendlicher Normalbiographien sowie die widersprüchlichen gesellschaftlichen Anforderungen sind für Vereinzelungs- bzw. Versingelungstendenzen mit dem Verlust an sozialer Integration und der Gefahr sozialer Ausgrenzung mitverantwortlich. Das Entwicklungsziel einer gelungenen Identitätsfindung von der Rollenidentität zur Ich-Identität ist aufgrund des Verlustes an kollektiver Stabilität sowie an Verbindlichkeiten von Traditionen und Milieus im Kontext steigender gesellschaftlicher Überkomplexität gefährdet. Diese Verluste können Quellen für Identitäts- und Integrationskrisen sowie subjektive Orientierungsprobleme sein, wodurch sich die Chancen auf autonome Handlungsfähigkeiten und eine eigenständige Ich-Identität reduzieren (vgl. Fend 1991; 2001; Oerter/ Dreher 2002).

2.2 Jugend zwischen Transition und Moratorium

Verdichtet man Grundkonzeptionen der Jugendforschung bezüglich einer Verortung von Jugend in der Ontogenese, die sich unterscheiden, so lassen sich zwei Konzeptionen von Jugend identifizieren (vgl. Reinders 2003): Einerseits wird Jugend als Transitionsphase verstanden und andererseits als Moratorium gesehen.

Für die Transitionsphase ist die Zukunftsorientierung in Form des Übergangs in das Erwachsenenalter bestimmend (vgl. Bühler 1921/1967). Die Entwicklungsaufgaben (ausgehend von Havighurst 1948) sind eine Art Universalschlüssel zum Verständnis der Jugendphase (vgl. Kap. 4.1.1.2). Schelsky (1957) hat den Transitionsgedanken in das Begriffspaar „Nicht mehr" und „Noch nicht" gefasst, wenn er Jugend als eine Übergangsphase vom Kindes- ins Erwachsenenalter beschreibt. Bei dieser Zielorientierung wird deutlich, dass es sich bei der Denkweise um eine Vorstellung handelt, die nicht von einer Autonomie der Jugendlichen ausgeht.

Typische Aspekte dieser Denkweise sind, dass die Jugend der Vorbereitung auf den Erwachsenenstatus dient und auf Zukunft gerichtet ist. Ich-Findung ist hierbei als Form der Konstruktion von Ich-Idealen eine notwendige Leistung des

Jugendalters, um eine Zielperspektive für das eigene Leben zu entwickeln. Dabei treffen Jugendliche auf (erwachsenen)gesellschaftliche Normen und Werte, mit denen sie sich möglichst affirmativ auseinander zusetzen haben. Insofern ist der Begriff der Integration in die Erwachsenengesellschaft keine zutreffende Bezeichnung für diese Entwicklungsvorstellung. Vielmehr wird eine Assimilation an die Erwachsenengeneration vorausgesetzt. Da als Träger der gesellschaftlichen Normen und Werte die ältere Generation angesehen wird, kann hier nach Mead (1971) ein postfiguratives Generationenverhältnis unterstellt werden.

Jugend als Moratorium wird mit soziokulturellem Eigengewicht gesehen, deren Orientierung an der Peer-Generation ausgerichtet ist (Gegenwartsorientierung). Die Jugendlichen werden tendenziell von den Anforderungen der Erwachsenengesellschaft entpflichtet (vgl. Zinnecker/Molnár 1988) und sind stattdessen auf die Bewältigung des Alltags konzentriert (vgl. Böhnisch/Münchmeier 1990). Der Jugendphase wird eine stärkere Eigenständigkeit zugesprochen und sie wird nicht als soziokulturelle Marginalposition zwischen Kindheit und Erwachsenenalter betrachtet. Diese Sichtweise – die Idee eines juvenilen Moratoriums – findet sich in den Arbeiten von Erikson (1966), der den Begriff des Moratoriums maßgeblich prägte, sowie etwa bei Parsons (1965) oder Eisenstadt (1966). Die stärkste Akzentuierung findet sich in der Jugendbewegung zu Beginn des 20. Jahrhunderts (vgl. Spranger 1924; Nohl 1952; 1957).

Kennzeichnend für das Moratoriumskonzept ist die explizite Gegenwartsorientierung mit einer starken Abgrenzung von der älteren und einer verstärkten Hinwendung zur altershomogenen Generation. Im Zusammenhang mit der zunehmenden Scholarisierung der jugendlichen Lebensphase konstituiert Zinnecker (1991) das Bildungsmoratorium als einen „relativ eigenständigen Lebensabschnitt, in dessen Rahmen sich *spezifische soziale Lebensweisen, kulturelle Formen und politisch-gesellschaftliche Orientierungsmuster ausbilden*" (Zinnecker 1991, 10). Diese Konzeptionierung ist an der Eigenständigkeit der Jugendlichen bzgl. der Nutzung bestimmter Sozialräume sowie den Entfaltungsmöglichkeiten jenseits des Entwicklungsaufgabenkonzepts festzumachen. Die Aneignung der Sozialräume zielt dabei explizit auf die Bewältigung des Alltags in Abgrenzung zu den Standards der Erwachsenengesellschaft ab.

Die Autonomie stellt sich als eine zentrale Kategorie der Moratoriumsperspektive dar. Autonomie ermöglicht eine Differenz und Abgrenzung zu Erwachsenen und entwickelt einen Schonraum, einen Aufschub des Erwachsenenalters, in dem Jugendliche sich von den Erwartungen der Erwachsenengeneration segregieren können. Die Generationenbeziehung gestaltet sich konfigurativ (Mead, M. 1971).

Die Moratoriumsperspektive bietet die Rahmungen der Beschreibung von Lebensstilen im Jugendalter mit ihren jeweiligen soziokulturellen Eigenheiten.

Die Annahme der Jugend als eine Einheit kann gerade vor dem Hintergrund der Entstrukturierung von Lebensverläufen nicht mehr aufrecht erhalten werden. Vielmehr charakterisiert die Diversifikation von jugendlichen Lebensstilen bzw. Lebensformen, die „Pluralität von Lebenslagen" (Bertram 1996, 21 ff.), das heutige Erscheinungsbild der Jugendphase (vgl. z. B. Ferchhoff/Neubauer 1996). Mittlerweile hat sich die Idee einer eigenständigen jugendlichen Subkultur innerhalb einer dominanten Kultur durchgesetzt.

Allerdings greift eine genuine Moratoriumsperspektive in einer funktionalen und auch produktiven Entwicklungshinsicht zu kurz. Eine gegenwartsorientierte Entpflichtung von „normativen Zielprojektionen" (Silbereisen 1986, 31) ist ebenso einseitig wie ein möglichst schneller zukunftsorientierter Übergang in das Erwachsenenalter. Pointiert lässt sich formulieren, dass das Transitionskonzept die juvenile Zielorientierung und das Moratoriumskonzept die Autonomieorientierung Jugendlicher zum Gegenstand hat. Es handelt sich hierbei um zwei Aspekte, die keinesfalls exklusiven Charakter haben, sondern einer individuell unterschiedlichen Gewichtung unterliegen. Damit ist zugleich der zentrale Ausgangspunkt für die jugendtheoretische Rahmung festgelegt.

Jugendliche gewichten demnach individuell das Erreichen in der Zukunft liegender Ziele in Bezug auf die Erwachsenengesellschaft und die Erlangung von Autonomie in der Jugendphase. *„Transition und Moratorium werden in dieser Perspektive nicht nur zu einem Entweder-Oder, sondern darüber hinaus zu einem Sowohl-Als-Auch"* (Reinders 2003, 41). Beiden Perspektiven sind gemein, dass Jugend und Erwachsenenalter als zwei distinkte Generationslagen beschreibbar sind sowie der Jugendliche als Akteur zu begreifen ist, der sich produktiv mit seiner Umwelt auseinandersetzt und sich jenen Entwicklungsrahmen schafft, der eine Gestaltung der Jugendphase in der intendierten Form ermöglicht.

Der jugendliche Entwicklungsweg verläuft im Spannungsfeld zwischen vertikaler Dimension der Transitionsorientierung und horizontaler Dimension der Moratoriumsorientierung. Das Zusammenspiel von Transition und Moratorium ermöglicht eine zukunftsorientierte Entwicklung, also den raschen Übergang ins Erwachsenenalter durch Orientierung an den Standards der durch die ältere Generation repräsentierten Erwachsenengesellschaft, bei gleichzeitiger gegenwartsorientierter Entfaltung, also dem Verweilen in der Jugendphase durch Orientierung an den Vorstellungen der durch die Gleichaltrigengeneration repräsentierten Jugendgesellschaft.

Die Perspektivwandlung von Transitionsphase zu Moratorium und nun zu einem Zusammenspiel von Transition und Moratorium ist im Zusammenhang mit sozialstrukturellen Wandlungsprozessen zu sehen. Auch wenn Modernisierung im internationalen Vergleich an der Zunahme des Bruttosozialprodukts, Veränderungen der sozialen Institutionen des Organisationssystems, Phänomenen wie

Bürokratisierung, Urbanisierung, Demokratisierung und sozialer Mobilität gemessen wird, muss betont werden, dass sich der Strukturwandel der Jugendphase in Abhängigkeit von gesellschaftlichen Modernisierungsprozessen vollzieht und im nationalen Kontext von dem Entwicklungsstand und kulturellen Besonderheiten einer jeweiligen Gesellschaft abhängt (vgl. Melzer et al. 1991). Veränderungen müssen auch im historischen Kontext einer jeweils spezifischen Generationenlage (Fend 1988) interpretiert werden. So verbrachte die Jugend der 50er- und frühen 60er-Jahre des letzten Jahrhunderts ihre Kindheit in relativer Armut.

Die entbehrungsreiche Zeit während des Zweiten Weltkriegs und der Nachkriegszeit begünstigte die Entwicklung eines Arbeitsethos, in der eine starke Orientierung an beruflicher Arbeit und materiellem Wohlstand zur Überwindung bzw. Verhinderung einer materiellen Mangellage diente. Die Jugend der späten 1960er- und frühen 1970er-Jahre verbrachte ihre Kindheit und frühe Jugend in der Zeit einer prosperierenden Wirtschaft, dem sogenannten Wirtschaftswunder, mit einem unerwartet stabilen wirtschaftlichen Wachstum. In dieser Zeit bildeten sich zunehmend postmaterialistische Werte heraus. Hier kann auch der Höhepunkt des Moratoriumskonzepts verortet werden. Die Jugend der 80er- und 90er-Jahre des 20. Jahrhunderts wuchs in einer Zeit auf, in der die industriegeschichtlichen Grenzen des Wachstums erreicht waren und eine Rückbesinnung auf Zukunftsorientierung und Materialismus Einzug hielt. Auf dieser Folie gewandelter Generationsgestalten lässt sich der Perspektivwandel von einer Transitionsphase zum Moratoriumskonzept nachzeichnen.

3 Konzeption und Formen des Risikoverhaltens

3.1 Der Risikobegriff

Der Begriff des Risikos ist gleichermaßen ein alltagssprachliches Gebrauchswort wie ein wissenschaftliches Konzept[1], in das vor allem die Wahrscheinlichkeit eines Schadens/Verlustes und das Ausmaß der unerwünschten Konsequenzen eingehen (vgl. Rohrmann 1990). Auf den Bedeutungskontext von Risiko bezieht sich auch zum Teil der von Gefahr, denn beide Konzepte sind auf Unsicherheit bezogen. Dennoch liegt eine Unterscheidung aufgrund des Attributionsvorgangs vor, nämlich von wem und wie etwaige Schäden zugerechnet werden. Im Fall von Selbstzurechnung handelt es sich um Risiken und im Fall von Fremdzurechnung um Gefahren (vgl. Luhmann 1990, 148 ff.). Gefahren sind also *subjektunabhängige Bedrohungen*, die prinzipiell negativ bewertet werden, während Risiken nicht nur Bedrohung, sondern auch Chance bedeuten können und daher sowohl positiv als auch negativ gewertet werden. Risiken entstehen im Lichte von Handlungsabsichten und deren Umsetzung, somit sind Risiken *subjektbedingte Bedrohungen*.

Risiko ist durch das Konzept der (1.) *Unsicherheit* wesentlich gekennzeichnet, wobei nicht jede Unsicherheit als ein Risiko bezeichnet werden kann. Neben Unsicherheit kann als weiteres Charakteristikum von Risiko die (2.) *Verantwortbarkeit* genannt werden. Risiken stellen also ein bewusstes Wagnis dar, für dessen Folgen die Handelnden gerade stehen müssen (vgl. Bonß 1991). Als Unsicherheiten antizipierte Verhaltensfolgen sind besonders Schädigungspotenziale zu sehen.

Dementsprechend können all jene unsicherheitsbezogene Verhaltensweisen als Risikoverhalten verstanden werden, denen ein *Schädigungspotenzial* gegenüber dem eigenen Leben oder der Umwelt (bzw. den Lebensbedingungen) inhärent ist. Das Schädigungspotenzial kann in der Intentionalität und zeitlichen Dimensionalität differieren. Die Intentionalität kann auf die Umwelt oder den

---

[1] Der Risikobegriff entstammt einer mikroökonomischen Herkunft (Knight 1921). Der Ursprung der Risikoforschung liegt in der mikroökonomischen Theorie der rationalen Wahl. Hier steht das der klassischen Marktvorstellung entlehnte Problem der individuellen Wahlentscheidung im Mittelpunkt. Für sozialwissenschaftliche Zwecke wurde zuerst von Starr (1969) der wahrscheinlichkeitstheoretische Risikoobjektivismus aus den auf technische Risiken konzentrierten ingenieurwissenschaftlichen Theorien aufgenommen und dann von der kognitiven Psychologie adaptiert (vgl. Japp 1996, 9 ff.). Das in der Wissenschaft benutzte Risikokonzept divergiert zwischen den einzelnen (soziologisch, psychologisch, anthropologisch, technisch, geographisch, ökonomisch, juristisch) Disziplinen (vgl. Renn 1992), und bisher konnte noch kein gemeinsames „transdisziplinäres" Konzept gefunden werden (Markowitz 1991 zitiert in Renn 1992).

Menschen gerichtet sein, wobei hier zwischen einer gesundheitlichen, juristischen und finanziellen Schädigung zu unterscheiden ist. Die zeitliche Dimension erstreckt sich über ein Kontinuum vom Jetzt bis in die Zukunft nächster Generationen, z. B. im Falle eines umweltschädigenden Risikoverhaltens („Gefahr zweiter Ordnung", vgl. Bonß 1991). Ist die handlungsbezogene Zukunft allerdings vorbestimmt oder unabhängig von menschlichem Wirken, dann ist nicht von Risiko zu sprechen (vgl. Renn 1992).

3.2 Klassifikationen, Konzept und Kategorisierungen des Risikoverhaltens

3.2.1 Klassifikationen (kleine Auswahl)

Das, was unter riskanten Verhaltensweisen verstanden wird, ist keinesfalls einheitlich, sondern unterscheidet sich oft von Autor zu Autor bzw. von Autorin zu Autorin:

- Kraiker (1997, 80) benennt vier Typen gesundheitsbezogenen Risikoverhaltens: (1) Umgang mit gefährlichen Stoffen (z. B. Asbest, Holzschutzmittel, Formaldehyd); (2) Missbrauch und Abhängigkeit von psychotropen Stoffen; (3) Erregungssuchendes Verhalten (Sensation Seeking – vgl. Zuckerman 1979; 1994; Kap. 4.1) einschließlich gefährlicher Sexualpraktiken, Rasen im Straßenverkehr, S-Bahn-Surfen und ähnliches; (4) gesellschaftlich unauffällige Verhaltensweisen, die dennoch eine gesundheitliche Gefährdung bedeuten. In erster Linie geht es hier um die *„Schmutzigen Vier"* („Dirty Four"): zu viel Alkohol, zu viel Rauchen, falsche Ernährung und Bewegungsmangel.
- Als Gesundheitsrisiken speziell im Jugendalter beschreibt beispielsweise Seiffge-Krenke (1994) den Konsum legaler und illegaler Drogen, das sexuelle Risikoverhalten, den Bereich der Ernährung, die Suizidgefährdung und erwähnt auch das riskante Verkehrsverhalten.
- In gleicher Weise benennen auch Engel und Hurrelmann (1993) die gesundheitsriskanten Verhaltensweisen, aber darüber hinaus auch das gewalttätige und delinquente Verhalten.
- Hesse (1993) benennt ebenfalls die Bereiche Ernährung, Drogen, Straßenverkehr und Sexualität und weiterhin das unzureichende Bewegungsverhalten.
- Die WHO nennt in ihren „Einzelzielen für Gesundheit 2000" (WHO 1985) folgende Risikoverhaltensweisen, die es zu verringern gelte: falsche Ernährung, Rauchen, Stress, Bewegungsmangel, Alkoholmissbrauch, gefährdendes Fahrverhalten und gewalttätiges Sozialverhalten.

3.2.2 Konzeptionelle Dimensionen

In den vorgestellten Klassifikationen spiegeln sich eher „objektive" Risiken wider. Doch was als Risikoverhalten gilt, ist immer interaktions- und kontextabhängig. So ist der subjektive Risikoverhaltensbegriff der Jugendlichen nicht identisch mit dem der pädagogisch-erzieherischen Umwelt, von welchem sich wieder eine wissenschaftliche Begriffsoperationalisierung unterscheidet. Ob ein bestimmtes Verhalten als Risikoverhalten anzusehen ist, ist weiterhin sowohl aus einer *populationsbezogenen* als auch aus einer *individuellen Perspektive* zu beantworten (vgl. Jeffery 1989). In der Forschung als auch im alltäglichen Leben wird es zumeist als evident erachtet, dass bestimmte Verhaltensweisen (z. B. Rauchen, riskantes Fahrverhalten) eine (Gesundheits-)Gefährdung darstellen. Diese Evidenz stützt sich in der Regel auf epidemiologisch-statistische Befunde und damit auf populationsbezogene Daten. Allerdings kann sich die subjektive Wahrnehmung von dem „objektiven" Risiko, dass aufgrund populationsbezogener Daten eine gewisse Gefährdungswahrscheinlichkeit zu erwarten ist, deutlich unterscheiden (vgl. Leppin 1994; Schwarzer/Renner 1997; Renner 2002). Die *Risikowahrnehmung* ist somit von dem Ausmaß, wie stark man sich von einer Gefährdung subjektiv bedroht bzw. sich einem Risiko ausgesetzt fühlt, abhängig. Von dieser Einschätzung hängt nicht nur ab, ob riskante Verhaltensweisen unterlassen oder praktiziert werden, sondern auch, ob ein bestimmtes Verhalten überhaupt als Risikoverhalten betrachtet wird. Die subjektive Risikowahrnehmung ergibt sich dabei aus der perzipierten Schwere und Ernsthaftigkeit einer Bedrohung. In hohem Maße hängt auch die subjektive Risikowahrnehmung vom Wissen über die Eigenschaften der Bedrohung und von sozialen Vergleichsprozessen ab (vgl. Haisch/Haisch 1990; Renner/Schwarzer 2000). Gleichfalls spielen hier Fehleinschätzungen und positive Illusionen („unrealistischer Optimismus", „optimistischer Fehlschluss") bezüglich der eignen (In-) Vulnerabilität eine bedeutende Rolle (vgl. Schwarzer 1993; Weinstein/Klein 1996; Schwarzer/Renner 1997). Solch ein unrealistischer Optimismus kann zwar eine Reduktion von Angst und das beruhigende Gefühl der Nichtbetroffenheit bewirken, führt aber auch zu einer geringeren präventiven bzw. vermeidenden Handlungsbereitschaft.

Was ist nun das Wesen des Risikoverhaltens?
Ganz allgemein ist Risikoverhalten als ein Verhalten zu verstehen, dessen unerwünschte Konsequenzen mit der Wahrscheinlichkeit eines Schadens bzw. Verlustes einhergehen. Hierbei ist das Konzept der Unsicherheit ein wesentliches Kennzeichen, da dem Risikoverhalten kategorisch eine Unsicherheit inhärent ist. Risikoverhalten kann demnach als ein *Typus unsicherheitsbestimmten Handelns* mit einer Schädigungsgefahr gegenüber dem eigenen Leben und/oder der Um-

welt verstanden werden (vgl. Rohrmann 1990), wobei Handeln stets Unsicherheitsmomente aufweist, die den Handlungssubjekten allerdings nicht immer bewusst sein müssen (objektive vs. subjektive Sicht). Für das, was als Risikoverhalten im Jugendalter gelten soll, gilt die Schädigungsperspektive als populationsbezogen („objektives Risiko").

> *Risikoverhalten gilt im Weiteren als ein unsicherheitsbezogenes Verhalten, das zu einer Schädigung führen kann und somit eine produktive Entwicklung – in Bezug auf die Entwicklungsziele Individuation und Integration – gefährdet.*

Demarkation zu angrenzenden Begriffskonzepten
In dem Phänomenbereich des jugendlichen Risikoverhaltens gibt es Überschneidungen mit anderen Begriffskonzepten. Hier sind vor allem die Begriffe Problemverhalten und abweichendes/deviantes Verhalten gemeint. In Tabelle 1 sind diese drei Begriffe nach ausgewählten Bestimmungsmerkmalen zu differenzieren versucht worden.

Tabelle 1   Begriffsüberblick

	Risikoverhalten	**Problemverhalten**	**Abweichendes Verhalten**
Disziplinäre Provenienz	Ökonomie, Soziologie	Psychologie, Psychiatrie	Soziologie
Jugendfokus in Wissenschaft	Jugendsoziologie	Entwicklungs(patho)-psychologie	Soziale Arbeit
Probleminterpretation	Individuum	Individuum	Gesellschaft
Moralisierung	ambivalent	hoch	hoch
Schwerpunkt des Inhaltsbereichs	Gesundheit	Gesundheit, Devianz	Devianz, Delinquenz

Von diesen Begriffen besteht die größte Deckung zwischen Risiko- und Problemverhalten. Beide interpretieren das Phänomen aus einer individuumsbezogenen Perspektive heraus und die Kernthemen sind oft das Gesundheitsverhalten. Der Begriff des abweichenden Verhaltens beschreibt in Abgrenzung zu den Begriffen Risikoverhalten und Problemverhalten jene Verhaltensweisen, welche gegenüber den gesellschaftlich vorherrschenden Normen und Erwartungen als nonkonform und unerwünscht eingeschätzt werden, weil sie dominierenden Konventionen widersprechen und andere Personen stören, behindern, beeinträchtigen oder gefährden. Abweichendes Verhalten wird eher als problematisch bzw. ungewollt für die Gesellschaft verstanden, während Risiko-/Problemverhalten eher als problematisch für das Individuum betrachtet wird (vgl. Dollinger/Raithel 2006, 15). Die Begriffe Problemverhalten und abweichendes/deviantes Verhalten sind durch ihre stärker zugrundeliegenden normativen und moralischen Bewertungen gekennzeichnet. Risikoverhalten wird hingegen nicht ausschließlich „negativ" bewertet, sondern kann auch je nach Situation als „positiv" gesehen werden (z. B. Risikofreudigkeit im Aktienhandel).

Im Weiteren wird der Begriff des Risikoverhaltens als leitend benutzt, da sich der Begriff eher evident über Unsicherheits- und Schädigungspotenziale erschließt.

3.2.3 Kategorisierungen

Die Spannbreite der Risikoverhaltensweisen lässt sich phänomenologisch nach unterschiedlichen Kriterien differenzierend beschreiben. Zum einen ist anhand einer Schädigungsperspektive eine Distinktion nach Risikoverhaltenstypen möglich. Ebenfalls ist aus Geschlechtsperspektive eine Unterscheidung einzelner Risikoverhaltensweisen vorzunehmen. Drittens kann über die Risikoqualität eine Differenzierung riskanter Verhaltensweisen erfolgen.

Schädigungsperspektive: Risikoverhaltenstypen
Das Spektrum der Risikoverhaltensweisen lässt sich nach charakteristischen Unsicherheits-/Schädigungsformen differenzieren: Es kann eine gesundheitlichkörperliche, delinquente (rechtsnormbezogene), finanzielle und ökologische Risikoverhaltensform als prototypisch identifiziert werden (s. Tab. 2). Die Distinktion der Risikoverhaltensformen erfolgt über die spezifische Unsicherheitsform bzw. mögliche Schädigungsart, wobei die Schädigung beim ökologischen Risikoverhalten auf die Umwelt, bei den anderen Formen hingegen auf den Akteur gerichtet ist.

Die dimensionsspezifische Unsicherheit des gesundheitlichen Risikos liegt in der physischen wie psychischen Schädigung und Lebensbedrohung, die sich in Verletzung, Krankheit und Tod manifestieren kann. Die Unsicherheit des delinquenten Risikos liegt im „Erwischt werden" und somit in der Sanktionierung des Rechtsverstoßes. Das finanzielle Risiko bezieht sich in seinem Unsicherheitspotenzial auf eine ökonomische Schädigung, beispielsweise in Form einer Verschuldung. Dem ökologischen Risiko ist die Unsicherheit der Zerstörung, beispielsweise in Form von Luft-, Boden- und Grundwasserverschmutzung, inhärent.

Tabelle 2   Synopsis der Risikoverhaltenstypen (vgl. Raithel 2001, 17)

Risikoverhaltenstypen	Unsicherheiten und/oder mögliche Schäden	Hauptsächliche Verhaltensbereiche bzw. Handlungsfelder
Gesundheitliches Risikoverhalten	Lebensbedrohung, Unfall; Verletzung, Krankheit, Tod.	Ernährung, Straßenverkehr, Lärm, Sexualität, Gewalt, Sport, Hygiene, Alkohol, Tabak, illegale Drogen, Suizid, Mutproben.
Delinquentes Risikoverhalten	Sanktion, Strafmaßnahme.	Straßenverkehr, illegale Drogen, (sexuelle) Gewalt, Eigentumskriminalität, Mutproben.
Finanzielles Risikoverhalten	Finanzielle Verpflichtung, Verschuldung, Pfändung.	Warenkonsum, Glücksspiel. (Illegale Drogen, Straßenverkehr, Sexualität, Gewalt- und Eigentumskriminalität).
Ökologisches Risikoverhalten	Verschmutzung, Zerstörung.	Straßenverkehr, Freizeitsport, Müllentsorgung.

Die einzelnen Verhaltensweisen sind jedoch meistens nicht genuin einem einzigen Typus zuordenbar, so können beispielsweise im Straßenverkehrsverhalten alle vier Risikodimensionen zum Tragen kommen. Der Unfall steht par excellence für ein gesundheitliches Risiko mit evidenter Lebensbedrohlichkeit; wurde der Unfall selbstverschuldet hat das auch juristische Folgen. Der finanzielle Schaden tritt gleich zwei Mal auf: Zum einen ist ein Teil des Sachschadens zu tragen und zum anderen kommt ein Bußgeld wegen Fehlverhaltens hinzu. Ein ökologisches Risiko stellt sich bei der motorisierten Verkehrsteilnahme hauptsächlich im Ressourcenverbrauch fossiler Brennstoffe und in den Abgasen.

Unter Risikogesichtspunkten ebenfalls multidimensional ist der Gebrauch legaler und illegaler Drogen: Vordergründig steht zunächst einmal die gesundheitliche Gefährdung, neben dieser besteht bei illegalem Drogengebrauch auch ein rechtliches Risiko und zur Drogenbeschaffung ein nicht unerhebliches finanzielles Risiko.

Auch die Gewaltausübung hat mehrere Risikodimensionen: An erster Stelle steht die delinquente Handlung, die sich nicht nur gegen Personen, sondern auch gegen Eigentum richten kann. Nicht zu unterschätzen sind auch die gesundheitlichen Risiken bei Gewalt gegen Personen, und indirekt impliziert die Gewaltausübung, ob gegen Personen oder Eigentum, bei rechtlicher Sanktionierung zusätzlich finanzielle Aufwendungen für den eingetretenen Sach- oder Personenschaden und eine mögliche Geldstrafe.

Als Verhaltensbereich mit finanziellen Risiken ist das Glücksspiel, der Drogenkonsum, Warenkonsum oder auch die „Kaufsucht" (Lange 1997; 2000) zu identifizieren. Die häufig schon für Jugendliche bestehende Verfügbarkeit von (Dispo)Krediten verlockt leicht zu überhöhten finanziellen Ausgaben und dem Eingehen von längerfristigen Verpflichtungen, die allerdings dann das Budget der Jugendlichen – für sie oft unerwartet und überraschend – überschreiten. Aber gerade auch Jugendliche aus ökonomischen Mangellagen begeben sich aufgrund des Wunsches nach ökonomischer Partizipation in finanzriskante Situationen, die sehr schnell zu Verschuldung und ökonomischen Notlagen führen. Eine finanzielle Risikodimension hat aber auch das delinquente Verhalten, nämlich dann, wenn es zur rechtlichen Sanktionierung kommt, sind Bußgelder häufige Konsequenz.

Aus den ausgeführten Verhaltensbereichen wird deutlich, dass viele Risikoverhaltensweisen unterschiedliche und somit mehrfache Risiken in sich bergen. Die gesundheitlichen und delinquenten Risiken stehen meist im Vordergrund jugendlicher Risikoverhaltensweisen, doch fällt bei näherer Betrachtung meist auch eine finanzielle und ökologische Risikodimension (gerade bei naturressourcenintensiven und -verbrauchenden Aktivitäten) vieler Verhaltensweisen auf.

Auch wenn nicht immer genuin eine bestimmte Verhaltensweise einer einzigen Schädigungskategorie zuordenbar ist, so ist doch meistens für die subjektive Attribuierung des Verhaltens als Risikoverhalten eine bestimmte schädigungsspezifische Assoziation verbunden und vordergründig.

Geschlechtsperspektive: Innen- vs. außengerichtetes Risikoverhalten
Bei Männern sind riskante Verhaltensweisen wie Konsum von Tabak, Alkohol und Drogen, aggressives und riskantes Verkehrsverhalten oder das Ausüben von gefährlichen Sportarten häufiger, präventive Verhaltensweisen dagegen seltener als bei Frauen (vgl. Waldron 1988; Sieverding 2000). So bestätigte beispielsweise der European Health and Behavior Survey, dass sich Männer weniger gesundheitsbewusst verhalten (Steptoe et al. 1994; 1995). Dies betrifft ebenfalls das Jugendalter, in dem sich die Jungen deutlich riskanter verhalten als die Mädchen (vgl. z. B. Kolip 1997; 2000; Hurrelmann et al. 2003). Das Spektrum der Risikoverhaltensweisen kann aufgrund seiner Manifestation in eine interiorisierende und eine exteriorisierende Form differenziert werden (Achenbach/Edelbrock 1978; Mansel/Hurrelmann 1991). Mit der jeweiligen Richtung des Verhaltens gehen systematische Geschlechtsunterschiede einher (s. Tab. 3): Unter den Mädchen sind vor allem innengerichtete und unter den Jungen vor allem außengerichtete Verhaltensweisen zu finden (Mansel/Hurrelmann 1991; 1994; Nordlohne 1992; Helfferich 1997; Kolip 1997; Sieverding 2000; Fend 2001).

Tabelle 3 Prototypisch polarisierte innen- und außengerichtete Risikoverhaltensweisen

	Beispielhafte prototypische Risikoverhaltensweisen	Konnotation/ Körperkonzept
Interiorisierende Verhaltensweisen	Medikamentenkonsum (v. a. Barbiturate), Suizidalität (Suizidversuche), problematisches (restriktives) Ernährungsverhalten.	Eher feminin: Expressive Eigenschaften. Integratives Körperkonzept
Exteriorisierende Verhaltensweisen	Alkoholkonsum, Tabakkonsum, Konsum illegaler Drogen, Gewalthandeln, Kriminalität, Risikosport, riskantes Verkehrsverhalten.	Eher maskulin: Instrumentelle Eigenschaften. Instrumentelles Körperkonzept

Zu den internalisierenden Verhaltensweisen zählen prototypisch der Medikamentenkonsum, die Suizidalität sowie Mangelernährung. Unter die externalisierenden Verhaltensweisen – hier geht es insbesondere um die in der kulturellen Symbolik als „hart" konnotierten Handlungspraktiken (Helfferich 1997) – fallen idealtypisch der Konsum von Alkoholika, Zigaretten und illegalen Drogen, das riskante Straßenverkehrsverhalten, Gewalt und Kriminalität sowie die Ausübung von Risikosport.

Diese Differenzen sind prototypisch mit geschlechtsbezogenen Funktionalitäten im Identitätsentwicklungsprozess verbunden, welche im Kontext der Sozialisation in der „Kultur der Zweigeschlechtlichkeit" (Hagemann-White 1984) zu sehen sind. Das „Zwei-Geschlechtersystem" strukturiert grundlegend Gesellschaft, Interaktion und Psychodynamik. In der polarisierenden Struktur des dichotomen Symbolsystems der Zweigeschlechtlichkeit produzieren und reproduzieren Männer und Frauen je unterschiedliche Wirklichkeiten mit entsprechenden Bedeutungen, Chiffren und Zuschreibungen. Die Herausbildung der Geschlechtsrollenidentität erfolgt hiernach über den binären Code des zweigeschlechtlichen Regelsystems und wird über Werte, Orientierungen, Verhaltensweisen und Sprache vermittelt (Bilden 1991). Hierbei kommt dem Körper – der ein fundamentaler Bestandteil der Identität ist (Mrazek 1987) – ein besonderer Symbolwert zu, da die Geschlechtszugehörigkeit über die soziale Codierung des Körpers symbolisiert wird (Bilden 1991). Mädchen entwickeln und reproduzieren ihre Geschlechtsidentität insbesondere über ein integrierendes Körperverständnis, während Jungen dies hauptsächlich über ein instrumentelles Körperverständnis tun (Baur 1988) (vgl. Kap. 7). An der geschlechtsspezifischen Entwicklungsfunktionalität jugendlichen Risikoverhaltens will die vorliegende Untersuchung anschließen.

Allerdings stellt das Geschlecht nicht die einzig differenzierende Dimension zwischen exteriorisierenden und interiorisierenden Risikoverhaltensweisen dar.

Auf der Ebene von Soziallagen sind die nach außen gerichteten Verhaltensweisen eher in sozial schwächeren Umfeldern anzufinden, während die nach innen gerichteten Verhaltensweisen häufiger in prosperierenden Soziallagen ausgeübt werden (vgl. Helfferich 1997).

Risikoqualitative Perspektive: Risk Behavior vs. Risk-Taking Behavior
Risikoverhaltensweisen im Jugendalter lassen sich nach der risikospezifischen Konnotation bzw. nach der Qualität des Risikos in substanzmittelbezogene Risikoverhaltensweisen (Alkohol-, Tabak-, Medikamenten- und Drogenkonsum) und explizit risiko-konnotative Aktivitäten (z. B. S-/U-Bahn surfen, riskante Mutproben (Raithel 2000; 2001a; 2003b)[2]) unterscheiden (vgl. Raithel 1999; 2003). Das substanzbezogene Risikoverhalten kann als risk behavior beschrieben werden, während das „explizit risiko-konnotative Verhalten" als risk-taking behavior zu beschreiben ist (Jessor 2001).

Die substanzspezifischen Risikoverhaltensweisen hängen zu einem großen Teil von psychosozialen Belastungen und Problemlagen in Schule und Familie ab. Dies ist bei den explizit risiko-konnotativen Aktivitäten weniger der Fall (vgl. Raithel 2000; 2001a; Mann 1992). Ihre Funktionalität – die risikobezogenen (zumeist körperbetonten) Verhaltensweisen (Risk-taking behavior, vgl. z. B. Yates 1992; Igra/Irwin 1996) werden hauptsächlich von Jungen ausgeführt – wird insbesondere in der geschlechtsspezifischen Identitätsentwicklung vermutet (vgl. Raithel 2003; 2003a).

Das substanzbezogene Risikoverhalten wird von Jugendlichen nicht als Risiko gesehen, weil unmittelbare gesundheitliche Folgen für sie nicht zu spüren und antizipieren sind (Franzkowiak 1986; Nordlohne 1992). Hingegen ist bei extremen bzw. explizit risikobezogenen Verhaltensweisen der Risikobezug und mögliche Schädigungen eher evident und im Bewusstsein der Jugendlichen. Hier spielt eine hohe Selbstwirksamkeit eine entscheidende Rolle, denn bei der Verhaltensausübung muss der Jugendliche von dem erfolgreichen Gelingen/Bewältigen überzeugt sein – der Akteur muss also von einem subjektiven Invulnerabilitätskonzept ausgehen (Raithel 1999; 2004).

---

[2] Explorativ lassen sich folgende Mutprobentypen und -unterarten unterscheiden (Raithel 2003b):
a) Verletzungs-/Schmerzmutproben: Sprung-/Höhemutproben, Balancemutproben, Klettermutproben, Verkehrsmutproben, Tiermutproben, selbstverletzende Mutproben, viktimisierungsriskante Mutproben;
b) sanktionierungsriskante Mutproben: rechtsnormverstoßende Mutproben, konventionsbrechende Mutproben, unerlaubtes Betreten von Orten oder Räumen;
c) Ungewissheitsmutproben: Dunkelheitsmutproben, Drogenmutproben;
d) Scham-/Ekelmutproben bzw. soziale Angst-Mutproben: Mutprobe im sexuell-erotischen Interaktionsbereich, Essmutprobe, Konventionsbruch in der äußeren Erscheinung.

Für die beiden risikoqualitativ differenten Verhaltensweisen lassen sich z. T. unterschiedliche Funktionen in Hinsicht auf Integrations- und Individuationsleistungen benennen (s. Tab. 4). Die substanzspezifischen Risikoverhaltensweisen (risk behavior) verschaffen aufgrund ihrer hohen Ausübungsfrequenz in unterschiedlichsten Gruppensituationen häufig Integrationsmöglichkeiten. Hier ist vor allem von quantitativen „Integrationsleistungen" zu sprechen. Das Bier, der Cocktail oder die Zigarette sind häufig Medium der Kontaktaufnahme, vor allem auch zu temporären Gruppierungen (Nordlohne 1992; Raithel 1999). Die erste Zigarette oder das erste alkoholische Getränk kann aber auch ein Symbol der Selbstinitiation darstellen und somit als ein wesentliches Moment zur Identitätsbildung beitragen (Helfferich 1994, 90). Dem substanzspezifischen Risikoverhalten kommt weiterhin eine kompensierende Funktion gegenüber psychosozialen Belastungen in der Familie und Schule zu (Mansel/Hurrelmann 1991; Raithel 1999; 2001a; 2004a).

Tabelle 4   Synopsis idealtypisch polarisierter risikoqualitativ differenter Verhaltensweisen

	Merkmale	Hauptfunktionen	Mögliche Verhaltensformen
Risk behavior	Relative Alltäglichkeit, latentes Risiko	• quant. Integration • Individuation • schulische u. familiäre Belastungskompensation	Substanzkonsum (Alkohol, Tabak, Medikamente, illegale Drogen), Ernährungsverhalten.
Risk-taking behavior	Extremität, explizite Risikokonnotation	• qual. Integration • männl. Individuation • Selbstbestätigung	Riskante Mutproben, waghalsige Unternehmungen, riskantes Verkehrs(fahr)-verhalten.

Eine Hauptfunktion der explizit risiko-konnotativen Aktivitäten (risk-taking behavior) liegt in der qualitativen Integration, womit die Aufnahme in eine Clique bzw. feste Gruppe gemeint ist (z. B. bei Mutproben). So ist die Gruppenintegration qua Mutprobe in der Regel qualitativ bedeutsam und bleibt relativ einmalig. Gleichfalls ist die Selbstüberwindung und Selbstbestätigung sowie die männlichkeitsbezogene Selbstpräsentation eine wesentliche Funktion waghalsiger Unternehmungen resp. riskanter Mutproben (vgl. Raithel 2001a; 2003a; b).

3.3 Gesundheitliches Risikoverhalten

Was Gesundheit ist, beschäftigt die Wissenschaft wie Öffentlichkeit seit jeher. Engelhard (1998) charakterisiert die Geschichte des Gesundheitsbegriffs als eine „Idee": „diese Geschichte steht immer in einem Zusammenhang mit der medizinischen Praxis und der soziokulturellen Wirklichkeit, mit der Gesundheitspolitik und der Gesundheitserziehung eines Landes oder einer Epoche" (S. 113). Hier wird deutlich, dass Gesundheit ein Wertbegriff ist, der eng mit individuellen und kollektiven Wertvorstellungen und normativen Urteilen verbunden ist. In dieser Perspektive seien Gesundheit und Krankheit Urteile über physische, psychische, soziale oder geistige Erscheinungen, die vom Arzt und von der Gesellschaft gefällt würden. Der Gesundheitsbegriff ist somit aber immer von dem gesellschaftlichen Wandel der Kultur abhängig.

Die wohl am häufigsten zitierte Gesundheitsdefinition ist die der Weltgesundheitsorganisation (WHO) aus dem Jahre 1948: *„Gesundheit ist der Zustand des völligen körperlichen, geistigen und sozialen Wohlbefindens und nicht nur das Freisein von Krankheiten und Gebrechen."* Eine wesentliche Kritik der WHO-Gesundheitsdefinition richtet sich auf die Festlegung von Gesundheit als einem statischen Zustand und auf die utopische Ausrichtung (vgl. Hurrelmann 1988; Schwanitz 1990). Inzwischen hat die WHO diese Problematik thematisiert. So wird auf die Wandlung des Zustandsbegriffs hin zum Ressourcenbegriff in der Ottawa-Charta zur Gesundheitsförderung von 1986 hingewiesen. Gesundheit wird nicht mehr als ein gegebener statischer Zustand verstanden, sondern vielmehr wird die Dynamik und Prozesshaftigkeit thematisiert. Zudem wird hier ergänzend herausgestellt, dass heute auch die spirituelle Dimension von Gesundheit zunehmend erkannt wird (WHO 1998).

Angesichts der Vielzahl bestehender Gesundheitsbegriffe lassen sich nach soziokulturellen und historischen Einflüssen und Veränderungen drei grundsätzliche Gesundheitsdefinitionen unterscheiden (vgl. Wulfhorst 2002):

1) Gesundheit als Abgrenzungskonzept, das eng mit der medizinischen Deutung und Diagnostik von Krankheit verknüpft ist und auf ein biomedizinisches Paradigma rekurriert. Gesundheit wird in diesem Zusammenhang als „Abwesenheit von Krankheit" oder „Noch-nicht-Krankheit" beschrieben (Definitionsmonopol der Medizin).

2) Gesundheit als Funktion, in der sie einerseits für Leistungs- und Arbeitsfähigkeit in körperlicher und sozialer Hinsicht und andererseits als Rollenerfüllung steht. Zu dieser Kategorie gehören zudem alle homöostatischen Gesundheitsvorstellungen eines körperlich-seelischen Gleichgewichts oder

einer flexiblen Anpassung von Körper und Selbst an sich verändernde Umweltbedingungen.
3) Gesundheit als Wert im Sinne von Gesundheit als höchstes Gut. Hierunter fällt die WHO-Definition von 1948. Kritisch ist hier anzumerken, dass, wenn Gesundheit als absoluter Richtwert gesehen wird, daraus auch Ansätze zu einem „Gesundheitszwang" legitimiert werden könnten.

Gesundheit bedeutet neben der Funktionsfähigkeit der Physis und dem psychischen und sozialen Wohlbefinden in objektiver und subjektiver Hinsicht auch Anpassungsfähigkeit und Normenerfüllung; ebenso bedeutet sie Selbstverantwortung, Selbstbestimmung und Selbstverwirklichung in einem lebensgeschichtlich dynamisch verlaufenden Prozess, welcher prinzipiell auf Homöostase zwischen eigenen körperlich-psychologischen Möglichkeiten und äußeren Lebensbedingungen hin ausgerichtet ist. Dieses Fließgleichgewicht ist entscheidend durch ökologische, ethnisch-kulturelle, ökonomische, soziale (auch Rollenanforderungen) und individuelle Faktoren (z. B. biogenetische, körperliche, motorische, affektive und kognitive Dispositionen) determiniert und für die Entwicklung einer stabilen Identität und Persönlichkeit konstitutiv (vgl. Sassen 1987; Siegrist 1988, 181 ff.; Hurrelmann 1988; 2000).

Mit dem Begriff Gesundheitsverhalten sind entsprechend dem Konzept von Kasl und Cobb (1966) alle Verhaltensaspekte gemeint, die im Zusammenhang mit Gesundheit und Krankheitsverhütung stehen. In dieser Perspektive sind unter Gesundheitsverhalten sowohl Verhaltensweisen zu fassen, die zur Erreichung und/oder Erhaltung eines „positiven" Gesundheitszustands dienlich sind (enger Begriff von Gesundheitsverhalten), als auch Verhaltensweisen, die eine Gesundheitsgefährdung darstellen (Risikoverhalten als Teil des Gesundheitsverhaltens). Gesundheitsförderliche, gesundheitserhaltende und gesundheitsriskante Verhaltensweisen im Sinne einer erweiterten Definition beschreiben den gesamten Bereich gesundheitsrelevanten Handelns (vgl. Schwarzer 1990; Mittag 2002; Troschke 2003). Da allerdings Gesundheitsverhalten auch in der eingeschränkten Begriffsbestimmung als volitives krankheitspräventives Verhalten verwendet wird (vgl. Ziegelmann 2002), kommt der Begriff *gesundheitsrelevantes Verhalten* zu tragen, da dieser von seiner lexikalischen/semantischen Bedeutung eindeutiger ist und alle Verhaltensklassen, die für den Gesundheitszustand relevant sind, einschließt. So stellt auch das gesundheitliche Risikoverhalten eine Verhaltensweise der gleichen Verhaltensklasse dar, jedoch in bipolarer Perspektive (vgl. Schwarzer 1990).

In Tabelle 5 ist ein Überblick zu gesundheitsrelevanten Verhaltensweisen skizziert, ohne dabei Anspruch auf Vollständigkeit zu erheben. Zum Bereich Ernährung ist zu ergänzen, dass es nicht nur um eine ernährungsphysiologische

Qualifizierung der aufgenommenen Energien und Nährstoffe geht, sondern auch um die Verhaltensquantität. So ist eine regelmäßige Ernährung gesundheitsförderlich, während sowohl ein restriktives als auch ein exzessives Ernährungsverhalten als gesundheitsriskant zu klassifizieren sind (vgl. Kolip 1995; Trapp/ Neuhäuser-Berthold 2001; Raithel 2002).

Tabelle 5   Spektrum gesundheitsrelevanter Verhaltensweisen

Gesundheitsrelevantes Verhaltensspektrum	
Gesundheitliches Risikoverhalten	**Gesundheitsförderliches Verhalten**
Hochkalorische Ernährung	Nährstoffhochwertige Ernährung
Restriktives vs. exzessives Ernährungsverhalten	Regelmäßige Ernährung
	Zahn-/Hygieneverhalten
Bewegungsmangel	Körperliche/sportliche Aktivität
Risikosport	Ausreichend Schlaf
Ungeschützte Sonnenexposition	Geschütztes Sonnenbaden
Substanzkonsum/-missbrauch	„Moderater" Alkoholkonsum (!)
Ungeschütztes Sexualverhalten	Psychohygiene/Stressvermeidung
Riskantes Verkehrsverhalten	Vorsorgeuntersuchungen
Explizit risiko-konnotative Aktivitäten	
Lautes Musikhören	

Im Bereich des Bewegungsverhaltens ist regelmäßige körperliche Aktivität (z. B. Sport) gesundheitsförderlich, während Bewegungsmangel neben hochkalorischer Ernährung eine Hauptursache für viele „Zivilisationskrankheiten" ist. Allerdings gilt exzessive Sportausübung in physiologischer Hinsicht bereits wieder als gesundheitsschädlich. Im Bereich des sonnenbezogenen Verhaltens wird zwar die Sonne seit Menschengedenken als „Quelle des Lebens" verehrt, der Aufenthalt in der Sonne führt zur Bildung von Vitamin D und bewirkt bei vielen Personen eine Steigerung des Wohlbefindens und der dauerhafte Entzug kann sogar zu Depression führen, doch hat das Sonnenlicht durch seine karzinogene Wirkung der ultravioletten Strahlung eine immer größere gesundheitsgefährdende Schattenseite (vgl. Eid 2003).

Als generell gesundheitsriskant gilt der Substanzkonsum, wobei neuere kardiologische Studien einem moderaten Alkoholkonsum (ein Glas Rotwein am Tag) förderliche Effekte bescheinigen. Gesundheitsförderlich sind weiterhin ausreichender Schlaf (vgl. Belloc/Breslow 1972), Dentalhygiene (vg. Honkala et al. 2000; Ravens-Sieberer/Thomas/Erhart 2003, 35 f.) und allgemeines Hygieneverhalten (vgl. Stößel/Hofmann 2001) sowie Psychohygiene, Stressvermeidung und auch die Inanspruchnahme medizinischer und psychosozialer Versorgungseinrichtungen (vgl. Palentien 1995).

Als gesundheitsriskant gilt das ungeschützte Sexualverhalten in Bezug auf ungewollte Schwangerschaft und ansteckende Sexualkrankheiten, hier vor allem AIDS (vgl. Neubauer 2001; Raithel 2003c). Gesundheitsgefährdend sind weiterhin explizit risiko-konnotative Aktivitäten, wie beispielsweise riskante Mutproben und waghalsiges Verhalten (vgl. Raithel 2001a; 2003b) bzw. Sensation Seeking (vgl. z. B. Ruch/Zuckerman 2001; Schumacher/Hammelstein 2003), das laute Musikhören (vgl. Hanel 2001) und das riskante passive wie aktive Straßenverkehrsverhalten (vgl. Raithel 1999; Limbourg/Raithel/Reiter 2001; Linneweber 2003).

Das gesundheitsrelevante Verhalten ist im Kontext jugendlicher Entwicklungsanforderungen und Lernprozesse zunehmend in das Interesse der Jugend- und Gesundheitsforschung sowie Präventionsarbeit gerückt, da das jugendliche Gesundheitsverhalten eng mit den Problemen der Bewältigung von Anforderungen während des Statusübergangs verknüpft ist (s. Kap. 4.1 – vgl. Jessor/Jessor 1977; Jessor 2001; Franzkowiak 1985; Silbereisen/Kastner 1987; Silbereisen/Reese 2001). So wird gerade in Erklärungsansätzen zum jugendlichen Substanzkonsum der Tatsache Rechnung getragen, dass dieser zwar ein aus gesundheitlichen Erwägungen heraus gesehen problematisches, aber in den meisten Fällen kein pathologisches Verhalten (Sucht bzw. Substanzabhängigkeit) darstellt. Doch bleibt zu betonen, dass das Risiko eines Missbrauchs und einer Abhängigkeit mit jeder Dosis steigt. Implizit wird darauf verwiesen, dass das Erlernen des Umgangs mit legalen Substanzen selbst eine entscheidende Entwicklungsaufgabe im Jugendalter darstellt. Dem Substanzkonsum und allgemeiner den gesundheitsabträglichen bzw. -riskanten Verhaltensweisen kommen allerdings auch funktionale Aspekte zur Befriedigung unterschiedlichster entwicklungsbezogener Bedürfnisse Heranwachsender zu (vgl. ebd.). Diese „problematischen" Verhaltensweisen sind als Bemühungen um die Bewältigung von Entwicklungsanforderungen zu sehen. Individuell gewählte Risikoverhaltensweisen müssen in diesem Zusammenhang zum Teil als „folgerichtige" Reaktionen von Jugendlichen verstanden werden, denen akute oder auch überdauernde Belastungen, Orientierungskrisen oder Verhaltensunsicherheiten in der Bewältigung ihrer Entwicklungsanforderungen zugrunde liegen (vgl. Nordlohne 1992, 34).

Jugendliche nutzen und bewerten Risikopraktiken gegenwarts- und funktionsorientiert. Für viele Jugendliche zählt nur das „Hier und Jetzt" und es wird ausschließlich der vordergründige Nutzen des Verhaltens gesehen, ohne dabei die negativen Folgen in den Blick zu rücken, weil unmittelbare Beeinträchtigungen für sie (noch) nicht zu spüren sind.

3.4 Delinquentes Risikoverhalten

Der Bereich delinquenten Verhaltens lässt sich im Gegensatz zum gesundheitsrelevanten resp. gesundheitsriskanten Verhalten relativ exakt definieren. Unter delinquentem Verhalten werden zumeist kriminelle Handlungen, also strafrechtliche Delikte, verstanden. Zu Delinquenz zählen weiterhin auch straßenverkehrordnungswidrige Verhaltensweisen/Delikte (die je nachdem zivil- oder strafrechtlich relevant werden können).

Die diversen Einzeldelikte lassen sich kriminologisch unterschiedlichen Deliktbereichen zuordnen (s. Tab. 6). Körperverletzungen (jemanden mit oder ohne Waffe verletzen), Raub bzw. Abziehen (jemandem eine Sache mit Gewalt wegnehmen), Erpressung und Handtaschenraub gelten als gewaltdelinquente Formen.

Tabelle 6 Deliktbereiche delinquenten Verhaltens

Delinquente Verhaltensweisen			
Gewaltdelinquenz	**Eigentums-delinquenz**	**Verkehrsdelinquenz**	**weitere Delinquenz**
Körperverletzungen Raub/Abziehen Erpressung Handtaschenraub	Sachbeschädigungen illegales Sprayen Diebstahl Einbruch	Verkehrsregelverstoß unzureichende Verkehrssicherheit	illegale Drogen Dealen/Hehlerei Fälschen Computerkriminalität

Zur Eigentumsdelinquenz zählen Sachbeschädigungen, illegales Sprayen (Graffiti, „Tags"), Einbruch und Diebstahl (Ladendiebstahl, KfZ-/Fahrraddiebstahl, sonstiger Diebstahl). Im Bereich der Verkehrsdelinquenz lassen sich Verstöße gegen die StVO bzgl. stehenden und fließenden Verkehrs und beim fließenden Verkehr wiederum bzgl. des Fahrverhaltens und des Verkehrssicherheitszustands des Fahrzeugs unterscheiden. Weitere delinquente Verhaltensweisen sind der Konsum, Besitz (größerer Mengen) und Verkauf illegaler Drogen, das Dealen bzw. die Hehlerei, das Fälschen von Dokumenten und Unterschriften sowie der gesamte Bereich der Computerkriminalität.

Delinquentes Verhalten als eine Form von Risikoverhalten ist durch die spezifische Unsicherheit des „erwischt Werdens" und der Sanktionierung als Schädigungsform charakterisiert (vgl. Kap. 3.2; Raithel 2001; 2003). Eine in Forschung und Öffentlichkeit vornehmlich beachtete Subgruppe delinquenten Risikoverhaltens ist das „gewaltaffine Risikoverhalten" (Ulbrich-Herrmann/Claves 2001) wobei hier das Augenmerk auf die Körperverletzungen gerichtet ist.

Das Spektrum des Gewaltbegriffs per se reicht allerdings von einer engen Fassung als körperliche Verletzung von Personen, über verbale und psychische Gewalt bis hin zu struktureller Gewalt (vgl. Galtung 1984). Gewalt in der engeren Fassung ist als destruktive physische Handlung gegenüber Personen (oder Sachen) definiert, die gegen den Willen der betroffenen Person erfolgt (vgl. Ulbrich-Herrmann 1998, 58). Gewaltaffines Risikoverhalten ist als ein aufsuchendes Verhalten zu verstehen (vgl. Simon 1996, 181 f.). Gewaltträchtige Situationen werden von Jugendlichen, um des Risikos willen, bewusst aufgesucht, provoziert oder künstlich hergestellt. Sie schaffen also Situationen, in denen sie Opfer oder Täter von Gewalt werden können. Es wird hierbei das Risiko des Scheiterns, der Entdeckung und der eigenen Verletzung eingegangen.

So stellt bei dem seit Anfang der 90er-Jahre in Mode gekommenen und oft beschriebenen Jacken-Abziehen (Ohder 1992, 116; Tertilt 1996, 220 ff.) nicht die Bereicherung das Ziel der Aktion dar, sondern Abenteuer und Geltungsstreben, die Demonstration von Macht und Männlichkeit (vgl. Ohder 1992, 131). Im Gegensatz zum Raub im Rahmen der Beschaffungskriminalität ist die Gewalt nicht Instrument, sondern Gegenstand und Ziel der Handlung. Deutlicher als bei dem Delikt Raub wird bei Körperverletzungen und Sachbeschädigung die Bedeutung der Gewalt. Im Gegensatz zum Raub, wo es einen materiellen Streitgegenstand gibt, fehlt dieser bei jenen Delikten. Streitanlässe werden vorgeschoben, wie z. B. ein „falscher Blick" oder ein „falsches Wort", die mit Schlägen geahndet werden. „Schon ein irrtümliches Auf-die-Füße-Treten im Gewühl einer U-Bahn oder ein Schubs aus Versehen kann als ‚Anmache' gewertet und zum Anlass für eine Auseinandersetzung werden" (Tertilt 1996, 207). Die Akteure des gewaltaffinen Risikoverhaltens veranstalten ein riskantes Spiel mit der Gewalt (vgl. Ulbrich-Herrmann/Claves 2001).

Kommen wir nun wieder zum Gesamtbereich delinquenten Verhaltens, so lässt sich feststellen, dass Delinquenz im Jugendalter im Rahmen der Normensozialisation ein nahezu „normales" und in den meisten Fällen episodenhaftes Geschehen in der Phase des Statusübergangs ist (vgl. Matt 1995). Soweit könnte die häufigste Form der Jugenddelinquenz, nämlich der leichte Ladendiebstahl, als ein entwicklungsfunktionales Bagatellvergehen angesehen werden, das bei funktionierender sozialer Kontrolle zu einer konformen Normensozialisation wesentlich beiträgt. In der Dunkelfeldforschung und in Verlaufsuntersuchungen zeigt sich, dass für die Mehrzahl aller Delikte eine kleine Gruppe von sogenannten Mehrfachtätern verantwortlich ist. Doch die meisten Jugendlichen begehen gelegentlich geringe Straftaten und bagatellhafte Delikte, die somit als normal und ubiquitär anzusehen sind.

Welche Einflussgrößen bzw. Faktoren im Zusammenhang mit Jugenddelinquenz diskutiert werden, soll im Folgenden synoptisch dargestellt werden. Als besonders gewichtige Bedingungen werden in dem erstmalig erschienenen Sicherheitsbericht der Bundesregierung (Bundesministerium des Inneren/Bundesministerium der Justiz 2001) schwierige familiäre Verhältnisse, Armut und Arbeitslosigkeit, Migrationshintergrund, ungünstige Wohnsituation und Wohnumfeld, Zugehörigkeit zu delinquenten Jugendgruppen, Tolerierung von Gewalt als Mittel zur Konfliktlösung sowie negative Medieneinflüsse genannt (S. 59).

Familie
Die Familie als primäre Sozialisationsinstanz ist für die Entstehung und Entwicklung von Delinquenz im Kindes- und Jugendalter von zentraler Bedeutung. In der Familie können entweder individuelle Problemlagen abgepuffert oder aber auch verstärkt werden. Unterbleibende emotionale Unterstützung, defizitäre und konfliktgeladene familiäre Interaktionen und Eltern-Kind-Konflikte sowie ein zurückweisender, bestrafender, inkonsistenter und gewalttätiger Erziehungsstil sind unmittelbare Risikofaktoren für die kognitive, emotionale und soziale Entwicklung der Kinder und hängen mit einer höheren Gewalttätigkeit und Kriminalität der Jugendlichen zusammen (vgl. Mansel 2001; Raithel 2002a). In mehrfaktoriellen Untersuchungen stellt sich die familiäre Sozialisation als einer der aussagekräftigsten Prädiktoren für die Erklärung jugendlicher Gewalt und Delinquenz dar (vgl. Mansel/Hurrelmann 1998; Lay et al. 2001). Heitmeyer et al. (1995) konnten aufzeigen, dass Jugendliche, die in ihrer Kindheit Gewalt ausgesetzt waren, in höherem Maße Gewalt befürworten. Demnach wird Gewalt vor allem in der Familie erfahren, erlernt und als Mittel z. B. zur Durchsetzung eigener Interessen oder der Erreichung spezifischer Ziele in andere Handlungskontexte übertragen.

Jugendliche, die in der Kindheit Opfer von Gewalt waren (innerfamiliäre Viktimisierung), weisen eine erhöhte Wahrscheinlichkeit eigener Gewalttätigkeit auf (vgl. Wetzels 1997). Bei reaktiv und pervasiv aggressiven Kindern konnten höhere Belastungen durch familiäre Stressfaktoren (innerfamiliäre Gewalt, instabile familiäre Verhältnisse), Missbrauch des Kindes und übermäßig harte erzieherische Disziplinierung bestätigt werden (vgl. Dodge et al. 1997).

Die Anwendung von Gewalt gegenüber den eigenen Kindern korrespondiert mit der sozioökonomischen Lebenslage (Milieu) der Familie: Höhere Gewaltraten finden sich in sozioökonomisch angespannten bzw. sozial benachteiligten Familien (vgl. Heitmeyer et al. 1995).

Schule
Gewaltbegünstigende Faktoren im Rahmen der schulischen Sozialisation werden in den letzten Jahren, insbesondere auch im Zusammenhang mit Gewalt an der Schule, intensiv diskutiert (vgl. Holtappels et al. 1997; Tillmann et al. 1999; Fuchs/Lamnek/Lüdtke 2001). Wobei der Zusammenhang zwischen der Qualität der so-

zialökologischen Umwelt in der Schule und devianten, gewaltförmigen Bewältigungsmustern empirisch bereits vor allem seit der Schulklima-Studie von Fend (1977) belegt ist. Hier wurde der Einfluss von hohem Anpassungsdruck und negativen Sozialbeziehungen in der Schule auf abweichendes Verhalten nachgewiesen.

Innerhalb des schulischen Sozialisationskontextes ist zum einen die Lern- und Leistungssituation und zum anderen die soziale Situation mit den Lehrern (Lehrer-Schüler-Verhältnis) und Mitschülern zu betrachten. Insbesondere stehen die wahrgenommenen Belastungen durch schulische Leistungsanforderungen mit der Gewaltausübung in Zusammenhang. Ebenfalls spielt das wahrgenommene Gewaltpotenzial an der eigenen Schule eine maßgebliche Rolle. Darüber hinaus sind das Desinteresse am Unterricht, Schulverdrossenheit, schulische Versagens- und Misserfolgserlebnisse, die Wut auf die Lehrkräfte, die Unzufriedenheit mit den eigenen Schulleistungen oder eine Konkurrenzorientiertheit unter den Schülern gewaltbegünstigende Modalitäten.

Die schulischen Sozialisationserfahrungen im Wechselwirkungsverhältnis zwischen der sozialen Situation (Lehrer-Schüler-Interaktion sowie Schüler-Schüler-Interaktion) und der Lern- und Leistungssituation führen allerdings seltener unmittelbar zu Gewalthandlungen Jugendlicher, sondern werden primär über die Gewaltbereitschaft vermittelt und schlagen sich indirekt in der Gewaltausübung nieder (vgl. Mansel 2001).

Peer-Group
In entwicklungspsychologischer Perspektive gewinnt die Peer-Group mit zunehmendem Alter Bedeutung für die Herausbildung und Festigung von Normen, Einstellungen und Verhaltensbereitschaften. Dies gilt sowohl positiv im Sinne eines unterstützenden Netzwerkes als auch negativ bei der Möglichkeit der Herausbildung eines delinquenzbegünstigenden Umfelds (vgl. Kühnel 1995; Wetzels/ Enzmann 1999).

Die Jugendlichen erlangen mittelbar durch delinquentes Verhalten im Kontext delinquenter Peer-Groups ihre fehlende Wertschätzung und Anerkennung. Es wird angenommen, dass sich gerade diese Jugendlichen viel stärker und massiver von ihren Eltern abgrenzen wollen, wofür sich das delinquente Verhalten als ein brauchbares Medium darstellt.

Somit verwundert es auch nicht, dass die Bedeutung der Gleichaltrigengruppe für delinquentes Verhalten zweifellos eine der am besten untersuchten Variablen in der Kriminologie ist (vgl. Patterson et al. 1992). Sowohl in Querschnittstudien als auch in Längsschnittuntersuchungen hat sich konsistent bestätigt, dass die Einbindung in deviante Peer-Groups mit einer Erhöhung delinquenter Aktivitäten der Jugendlichen sowie kriminalitätsbefürwortender Einstellungen verbunden ist (vgl. Thornberry et al. 1994).

Gruppenzugehörigkeit per se erklärt jedoch noch nicht die Episodenhaftigkeit der Delinquenz, sondern stellt eher die Gelegenheitsstruktur und den Rahmen für entsprechende Aktivitäten dar (vgl. Matt 1995).

Medien
Verstärkte Gewaltdarstellungen in den audio-visuellen Medien und ihre gezielte Zugänglichkeit über Video/DVD – aber auch die Nutzung entsprechend „gewalttätiger" Computerspiele – werden häufig für eine vermutete Zunahme von Gewaltbereitschaften in Anspruch genommen. Hier kommt die Hypothese zum Ausdruck, dass Gewaltmedienkonsum beim Rezipienten entsprechende Verhaltensweisen bewirke. Allerdings lassen sich Aussagen über Wirkung und Nutzung speziell von gewalthaltigen Medieninhalten nur sehr bedingt treffen (vgl. Merten 1999). Hierbei kann nicht von einer direkten gewaltinduzierenden Mediengewaltwirkung ausgegangen werden (vgl. Lamnek 1995).

Vielmehr ist für den Zusammenhang des gewalthaltigen Medienkonsums und Gewaltverhaltens zu berücksichtigen, dass beide gleichermaßen eine Folge bestimmter Persönlichkeitsmerkmale sowie spezifischer Lebensbedingungen sind. Deshalb ist die Rezeptionswirkung von Medien persönlichkeits- und sozialisationsabhängig (die Art der subjektiven Verarbeitung, die vorausgegangenen Erfahrungen etc., die Aggressionshemmungen verstärken oder überwinden). Aggressivität und Gewaltbereitschaft werden also nicht von den Medien „erzeugt", sondern die Effekte medialer Gewaltdarstellungen wirken – subjektiv selektiv – im Sinne von Habituation oder Gewaltstimulation (vgl. Lukesch 1990). Eine gewaltinduzierende Wirkung der in den Medien dargestellten Gewalthandlungen hängt auch davon ab, ob sie anschlussfähig sind, d.h. innerhalb der jugendlichen Lebenssituation Sinn machen. Realitätsferne Horrorfilme sind darum auch bei hyperrealistischer Darstellung weniger gefährlich als Actionfilme, die die Lebenslage von Jugendlichen in modernen Städten zum Ausgangspunkt nehmen (vgl. Eckert 1993).

Grundsätzlich kann aber festgestellt werden, dass Gewaltdarstellungen in den Medien soziale Risiken in der Art bergen, dass die Gewaltbereitschaft bei vielen Kindern und Jugendlichen ansteigt. Dabei spielen Alter, Geschlecht, Nutzungs-/Konsumdauer, entwickeltes Wertesystem oder Aggressionsneigung eine Rolle. Kinder, die auch in ihrem Familienalltag Gewalt erfahren, sind von Medien eher zu Gewalt verführbar als Kinder aus einer gewaltarmen Umwelt (vgl. Selg 1997).

Beim Vergleich zwischen den Korrespondenzen für die Gewalteinstellung und Jugendkriminalität mit den familiären Erziehungserfahrungen und dem Medienkonsum ist festzustellen, dass der Fernsehkonsum (vor allem Horror- sowie Kriegs-/Kampffilme) die stärksten Zusammenhänge aufweist, gefolgt von der gewalttätigen Erziehung, mit den Computerspielen (vor allem Baller-/Kampf-/ Actionspiele) besteht nur eine sehr geringe Beziehung (vgl. Raithel 2003d).

Persönlichkeitseigenschaften
Die Frage nach dem Beitrag biologischer Faktoren zur Delinquenz ist ein außerordentlich heikles und sensibles Thema. Die Gründe liegen zum einen in der Historie dieser Ansätze und zum anderen vermischen sich bei dieser Frage häufig Wissenschaft und Ideologie (vgl. Schubert 1997).

Es gibt biologisch orientierte Untersuchungen, die neuropsychologische Leistungsminderungen, Intelligenz oder Entwicklungsverzögerungen/-störungen sowie dissoziale oder hyperkinetische Störungen als individuumsbezogene „kriminogene" Risikofaktoren identifizieren (vgl. Moffitt/Silva 1988; Farrington 1994; Lay et al. 2001). Moffitt und Silva (1988) stellen fest, dass sich neuropsychologische Auffälligkeiten nicht ausschließlich auf ungünstige Sozialisationsbedingungen zurückführen lassen, sondern einen eigenen Beitrag zur Delinquenzentwicklung leisten. Auch zeigen antisoziale, aggressive Verhaltensdispositionen von der Kindheit an eine bemerkenswerte Stabilität (vgl. Olweus 1979). Solche Störungen des Sozialverhaltens werden häufig im Vorfeld rezidivierender Straffälligkeit beobachtet (vgl. Vermeiren et al. 2000).

Die Vererblichkeitsthese der Neigung zu delinquentem Verhalten, nach welcher es erbliche Eigenschaften gebe, die Personen zur Kriminalität prädisponieren (vgl. Wilson/Herrnstein 1985), wird von Gottfredson und Hirschi (1990, 53 ff.) dahingehend vernichtend kritisiert, dass eben die zugrundeliegende dänische Studie von Mednick et al. (1984) und die Folgestudie von 1987 deutliche Befunde dafür lieferten, dass die Erblichkeit der Kriminalität minimal sei.

Booth und Osgood (1993) weisen in biochemischen Untersuchungen zwar eine signifikante und mäßig starke Beziehung zwischen dem wichtigsten männlichen Hormon Testosteron und der Gewalttätigkeit im Erwachsenenalter nach, hierbei bleiben allerdings die moderierenden Variablen unberücksichtigt. In gleicher Richtung geht das Risikoverhaltenskonzept des Sensation Seekings von Zuckerman (1994), der insbesondere die männlichen Jugendlichen als Sensation Seeker identifiziert hat (vgl. Kap. 4.1).

3.5 Finanzielles Risikoverhalten

Unter finanzielles Risikoverhalten lässt sich zum einen der Bereich der Glücks-/ Gewinnspiele (Lotterien, Sport-/Pferdewetten, Glücksspiele in Spielbanken, Unterhaltungsautomaten mit Gewinnmöglichkeiten) (vgl. Kunkel 1991) und zum anderen das Konsumverhalten subsumieren, wobei sich zweiteres in Kaufverhalten (Direkt- und Bestellkauf legaler und illegaler Güter, Bar- vs. Kreditzahlung) und Vertragsverpflichtungen/-nutzungen (z. B. Handy, Telefon, Internet, Leasing, Kredit) untergliedern lässt (s. Tab. 7).

Tabelle 7   Finanzielles Risikoverhalten

Glücks-/Gewinnspiele	Finanzielles Risikoverhalten	
	Konsumverhalten	
	Kaufverhalten	Vertragsnutzungen
Lotterie Spielcasino/-bank Geldspielgeräte Sportwetten private Glücksspiele	Direktkauf Bestell-/Onlinekauf Brokerage	Handy Telefon, Internet Kredit, Leasing

Das Glücks-/Gewinnspiel (Glücksspielsucht) wird vor allem im Zusammenhang mit Sensation Seeking sensu Zuckerman diskutiert (vgl. Kunkel 1991). Auf dieses Konzept wird unter Punkt 4.1 explizit eingegangen.

Während delinquentes Verhalten in die Gruppe der konfliktorientierten, überwiegend nach „außen" gerichteten Problemverarbeitungsweisen fällt, gehört das problematische Konsumverhalten und die Kaufsucht zu den nach „innen" gerichteten, rückzugsorientierten Formen der Problemverarbeitung (vgl. Lange 1997; 2000; Palentien 2001). Dies gilt vor allem dann, wenn der Konsum „kompensatorisch" motiviert ist. Als ein solcher wird heute ein Kauf oder ein Konsum bezeichnet, der „Defizite kompensieren soll, die aus dem Nicht-Lösen ganz anderer Probleme entstanden sind. Das Gut wird dann nicht (oder nicht in erster Linie) um seines Gebrauchswertes willen gekauft, sondern um der Befriedigung willen, die der Kaufakt selbst dem Käufer verschafft, und zugleich in der Erwartung, dass die Befriedigung einen Ausgleich für die Frustration bieten möge, die durch das unbewältigte Problem hervorgerufen wurde" (Scherhorn/Reisch/Raab 1992, 4). Im Gegensatz zum demonstrativen Konsum kommt beim kompensatorischen Konsum der Sache an sich also keinerlei Stellenwert zu. Gerade dieser Umstand ist es dann auch, also das vielfach bei Jugendlichen nicht vorhandene Bewusstsein für die Motivation eines Kaufs oder Konsums, der den Übergang vom unauffälligen Kaufverhalten zur Kaufsucht oder vom unauffälligen Konsumverhalten zur Konsumsucht fließend werden lässt: „Kaufsucht liegt dann vor, wenn das kompensatorische Konsumverhalten die für ein Suchtverhalten typischen Merkmale zeigt, nämlich die Verengung auf bestimmte Objekte, die Unwiderstehlichkeit und in vielen Fällen auch die Dosissteigerung und das Auftreten von Entzugserscheinungen" (Lange 2000, 5).

Als Ursachen problematischen Konsumverhaltens Jugendlicher benennt Lange (1997; 2000) vor allem vier Hauptfaktoren:

1) *Selbstwertschwäche:* Sie zeigt sich vor allem in dem Umstand, dass die von ihr Betroffenen unfähig sind, ihre eigenen Gefühle zu zeigen oder auszuleben, ihre eigenen Fähigkeiten und Fertigkeiten einzuschätzen und diese einzusetzen sowie sich selbständig zu entscheiden. Einher gehen mit der Selbstwertschwäche noch andere psychische Dispositionen, wie z. B. die Selbstkontrollschwäche, eine nur geringe Leistungsmotivation sowie eine externale Kontrollattribution. Der kompensatorische Konsum oder die Kaufsucht kann dieses vermeintlich auf Seiten der Betroffenen ausgleichen.
2) *Erziehungsverhalten:* Das Vorhandensein einer Selbstwertschwäche steht in einem engen Zusammenhang zu dem elterlichen Erziehungsverhalten. Gelingt es den Eltern nicht, ihren Kindern Anerkennung, Aufmerksamkeit sowie Wärme und Liebe entgegenzubringen, so sind auch die Kinder oftmals nicht in der Lage, dieses zu leben. Neben dem zahlenmäßig nicht so verbreiteten Erziehungsmuster der sog. „Überbehütung", das Kindern eine eigene Entwicklung erschwert, wird ein Zusammenhang zu den Erziehungsmustern noch bei denjenigen Eltern deutlich, bei denen persönliche durch materielle Zuwendungen ersetzt werden.
3) *Schulisches Leistungsniveau:* Schulleistungen haben heute für Jugendliche einen enorm hohen Stellenwert. Sie vermitteln neben gesellschaftlichen Zukunftsperspektiven auch situativ Wertschätzung oder das Gefühl des Leistungsversagens. Gerade diejenigen Jugendlichen, die mit schlechten Noten am unteren Ende der Leistungshierarchie stehen, versuchen, ihre „negative schulische Erfolgsbilanz" (Lange 2000, 6) durch Kauf und Konsum zu kompensieren.
4) *Position in der Gleichaltrigengruppe:* Ein dem schulischen Bereich ähnlicher Zusammenhang zeigt sich auch für den Status Jugendlicher in der Gleichaltrigengruppe: Je randständiger die soziale Position Jugendlicher in der Gleichaltrigengruppe ist, desto höher ist das Bedürfnis, ausbleibende Anerkennung durch Konsum zu kompensieren (Lange 2000).

Insgesamt zeigt sich, dass Jugendliche, die auf Problemkonstellationen mit dem Muster des kompensatorischen Konsums oder der Kaufsucht reagieren, den Weg der Manipulation ihrer psychosomatischen Befindlichkeit wählen. Ähnlich dem

Drogenkonsum versuchen sie, ihrer alltäglichen Lebenswelt mit künstlich geschaffenen „besseren" Erlebniswelten zu entfliehen.

Das Brokerage als eine spezielle und neue Form des Kaufverhaltens, welches einen Online- oder Auftragskauf darstellt, wird von Unser (1998) im Zusammenhang mit dem Rational-Choice-Modell diskutiert, welches in Kapitel 4.2 behandelt wird.

4 Erklärungsmodelle

Die diversen Erklärungsmodelle lassen sich nach ihrer theorieinternen Schwerpunktsetzung entsprechend des vertikalen Dreiebenenmodells (Mikro-Meso-Makro) je einer Ebene zuordnen. Auch wenn dies nicht immer genuin und idealtypisch möglich ist, hat sich diese Perspektive als pragmatisch nützlich erweisen, um eine Systematisierung von Theorien zu verfolgen und die Problemperspektive zu schärfen. Dieser Zugang ist gleichzeitig Basis für das am Kapitelende vorgestellte integrative handlungstheoretische Mehrebenenmodell zur Erklärung riskanten Verhaltens im Jugendalter.

Auf der Mikroebene individueller Akteure werden zunächst biologische Aspekte und dann das biopsychologische Konzept Sensation Seeking vorgestellt. Weiterhin ist dieser Ebene das Rational-Choice-Modell zuordenbar. Auf der Mesoebene wird zum einen das interdisziplinäre und mehrdimensionale belastungstheoretische Sozialisationsmodell der produktiven Realitätsverarbeitung behandelt. Nach welchem aus dem Zusammenwirken von psychosozialen Belastungen und unzureichenden Kompensationsressourcen Risikoverhaltensweisen resultieren können. Zum anderen wird noch gezielt die „Doing gender"-Perspektive und das Modell der geschlechtsspezifischen Stilisierung betrachtet. Schließlich steht auf der Makroebene das sozialstrukturelle Erklärungsmodell der Lebensstile und Milieus im Zentrum. Das Kapitel endet mit einem handlungstheoretischen Mehrebenenmodell in integrativer Absicht.

Einen allgemeinen Überblick über verschiedene Erklärungsmodelle zum Gesundheitsverhalten geben beispielsweise Hurrelmann (1988, 2000), Troschke (2003), Stroebe/Stroebe (1998), Schwarzer (1996) oder speziell zum Drogenkonsum Sieber (1993).

4.1 Biologistische Sichtweise und das Konzept Sensation Seeking

Die „biologische Risikokonstellation" wird insbesondere im männlichen Geschlechtshormon Testosteron gesehen. Das Testosteron steuert die Herausbildung aller spezifisch männlichen Merkmale, vom Aufbau des Skeletts bis hin zu den Ausprägungen neuronaler Verschaltungsmuster im Gehirn. Die rechte Hemisphäre wird bei Jungen stärker ausdifferenziert, während bei Mädchen die Faserverbindung zwischen den beiden Gehirnhälften stärker ausgebildet wird (vgl. Hüther 2009).

Die pubertäre Entwicklung ist in biologischer Hinsicht die Folge der Verbindung der Reifeprozesse Adrenarche (Anwachsen der Androgen-Sekretion der Nebennierenrinde zwischen dem 6. und 10. Lebensjahr) und Gonadarche (deutliche Erhöhung des Testosterons bei Jungen und des Östrogens bei Mädchen (Geschlechtshormonproduktion) ab der Pubertät). Diese hormonellen Veränderungen gehen mit den extensiven Umbau des Gehirns einher; Hormonproduktion und Hirnentwicklung erzeugen interagierende Effekte. Neuronale Kreisläufe werden neu- und reorganisiert. Die Veränderungen im neuronalen Netzwerk finden mit dramatischen Veränderungen im sozialen Verhalten, z. B. in der sozialen Wahrnehmung, den Emotionen und der Kognition ihre Entsprechungen (Vernetzung sozialer Informationsverarbeitungen) (vgl. Streeck-Fischer 2008). Die gonadale sowie die verhaltensbezogene Reifung sind zwei hirngesteuerte Prozesse die eng durch zahlreiche Interaktionen zwischen dem Nervensystem und den gonadalen Stereoidhormonen verbunden sind (Sisk/Foster 2004).

Wenngleich das Testosteron viel bewirkt, bedeutet das aber noch lange keine einfache Kausalität zwischen Testosteron und Risikoverhalten. Das Hormon erhöht die Sensitivität für ein den sozialen Status erhaltendes oder erhöhendes Verhalten (vgl. Archer 2006; Eisenegger et al. 2009). Ob sich also das erhöhte Statusbewusstsein in Aggression, riskanten Verhalten oder aber prosozialen Verhalten ausdrückt, hängt von den Anforderungen der Umwelt bzw. Situation ab.

Sensation Seeking
Mit dem Konzept Sensation Seeking hat der Psychologe Marvin Zuckerman zu Beginn der 1960er-Jahre die Suche nach dem „Kick" und „Thrill" erstmals beschrieben. Es sind dabei zwei Aspekte enthalten: (1) das Bedürfnis nach unterschiedlichen, neuen und komplexen Sensationen und (2) die Bereitschaft, hierfür physische und soziale Risiken einzugehen.

Inzwischen hat Zuckerman eine biopsychologische Mehrebenentheorie hervorgebracht und es wurden eine Vielzahl von Untersuchungen durchgeführt (vgl. zum Überblick Zuckerman 1979; 1994; Ruch/Zuckerman 2001; Roth/Hammelstein 2003). Sensation Seeking wird dabei als Persönlichkeitsmerkmal aufgefasst bzw. als eine Verhaltensdisposition definiert, die durch ein interindividuell variierendes Bedürfnis (Motiv) und Streben nach neuen, abwechslungsreichen, komplexen und intensiven Sinneseindrücken und Erfahrungen gekennzeichnet ist. Die aktive Suche (Motivation) nach solchen Eindrücken und Erfahrungen geht dabei mit der prinzipiellen Bereitschaft einher, dafür physische (gesundheitliche), soziale, juristische und finanzielle Risiken in Kauf zu nehmen. Die Funktion liegt darin, einen als aversiv erlebten Zustand der Langeweile in einen positiv erfahrenen Zustand der Wachheit und Anspannung zu überführen. Dies ist dann gewährleistet, wenn eine für das jeweilige Individuum optimale sensorische Stimulation sowie ein optimaler Informationseinstrom erfolgen. Der Sensation Seeker sucht das Risiko allerdings nicht, um das Risiko an sich zu maximieren und um des Risikos willen, sondern unterschätzt oder akzeptiert das Risiko als den Preis, der für Belohnung, also die Sensation oder die Erfahrung, gezahlt werden muss. Niedrige Sensation Seekers vermeiden nicht nur das Risiko, sie sehen vor allem keine Belohnung in der Sensation bzw. der Erfahrung, die das von ihnen als relativ hoch eingeschätzte Risiko begründen könnte.

Die Annahmen zu den biopsychologischen Grundlagen von Sensation Seeking haben ihren Ursprung in den aktivierungstheoretischen Vorstellungen der 1950er- und 1960er-Jahre (vgl. Moruzzi/Magoun 1949; Hebb 1955; Berlyne 1960). Berlynes (1960) Konzept des Arousal-Potenzials, eines Reizes in Abhängigkeit von der Intensität, Neuheit und Komplexität, war Ausgangspunkt für die Entwicklung der Psychophysiologie des Sensation Seeking.

Das Konzept Sensation Seeking untergliedert sich anhand des psychometrischen Instruments der Sensation Seeking Scale (SSS-V) in vier Faktoren:

- Thrill and Adventure Seeking, TAS (Gefahr- und Abenteuersuche),
- Experience Seeking, ES (Erfahrungssuche),
- Disinhibition, Dis (Enthemmung) und
- Boredom Susceptibility, BS (Empfänglichkeit für Langeweile).

Der erste Faktor *Thrill and Adventure Seeking* beschreibt die Tendenz, sportliche und andere Aktivitäten durchzuführen, die Gefahr oder Geschwindigkeit beinhalten, wie beispielsweise Gerätetauchen, Fallschirmspringen oder Skifahren. Der zweite Faktor *Experience Seeking* bezeichnet und beschreibt die Suche von Erfahrungen durch nonkonformistische Verhaltensweisen und Reisen, sowie auch erregende Musik und psychedelische Drogen. Der dritte Faktor *Disinhibition* erfasst die Tendenz zu sozial und sexuell enthemmtem Verhalten und der letzte Faktor *Boredom Susceptibility* charakterisiert eine Abneigung gegenüber Wiederholungen und Routine (vgl. Beaducel/Brocke 2003).

Zuckermans Theorie gehört zu den multimodal-kausalen Persönlichkeitstheorien, mit einem deskriptiven, psychometrischen und einem erklärenden, in diesem Fall biopsychologischen Theorieteil. Er setzt gleichzeitig eine hereditärgenetische Grundlage der konstitutionellen, biopsychologischen Basisdimensionen voraus und damit verhaltensgenetische Pfade, die die molekulargenetische Information bis hin zur Ebene des offenen Verhaltens transformieren. Darauf aufbauend skizziert Zuckerman Grundzüge eines Mehr-Ebenen-Schemas, das den Aufbau biopsychologischer Persönlichkeitspsychologien grob beschreiben kann (vgl. Brocke/Strobel/Müller 2003). In dem insgesamt sieben Ebenen umfassenden Modell werden die Bereiche Genetik, Neurologie, Biochemie und Physiologie als neurobiologische Grundlagen für „übergeordnete" psychologische Prozesse und Systeme wie Konditionierbarkeit/Lernen, soziales Verhalten und zugrundeliegende Traits, also Charaktereigenschaften, verstanden (vgl. Zuckerman 1994).

Besonders hervorzuheben ist die neurochemische Ebene. Zuckermans Modellannahmen zu Einflüssen individueller Unterschiede in der Aktivität von Neurotransmittern, Enzymen und Hormonen auf die differenzielle Ausprägung in Sensation Seeking haben im Laufe der Zeit mehrere Aktualisierungen und konzeptionelle Veränderungen erfahren. Der Schwerpunkt Zuckermans aktueller Spezifizierung liegt hierbei auf unterschiedlicher Neurotransmitter-Aktivität (vgl. Zuckerman 1996; Brocke/Strobel/Müller 2003).

Von den aktuellen Schwerpunktsetzungen bzw. Akzentuierungen der theoretischen Konzeption formulierte Zuckerman (1969) schon früh die Annahmen, dass Sensation Seeking entwicklungsbezogenen Veränderungen unterliege, wobei er eine stetige Abnahme im Verlauf des Erwachsenenalters unterstellte, und dass geschlechtsspezifische Unterschiede vorlägen, mit höheren Werten auf Seiten der Männer. Dies konnte weitgehend bestätigt werden (vgl. Zuckerman et al. 1978; Ball/Farnnill/Wangeman 1984; Beauducel/Strobel/Brocke 2003). In allen drei Untersuchungen konnte ein deutlicher Alters- und Geschlechtseffekt in der Sensation Seeking-Ausprägung festgestellt werden, wobei sich eine Altersabnahme nur für den Faktor Thrill and Adventure Seeking konsistent nachweisen ließ. Die geschlechtsspezifische Konturierung zeigte sich konsistent für die Dimensionen Thrill and Adventure Seeking, Disinhibition und Boredom Susceptibility, nicht aber für Experience Seeking.

Zuckerman kommt zu dem Schluss, dass jugendliches Risikoverhalten besser zu verstehen sei, wenn das biosoziale Trait Sensation Seeking oder verwandte Variablen berücksichtigt würden. Denn besonders auffällig ist, dass Sensation Seeking in biographischer Hinsicht seinen Höhepunkt hat, wenn auch Risikoverhalten am häufigsten ausgeübt wird (vgl. Ruch/Zuckerman 2001).

4.2 Rational-Choice-Modelle

Die Gruppe entscheidungstheoretischer Erwartungs-Wert-Modelle (vgl. Heckhausen 1980) betont in mikrosoziologischer Perspektive die sozialkognitive Seite handlungstheoretischer Erklärungsansätze. Kollektive Sachverhalte (z. B. gesundheitsrelevantes oder delinquentes Verhalten) sollen wesentlich aus dem Handeln einzelner Individuen und dessen Folgen erklärt werden. Gleichzeitig rücken die Bedingungen bzw. Ursachen des individuellen Handelns verstärkt ins Blickfeld. Auf individueller Ebene sind hierbei Motivlagen, die Wahrnehmung von Gelegenheiten und Restriktionen, Einstellungen und Erwartungen von großer Bedeutung für die Entstehung von Handlungsabsichten und Handlungen selbst.

Diese vornehmlich sozialpsychologischen Theorien stehen in der Tradition von Lewin (1938; 1963), Rotter (1954), Edwards (1954), Tolman (1955) und Atkinson (1958). Zentrales Moment dieser Ansätze ist der von Tolman (1955) eingeführte „Expectancy"-Begriff, die erlernte Erwartung über Mittel-Zweck-Zusammenhänge. Danach stellt das Verhalten in einer bestimmten Situation eine Funktion des Wertes, den ein Individuum einem bestimmten Ziel beimisst, und der geschätzten Wahrscheinlichkeit, mit der dieses Ziel erreicht werden kann, dar. Die Anwendung des Erwartungs-Wert-Ansatzes auf Wahlentscheidungen geht vor allem auf Arbeiten von Edwards (1954) zurück. Unabhängig von objektiven Kontingenzen wird die subjektive Bedeutung des Wahrgenommenen im Sinne einer phänomenologischen Betrachtungsweise in den Mittelpunkt gerückt. Kognitionen werden als die entscheidenden Verhaltensdeterminanten betrachtet; externe und interozeptive Reize dienen als Informationsquelle und initiieren die entsprechenden Informationsverarbeitungsprozesse.

Zahlreiche Studien und Modellentwicklungen finden sich in der gesundheits- und verkehrspsychologischen Forschung (vgl. Reinecke 1997; Bamberg/Schmidt 1994; zum Überblick bzw. allgemeine Reviews: Schwarzer 1996; Godin/Kok 1996; Van den Putte 1993; Klebensberg 1982). Im Mittelpunkt der entscheidungstheoretisch konzipierten Modelle zum Gesundheitsverhalten steht die Bilanzierung des zu erwartenden Nutzens eines Verhaltens. Gesundheitsverhalten wird aus dieser Sicht als Folge eines mehr oder weniger rationalen Entscheidungsprozesses verstanden. In einer Kosten-Nutzen-Analyse wird danach das potenzielle allgemeine und persönliche Erkrankungs-/Verletzungsrisiko sowie der zu erwartende Nutzen einer vorbeugenden bzw. präventiven Handlung gegenüber den erwarteten Kosten abgewogen. Damit wird gesundheitsrelevantes Verhalten als Funktion individueller Entscheidungsprozesse aufgrund von subjektiven Kosten-Nutzen-Überlegungen interpretiert und eine konsistente Vorhersagbarkeit aus der Kenntnis gesundheitsbezogener Einstellungen unterstellt (vgl. Bengel 1993, 43 ff.). Der Klassiker unter diesen Ansätzen ist das Health Belief-Modell *(Modell gesundheitlicher Überzeugungen)* von Rosenstock (1960; 1966; 1974), das großen Einfluss gehabt hat, ohne jedoch hinsichtlich gedanklicher Präzision und empirischem Gehalt mit heutigen Vorstellungen konkurrieren zu können (vgl. Schwarzer 1996). Als ein moderner Ansatz ist die Theory of Planned Behavior *(Theorie des geplanten Verhaltens)* von Ajzen (1985; 1988; 1991; Ajzen/Madden 1986; Schifter/ Ajzen 1985) zu benennen, die eine Erweiterung der Theory of Reasoned Action *(Theorie der Handlungsveranlassung bzw. Theorie des überlegten Handelns)* (Fishbein/Ajzen 1975; Ajzen/Fishbein 1980) darstellt.

Neben der Anwendung in der Gesundheitsforschung finden sich erste Vorschläge für einen Einsatz in der kriminologischen Forschung bei Tuck und Riley (1986). Wittenberg und Reinecke (2003) untersuchen anhand der Theory of Planned Behavior die Diebstahlkriminalität von Jugendlichen (vgl. auch Lüdemann 1998; zum aggressiven Verhalten rechtsextremer Jugendlicher: Neumann 2001).

4.2.1 Das Health Belief-Modell

Die heutige Diskussion um Gesundheitsverhalten ist vor allem durch die frühen Arbeiten zu gesundheitlichen Überlegungen angeregt worden. Das schon in den 1950er-Jahren entstandene Health Belief-Modell (Rosenstock 1960; 1966; 1974; Becker 1974) sieht das menschliche Verhalten als rational bestimmt an. Dabei werden der Wert eines Zieles und die Wahrscheinlichkeit der Zielerreichung als die entscheidenden Variablen angesehen. Die Überzeugung, dass eine bestimmte Aktivität die Krankheit vermeiden hilft, ist ausschlaggebend für die angenommene Wahrscheinlichkeit der Zielerreichung.

Im Health Belief-Modell sind vor allem vier Annahmen zentral (vgl. Troschke 2003):

1) die wahrgenommene Gefährlichkeit (Schwere/Bedrohlichkeit) (perceived severity): Je größer eine Person die Gefährlichkeit der zu verhindernden Krankheit insgesamt einschätzt, desto größer ist die Wahrscheinlichkeit, dass sie sich präventiv verhält;
2) die wahrgenommene Gefährdung (Vulnerabilität/Anfälligkeit) durch die Krankheit (perceived susceptibility): Zur Einschätzung der Gefährlichkeit muss die Einschätzung des persönlichen Risikos hinzukommen. Wer sich also selbst gegenüber Erkrankungen für „verwundbar" bzw. anfällig hält, wird eher geneigt sein, sich vorsorgend zu verhalten;
3) der wahrgenommene Nutzen des präventiven Verhaltens (perceived benefits): Je höher eine Person die Wirksamkeit einer bestimmten präventiven Maßnahme einschätzt, desto größer ist die Bereitschaft, an ihr teilzunehmen;
4) die wahrgenommenen Barrieren bzw. Kosten, die dem präventiven Verhalten entgegenstehen (perceived barriers): Diese Barrieren können individueller Art sein (z.B. Gewohnheiten, Abhängigkeiten) oder sich aus den sozialen Lebensbedingungen ergeben (z.B. Arbeits-, Wohn-, Ernährungsbedingungen).

Die Gefährlichkeit und die Vulnerabilität ergeben gemeinsam den Grad der wahrgenommenen Bedrohung durch die Krankheit. Während die wahrgenommene Schwere und die wahrgenommene Vulnerabilität durch die Bedrohung zum Teil durch den jeweiligen Wissensstand beeinflussbar sind, gelten der wahrgenommene Nutzen und die wahrgenommenen Kosten als mitbeeinflusst durch Normen und Gruppendruck. Das wahrgenommene Ausmaß an persönlicher Gefährdung und die wahrgenommene Schwere der Erkrankung führen im Modell nach entsprechender Kosten-Nutzen-Abwägung zu einer erhöhten Bereitschaft zum präventiven Verhalten (s. Abb. 2). Zur Auslösung präventiven Verhaltens bedarf es weiterer Impulse in Form von Handlungsanstößen (cues to action). Dies können interne Faktoren (z. B. körperliche Krankheitssymptome) oder externe Faktoren (z. B. Informationen) sein. Ihre erforderliche Intensität steht in direkter Beziehung zu den jeweiligen Werten der anderen Variablen. Demographische Variablen (Alter, Geschlecht, Persönlichkeitseigenschaften, sozioökonomische Faktoren) sind nur peripher in der Konzeption enthalten. Sie stellen keine kausalen Faktoren für eine Verhaltensänderung dar, können aber die individuelle Wahrnehmung entscheidend mit beeinflussen.

Abbildung 2 Health Belief-Modell

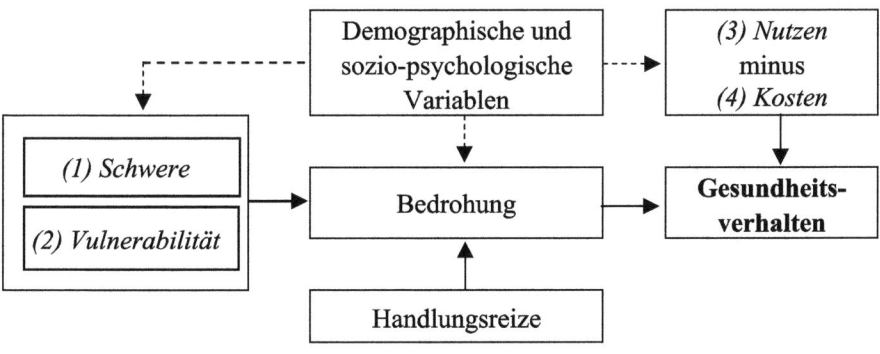

Da es sich bei dem Health Belief-Modell um einen bereits älteren Ansatz handelt, der mittlerweile mit einigen Kritikpunkten konfrontiert wurde, haben die Autoren des Modells inzwischen eine zeitgemäße Neuinterpretation vorgenommen (vgl. Becker/Rosenstock 1987). Nach dieser beruht gesundheitliches Handeln auf dem gleichzeitigen Auftreten von drei Arten von Faktoren, nämlich

a) dem Vorliegen einer hinreichenden Motivation, Gesundheitliches als bedeutend anzusehen,
b) der Überzeugung, persönlich anfällig für Erkrankung zu sein, was oft mit Bedrohung gleichgesetzt wird, und

c) der Überzeugung, dass ein bestimmtes präventives Verhalten tatsächlich wirksam ist, wobei dies in Relation zu den erforderlichen Kosten zu setzen ist.

4.2.2 Theory of Planned Behavior

Die Theory of Planned Behavior *(Theorie des geplanten Verhaltens)* von Ajzen (1985; 1988; 1991; Ajzen/Madden 1986; Schifter/Ajzen 1985) ist eine der meistzitierten sozialpsychologischen Theorien. Ihr Geltungsbereich beansprucht sowohl willentlich als auch nicht vollständig willentlich kontrollierte Verhaltensweisen. Die Theory of Planned Behavior zeichnet sich durch sparsame Annahmen aus und gilt für ein breites Spektrum verschiedener Verhaltensweisen – insbesondere im Bereich gesundheitsrelevanter Verhaltensweisen – als empirisch bewährt (vgl. Schlicht 2002).

Anknüpfend an die insgesamt eher unbefriedigenden Ergebnisse der traditionellen sozialpsychologischen Forschung zum Zusammenhang von Einstellungen und Verhalten, berücksichtigen Ajzen und Fishbein (1978) in der Theory of Reasoned Action neben dem zu erklärenden Verhalten und den dieses Verhalten betreffenden Einstellungen *(attitudes)* zusätzlich Handlungsabsichten *(behavioral intentions)* als zentrales Erklärungskonzept. Die Intention wird als unmittelbar erklärende Variable postuliert. Je stärker diese Intention ist, desto eher wird das Verhalten gezeigt. Handlungen von Individuen lassen sich demzufolge aus deren Handlungsabsichten erklären, diese wiederum durch die korrespondierenden Einstellungen der Handelnden. Als zweites grundlegendes Konzept werden subjektive Normen *(subjective norms)* berücksichtigt, die als die Wahrnehmung sozialer Unterstützung einer Handlungsalternative bzw. als wahrgenommener sozialer Druck entgegen einer Handlungsalternative zu verstehen sind. Diese Variante – die Theory of Reasoned Action – setzt voraus, dass der größte Teil des interessierenden Verhaltens unter willentlicher Kontrolle des Handelnden steht und dass dieser in einer gegebenen Situation eine spezifische Absicht hat oder bildet, die das der Absicht folgende Verhalten determiniert (vgl. Ajzen/Fishbein 1978, 406).

Um allerdings die Einschränkung der Theory of Reasoned Action auf Verhaltensweisen, die unter der willentlichen Kontrolle der handelnden Personen stehen, aufzuheben, wurde dem Modell ein weiteres theoretisches Konzept hinzugefügt: die wahrgenommene Verhaltenskontrolle (*perceived behavioral control*, vgl. Ajzen 1988, 1991). Die wahrgenommene Verhaltenskontrolle erfasst die Überzeugung einer Person, wie leicht bzw. wie schwierig ein Verhalten für sie auszuüben ist bzw. wie viele Ressourcen und Fertigkeiten sie zu haben glaubt, um das Verhalten zu zeigen. Je mehr Ressourcen Personen zu besitzen glauben, desto größer wird die wahrgenommene Kontrolle über das zu zeigende Verhalten sein.

Eigene Erfahrungen können hier ebenso eine Rolle spielen wie Beobachtungen und Erfahrungen anderer Personen. Die wahrgenommene Verhaltenskontrolle wird neben Einstellung und subjektiver Norm als ein eigenständiges drittes Konstrukt aufgefasst, das auf die Handlungsabsichten wirkt.

Als unterste und zugleich spezifischste Ebene des Modells finden sich Überzeugungen *(beliefs)*, die sich auf jedes der drei zentralen Erklärungskonzepte (Einstellung, Norm, Verhaltenskontrolle) beziehen können. Überzeugungen enthalten in Form von Erwartungen und Bewertungen sehr konkrete Facetten eines zu beobachtenden Verhaltens. Sie können Hinweise auf die Entstehung bzw. die Änderung der allgemeineren Konzepte Einstellung, subjektive Norm und wahrgenommene Verhaltenskontrolle geben.

Abbildung 3   Theorie des geplanten Verhaltens
(nach Ajzen/Madden 1986, 458)

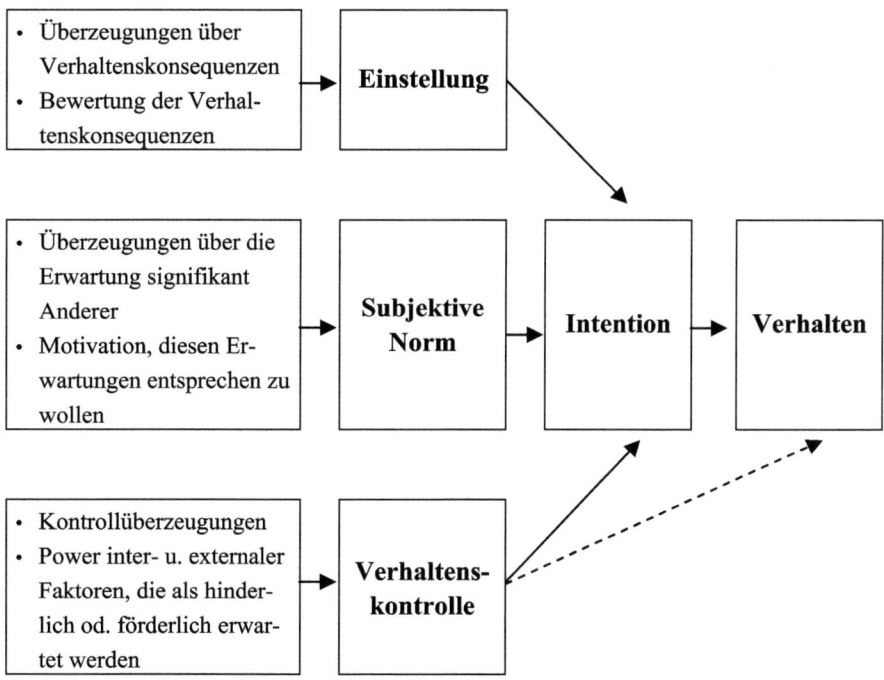

Wie Abbildung 3 zu entnehmen ist, beeinflussen die drei Determinanten Einstellung, subjektive Norm und Kontrollierbarkeit die Intention und diese wiederum das Verhalten. Das Modell enthält zwei Varianten, von denen die eine durch durchgehende Pfeile wiedergegeben ist. Die andere Variante besteht darin, dass Kontrollierbarkeit auch einen direkten Einfluss auf das Verhalten ausüben kann. Dies ist möglich, wenn sich in der Kontrollierbarkeit nicht nur die wahrgenommene, sondern auch die tatsächliche Kontrolle ausdrückt. Fehlen objektiv die Ressourcen oder Gelegenheiten, eine Handlung zu Ende zu bringen, dann bedeutet dies eine direkte Beziehung zwischen der realen Kontrolle und dem Verhalten; werden dagegen Ressourcen als fehlend interpretiert, dann wird die Person schon von vornherein keine Intention bilden, die sich ja doch nicht realisieren ließe.

4.2.3 Zusammenfassung

Grundlegend für diese Modelle sind Annahmen über die Entwicklung von Persönlichkeit, die sich häufig an lerntheoretische Postulate anlehnen, im Wesentlichen aber die psychologischen Mechanismen der Entscheidung für oder gegen ein bestimmtes (gesundheitsbezogenes) Verhalten thematisieren. Dabei werden entweder eher evaluative, emotionale oder rationale Komponenten bei der Erklärung gesundheitsbezogenen Verhaltens betont.

Soziale Kontexte und ihre spezifische Struktur werden hiermit nicht erfasst, sondern allenfalls als durch das Individuum interpretierte extern einwirkende soziale Kräfte oder Bezugsgruppen einbezogen. Im Wesentlichen handelt es sich um die Thematisierung von innerpsychischen Mechanismen des individuellen Entscheidens. Risikoverhalten erscheint so häufig als irrationales oder pathologisches Verhalten auf der Grundlage fehlender Informationen oder falscher Interpretationen, wobei die Präferenzen, die dem rationalen Entscheiden zugrunde liegen, zumeist selbst nicht analysiert werden.

Dies gilt allerdings weniger für Ansätze, die von einer situativen Rationalität ausgehen (Bloor 1995). Entscheidungen für Risikoverhalten werden hier auf konkrete Situationen oder Situationstypen und deren unmittelbaren individuellen Nutzen bezogen. Hierbei können dann z. B. auch Aspekte der Macht in Beziehungen und Entscheidungssituationen als soziale und situative „Constraints" analysiert werden. Allerdings gilt auch für diese Ansätze, dass von einer impliziten Kalkulation ausgegangen wird und Sozialisationseinflüsse nahezu unberücksichtigt bleiben.

Ein kritischer Punkt innerhalb der Theorie des geplanten Verhaltens ist die Verbindung zwischen Intention und Verhalten, die zwischen der Umsetzung einer Absicht und tatsächlichem Handeln steht. Ist beispielsweise die beabsichtigte Handlung sehr neu, komplex oder schwierig, dann wird ein aufwendiger Planungsprozess notwendig sein, der über kognitive Einschätzungen der Mittel und

Wege vorgenommen wird. Liegen dagegen Erfahrungen bzgl. der beabsichtigten Handlung vor, dann können die ausgesprochenen Intentionen leichter in Handlungen umgesetzt werden (Reinecke 1997, 51). Hier bedürfte es einer motivationspsychologischen Ergänzung (vgl. Heckhausen 1980).

4.3 Das belastungstheoretische Sozialisationsmodell

Das jugendspezifische Risikoverhalten wird als mögliches Resultat eines längerfristig wirkenden lebensphasekennzeichnenden überdurchschnittlichen psychosozialen Belastungsniveaus und unzureichender Bewältigungskapazitäten, als Folge von Orientierungskrisen, Verhaltensunsicherheiten und dem Testen und Überschreiten von elterlichen und gesellschaftlich vorgeschriebenen Grenzen gesehen (vgl. Mansel/Hurrelmann 1991; Engel/Hurrelmann 1993; Mansel 1995; Schnabel 2001). Solche Verhaltensweisen dienen somit zur „Lösung" einzelner Herausforderungen und Probleme im Entwicklungsprozess (Jessor/Jessor 1977; Franzkowiak 1987; Silbereisen/Kastner 1987; Silbereisen/Reese 2001). Einen entwicklungsfunktionalen Aspekt übernimmt das Risikoverhalten auch in Form des demonstrativen und experimentellen Verhaltens von typischen „Erwachsenenverhaltensweisen". Unter den Gleichaltrigen kann über das Risikoverhalten Anerkennung und Integration erlangt werden.

Spezifische Problem- und Risikokonstellationen ergeben sich aus schulischen und beruflichen Leistungssituationen, dem Rückgang der Erwerbsarbeit, Konflikten im familiären Sozialklima, Integrationsschwierigkeiten in die Peer-Group und aus Freizeitsituationen zwischen Leere und Überfüllung. Der jugendliche Egozentrismus, das Oppositionsverhalten gegenüber der Autorität von Erwachsenen, das Konformitätsverhalten an Peer-Group-Normen und das gleichzeitige Demonstrieren des Erwachsenenstatus sind typische Merkmale des Jugendalters.

Jugendliche sind wie Mitglieder anderer Lebensphasen strukturellen, ökologischen und globalen Risiken ausgesetzt, doch haben sie in ihrem Entwicklungsprozess noch nicht notwendigerweise mannigfaltige und effiziente Bewältigungskompetenzen entwickeln, erproben und habitualisieren können, welche jedoch für den konstruktiven Umgang mit Belastungen und Anforderungen erforderlich sind. Zudem sind die Jugendlichen durch bestimmte entwicklungsbedingte Anforderungen bzw. Aufgaben gefordert. Die erfolgreiche Lösung bzw. Bewältigung der für die Jugendphase konstitutiven Entwicklungsaufgaben ist neben der Integrationsfunktion in die Gesellschaft Voraussetzung für die Konstituierung einer stabilen Identität.

Die produktive Bewältigung entwicklungsbedingter Belastungen wird als Kernstück kognitiv-emotionaler Entwicklung angesehen und ist Voraussetzung für eine stabile Identitätsbildung des Jugendlichen (vgl. Reinhard 1988). „Jugendliche brauchen für ihre Entwicklung intensive Erlebnisse, um ihre Gefühlsdynamik zu entwickeln und den Prozeß der Verselbständigung emotional zu bewältigen" (Hurrelmann 1991, 32).

Im Vergleich zu Angehörigen anderer Lebensphasen führt diese besonders sensible Altersphase meist zu einer erhöhten Vulnerabilität der Jugendlichen. Sie ist aber auch für den zukünftigen Lebensstil ausschlaggebend, da in ihr Verhaltensweisen erprobt, eingeübt und verfestigt werden (vgl. Jessor/Turbin/Costa 1999; Raithel 2003; 2004b). Kommt es jedoch zu Problemen bei der Bewältigung von Lebensanforderungen während der Statuspassage, kann sich dies in riskanten Verhaltensweisen ausdrücken. Das riskante und (selbst-)gefährdende Verhalten bei Jugendlichen kann aus dem Gefühl resultieren, nichts mehr verlieren zu können und so ein Zeichen von problematischen Lebensbedingungen und subjektiv erfahrenen Belastungen sein (vgl. Buskotte 1994).

Das sozialisations- und stresstheoretische Konzept nimmt die komplexe lebensweltliche und biographische Verflechtung von Gefährdungs- und Belastungspotenzialen während des jugendlichen Entwicklungsprozesses auf. In eine sozialisationstheoretische Betrachtung lassen sich Kernaussagen unterschiedlicher belastungs- und stresstheoretischer Modelle aufnehmen, so dass in wichtigen Berührungspunkten die theoretischen Ansätze aufeinander bezogen und integriert werden können (vgl. Mansel/Hurrelmann 1991; Mansel 1995; Raithel 1999).

4.3.1 *Theoretische Provenienzen*

4.3.1.1 Problem Behavior-Theory

Die Problem Behavior-Theory von Jessor hat ihre Ursprünge in der Theorie des sozialen Lernens nach Rotter (1954; 1982) und der Anomie-Theorie von Merton (1957). Zum ersten Mal kam die Problem Behavior-Theory im Rahmen einer umfassenden Studie zum Alkoholmissbrauch und anderen Problemverhaltensweisen in einer kleinen, gemischt-ethnischen Gemeinde im südlichen Colorado zum Einsatz (Jessor et al. 1968). Später wurde sie derart verändert, dass sie auch im Rahmen einer großen Längsschnittstudie zum Problemverhalten und zur psychosozialen Entwicklung in Kohorten von Mittelstufenschülern und jungen Universitätsstudenten zur Anwendung kommen konnte (Jessor/Jessor 1977). Danach kam die Problem Behavior-Theory in zwei großen US-amerikanischen Surveys mit einem Fokus auf die psychosozialen Korrelate von Alkohol- und Drogengebrauch zum Einsatz (Donovan/Jessor 1978; 1983; Jessor/Chase/Donovan 1980; Jessor/Donovan/Widmer 1980). Die Problem Behavior-Theory hat inzwischen in der vornehmlich entwicklungspsychologischen Forschung zum Problemverhalten Jugendlicher eine weite Verbreitung gefunden.

Das Hauptanliegen der Problem Behavior-Theory ist das Verhältnis, das innerhalb und zwischen den drei Hauptsystemen der psychosozialen Variablen besteht (s. Abb. 4):

- das Persönlichkeitssystem,
- das wahrgenommene Umwelt/Umgebungssystem und
- das Verhaltenssystem.

Persönlichkeit meint ein Inventar an relativ konstanten/andauernden sozio-kognitiven Wertevariablen, Erwartungen, Glauben und Einstellungen sich selbst und der Gesellschaft gegenüber. Dieses Inventar reflektiert soziales Lernen und die Entwicklungserfahrung. Die 11 Variablen in diesem System sind in drei Strukturen organisiert, abhängig davon, ob sie Problemverhalten veranlassend oder kontrollierend sind und ob die Kontrolle eher proximal (direkt) oder distal (indirekt) ist. Die Variablen im System der wahrgenommenen Umgebung sind alle Aspekte der Umgebung, die sich aus Erfahrung zusammensetzen, und damit reflektieren sie die sozial organisierten bedeutenden Dimensionen der Umgebung. Das Verhaltenssystem bezieht sich auf die jugendliche Entwicklung. Es werden fünf separate jugendliche Problemverhaltensweisen spezifiziert: Problemtrinken, Marihuanakonsum, der Konsum anderer illegaler Drogen, Zigarettenrauchen und anderes abweichendes Verhalten (Lügen, Stehlen und physische Aggression). Ursprünglich enthielt dieses System auch das Sexualverhalten Jugendlicher. Zudem gibt es einen Index, der die Höhe der multiplen Beteiligungen über diese fünf Verhaltensweisen summiert.

Als kausale oder erklärende Systeme werden diese drei Hauptsysteme als diejenigen angenommen, die den größten Einfluss auf das Auftreten bzw. Nicht-Auftreten eines bestimmten Verhaltens haben. Innerhalb eines jeden Systems repräsentieren die Variablen entweder einen Auftrieb oder eine Kontrolle, die, zusammen genommen, ein theoretisches Ergebnis generieren, nämlich einen dynamischen Zustand, der Neigung oder Anfälligkeit genannt werden kann. Diese Neigung bezieht sich auf die Wahrscheinlichkeit, dass Problemverhalten praktiziert oder nicht ausgeübt wird. Dabei handelt es sich um eine *Persönlichkeitsneigung*, eine *Umgebungsneigung* und eine *Verhaltensneigung*. Die Kombination der Neigungen in allen drei Systemen ergibt in einem übergeordneten Konzept die *psychosoziale Neigung*. Die psychosoziale Neigung ist das Schlüsselkonzept der Problem Behavior-Theory für die Vorhersage und Erklärung der Variation im Problemverhalten.

Abbildung 4　Die konzeptuelle Struktur der Problem Behavior-Theory (Jessor 2001)

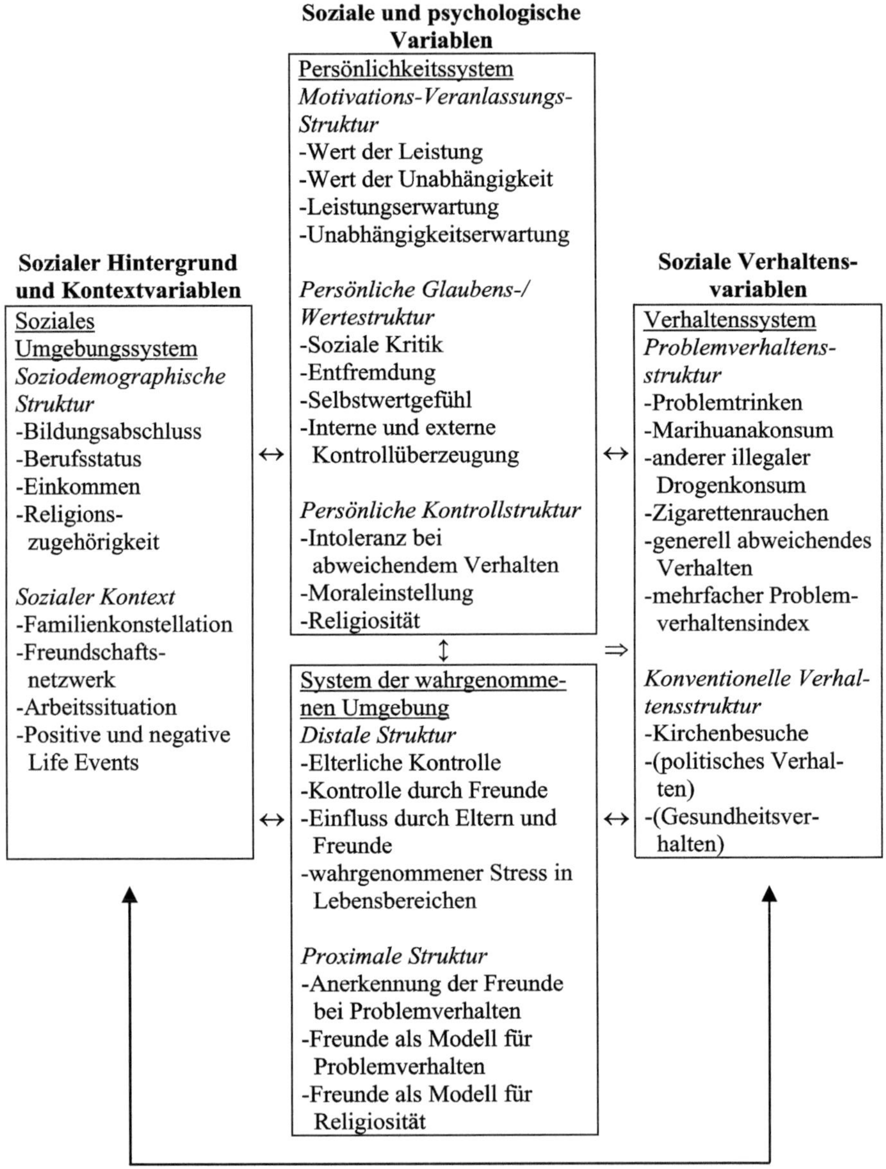

Soziale und psychologische Variablen

Persönlichkeitssystem
Motivations-Veranlassungs-Struktur
-Wert der Leistung
-Wert der Unabhängigkeit
-Leistungserwartung
-Unabhängigkeitserwartung

Persönliche Glaubens-/ Wertestruktur
-Soziale Kritik
-Entfremdung
-Selbstwertgefühl
-Interne und externe Kontrollüberzeugung

Persönliche Kontrollstruktur
-Intoleranz bei abweichendem Verhalten
-Moraleinstellung
-Religiosität

Sozialer Hintergrund und Kontextvariablen

Soziales Umgebungssystem
Soziodemographische Struktur
-Bildungsabschluss
-Berufsstatus
-Einkommen
-Religionszugehörigkeit

Sozialer Kontext
-Familienkonstellation
-Freundschaftsnetzwerk
-Arbeitssituation
-Positive und negative Life Events

Soziale Verhaltensvariablen

Verhaltenssystem
Problemverhaltensstruktur
-Problemtrinken
-Marihuanakonsum
-anderer illegaler Drogenkonsum
-Zigarettenrauchen
-generell abweichendes Verhalten
-mehrfacher Problemverhaltensindex

Konventionelle Verhaltensstruktur
-Kirchenbesuche
-(politisches Verhalten)
-(Gesundheitsverhalten)

System der wahrgenommenen Umgebung
Distale Struktur
-Elterliche Kontrolle
-Kontrolle durch Freunde
-Einfluss durch Eltern und Freunde
-wahrgenommener Stress in Lebensbereichen

Proximale Struktur
-Anerkennung der Freunde bei Problemverhalten
-Freunde als Modell für Problemverhalten
-Freunde als Modell für Religiosität

Psychosoziale Neigung als ein dispositionelles Konzept repräsentiert die Stärke der Tendenz, sich in einem bestimmten Problemverhalten zu engagieren und damit die Wahrscheinlichkeit des Auftretens eines solchen Problemverhaltens. Es handelt sich hierbei um das Ergebnis des Gleichgewichts von Auftrieb und Kontrolle über die Ausübung von Problemverhalten. Solche Auftriebe und Kontrollen sind in Analogie zu Risiko- und Protektivfaktoren zu verstehen. Die Interdependenz von Risiko- und Protektivfaktoren stellt das psychosoziale Risiko dar. Das Konzept der psychosozialen Neigung ist somit gleichbedeutend mit dem Konzept des psychosozialen Risikos, und die theoretischen Variablen in den drei Systemen der Problem Behavior-Theory können als psychosoziale Risiko- bzw. Protektivfaktoren des Problemverhaltens charakterisiert werden.

Wenngleich das Hauptaugenmerk der Problem Behavior-Theory auf den drei Systemen Persönlichkeitssystem, System der wahrgenommenen Umwelt und Verhaltenssystem liegt, ist auch ein weiter entferntes Einflusssystem, nämlich die sozialstrukturelle und sozialkulturelle Umgebung, zu berücksichtigen (Jessor et al. 1968). Das System der sozialen Umgebung setzt sich aus Variablen zusammen, die die größeren sozialen Strukturen des Individuums lokalisieren und die „objektiveren" Aspekte des Kontexts der sozialen Interaktion und Erfahrung des täglichen Lebens charakterisieren. Das System ist unterteilt in soziodemographische Strukturen, womit über Beruf, Ausbildung und Einkommen der sozioökonomische Status definiert wird. Die religiöse Zugehörigkeit ist Indikator dafür, wie stark Jugendliche konventioneller sozialer Kontrolle unterliegen.

Die konzeptuelle Struktur der Problem Behavior-Theory beinhaltet eine relativ große Anzahl von Variablen und spiegelt dabei den Versuch wider, eine umfassende Repräsentation veranlassender und kontrollierender Einflussgrößen auf das Problemverhalten in den einzelnen Systemen darzustellen (vgl. auch Jessor/ Jessor 1983). Hierbei handelt es sich um das beschriebene Gleichgewicht zwischen Veranlassung und Kontrolle, das die Höhe der Bereitschaft oder des Risikos in einem System charakterisiert. Einige der Variablen, wie beispielsweise Freunde als Modell für Problemverhalten oder das Intoleranz-Modell bei abweichendem Verhalten, wirken direkt (proximal) und andere Variablen hingegen indirekt (distal), wie beispielsweise das Selbstwertgefühl oder die Eltern-Freunde-Kompatibilität, auf das Problemverhalten ein.[3]

Grundannahme der konzeptuellen Struktur der Problem Behavior-Theory ist, dass alles Verhalten das Ergebnis der Person-Umwelt-Interaktion ist. Die Erklärung menschlichen Verhaltens bedarf der simultanen Abbildung beider erklä-

---

[3] Das System der wahrgenommenen Umgebung ist in eine proximale und distale Struktur unterteilt. Diese Unterteilung könnte ebenso bei den Variablen des Persönlichkeitssystems vorgenommen werden. Hier wird allerdings die Unterteilung in Veranlassung und Kontrolle bevorzugt.

renden Systeme des menschlichen Verhaltens. Zudem kann eine kausale Priorität nicht dem einen oder anderen System allein zugeschrieben werden. Diese Voraussetzung wird durch den dicken eindirektionalen Pfeil repräsentiert, der den gemeinsamen Einfluss des Persönlichkeitssystems und des Systems der wahrgenommenen Umgebung auf das Verhaltenssystem zeigt.

Die konzeptionelle Differenzierung der wahrgenommenen und sozialen Umgebung wird dahingehend problematisiert (Jessor/Jessor 1977; Jessor 1981), dass Verhalten als sehr invariant in Bezug auf die wahrgenommene Umgebung in seiner Bedeutung postuliert wird. Dies muss aber nicht bedeuten, dass weiter entfernte Umgebungen (objektive soziale Umgebungen) weniger wichtig sind als die wahrgenommene Umgebung, sondern nur, dass die wahrgenommene Umgebung in der Logik der Erklärung etwas näher am Verhalten ist.

Die Variablen, die in der Abbildung gezeigt werden, sind zum größten Teil – generell oder zusammenfassend – Multikomponentenvariablen, die wiederum mehrere spezifische Variablen subsumieren. Daher inkorporiert beispielsweise „Freunde als Modell für Problemverhalten" die spezifischeren Variablen Freunde als Modell für Marihuanakonsum, Freunde als Modell für den Gebrauch anderer illegaler Drogen, Freunde als Modell für den Alkoholkonsum und Freunde als Modell für den Zigarettenkonsum. Der „wahrgenommene Stress in Lebensbereichen" subsumiert den Stress in den vier Lebensbereichen Familie, Arbeit/Schule, Freundschaft und Sex. Somit stellt das Schema (Abb. 1) in klarer Form fundamentale Inhalte und die Hauptdynamik der Problemverhaltenseinflussgrößen dar.

4.3.1.2 Das Entwicklungsaufgabenkonzept und die Entwicklungsfunktionalität des Risikoverhaltens

Das Entwicklungsaufgabenkonzept ist eine Art Universalschlüssel zum Verständnis der Jugendphase. In der deutschsprachigen Jugendforschung hat sich dieses Konzept im Zusammenhang mit dem Transitionsgedanken der Jugendphase aufgrund der Arbeiten von Oerter (1987) und insbesondere Dreher/Dreher (1985; 1985a) durchgesetzt. Annahme des Entwicklungsaufgabenkonzepts ist, dass nach der Bewältigung eines bestimmten Aufgabenkatalogs der Übertritt in den nächsten Lebensabschnitt, also das Erwachsenenalter, erfolgt (vgl. z.B. Hurrelmann 1994; Zinnecker 1996).

Ausgangspunkt einer solchen Perspektive ist das Konzept der Entwicklungsaufgaben von Havighurst (1948/1974), welcher Ende der 40er-Jahre des letzten Jahrhunderts acht Entwicklungsaufgaben für nordamerikanische Jugendliche formulierte. Entwicklungsaufgaben sind definiert als kollektive Anforderungen, die individuell bewältigt werden müssen, um gesellschaftlich definierte und als notwendig angesehene Entwicklungsfortschritte zu erzielen. Sie haben damit normativen Charakter und sind die „Meilensteine" menschlicher Entwicklung in spezifischen Lebensabschnitten. Entwicklungsaufgaben fungieren als Bezugssysteme, innerhalb derer die personelle und soziale Identität konstruiert wird (vgl. Hurrelmann 1994).

In Anlehnung an Eriksons Identitätstheorie formulierte Havighurst (1974) erstmalig einen Katalog von folgenden acht Entwicklungsaufgaben (vgl. Kolip 1997, 89):

1) *Aufbau neuer und reifer Beziehungen zu Gleichaltrigen beiderlei Geschlechts:* Jugendliche müssen ihr soziales Netzwerk verändern und Gleichaltrigen als Sozialpartnern eine größere Rolle zusprechen. Dabei wird zwischen gleich- und gegengeschlechtlichen Beziehungen unterschieden, wobei letztere vor allem den Zweck haben, auf Heirat und Familiengründung vorzubereiten.

2) *Erwerb emotionaler Unabhängigkeit von den Eltern und anderen Erwachsenen:* Jugendliche sollen sich von Erwachsenen – auch gegen deren Widerstand – ablösen; diese Aufgabe korrespondiert mit der erstgenannten, allerdings scheint es sich hier nicht um einen gleichförmigen Prozess zu handeln, sondern Eltern werden für einen bestimmten Zeitraum gleichrangig neben Gleichaltrigen als Ansprechpartner (z. B. bei Problemen) gewählt.

3) *Erwerb der männlichen und weiblichen Geschlechtsrolle:* Jugendliche müssen lernen, sich als Mann bzw. als Frau in der sozialen Welt zu bewegen, die Anforderungen der Umwelt an ihre Geschlechtsrolle wahrzunehmen und diese auch zu erfüllen. Diese Entwicklungsaufgabe wird von Havighurst gleichrangig neben die anderen gestellt. Vor dem Hintergrund des zweigeschlechtlichen Systems als Rahmenbedingung für menschliche Entwicklung ist allerdings zu vermuten, dass dieser Aufgabe eine übergeordnete Funktion zukommt (Helfferich 1995).

4) *Akzeptieren der eigenen körperlichen Erscheinung und effektive Nutzung des Körpers:* Jugendliche sollen sich des eigenen Körpers und seiner Potenziale bewusst werden und lernen, den Körper den Aufgaben entsprechend einzusetzen.

5) *Vorbereitung auf Heirat und Familienleben:* Im Zuge erster Liebesbeziehungen erwerben Jugendliche Qualifikationen, die für die Ehe und ein Familienleben notwendig sind. Allerdings ist im Zuge pluralisierter Lebensformen zu fragen, ob nicht mittlerweile andere Qualifikationen notwendig sind als in den 40er-Jahren.

6) *Vorbereitung auf eine berufliche Karriere:* Jugendliche erwerben in der Jugendphase zahlreiche manuelle, kognitive und soziale Fähigkeiten, die für die Übernahme einer beruflichen Tätigkeit notwendig sind.

7) *Erwerb des Normen- und Wertesystems und Entwicklung eines ethischen Bewusstseins als Verhaltensorientierung:* Jugendliche müssen die Normen und Werte der Gesellschaft anerkennen und internalisieren.
8) *Erwerb eines sozial verantwortlichen Verhaltens:* Jugendliche müssen sich mit der politischen und gesellschaftlichen Verantwortung als Staatsbürger auseinandersetzen und sich für das Gemeinwohl engagieren.

Der Aufgabenkatalog von Havighurst, der sich auf nordamerikanische weiße Mittelschichtsjugendliche bezieht, wurde von Dreher und Dreher (1985) in einer deutschen Studie überprüft. Es zeigte sich, dass die Entwicklungsaufgaben mit leichten Modifizierungen auch heute Gültigkeit besitzen.

Als die zentralen Entwicklungsaufgaben lassen sich zusammenfassend benennen:

1) Die Ablösung von den Eltern und der Aufbau eines autonomen sozialen und emotionalen (Bindungs-) Verhaltens. Das betrifft einerseits die Entwicklung sozialer Kontakte zu Gleichaltrigen und andererseits die Aufnahme partnerschaftlicher Beziehungen mit dem Ziel, eine Familie zu gründen und eigene Kinder zu erziehen.
2) Der Aufbau eines eigenen Werte- und Normensystems sowie eines politischen und ethischen Bewusstseins. Diese Rahmenbedingungen dienen dem Erwerb persönlicher Handlungsmuster und -kompetenzen und der Entwicklung eines eigenen selbstverantwortlichen und verantwortungsbewussten Lebensstils, vor allem im Freizeit- und Konsumbereich.
3) Die Erweiterung der intellektuellen Kompetenzen und der Aufbau schulischer und berufsvorbereitender Qualifikationen, um in das Beschäftigungssystem einzutreten und somit eine ökonomische Unabhängigkeit zu erlangen.
4) Die Bewältigung veränderter Körpererfahrungen, Akzeptanz der körperlichen Erscheinung und Entwicklung der eigenen Geschlechtsrolle mit der Intention, den eigenen Körper effektiv und souverän zu nutzen.

Funktionen des Risikoverhaltens
Welche Funktionen des Risikoverhaltens am Beispiel des Substanzkonsums mit der „Bewältigung" einzelner Entwicklungsaufgaben im Zusammenhang stehen, kann Tabelle 8 entnommen werden (vgl. in Anlehnung Silbereisen/Reese 2001, 138).

Tabelle 8   Entwicklungsaufgaben und Funktionen des Risikoverhaltens

Entwicklungsaufgaben	Funktionen des Risikoverhaltens
Wissen, wer man ist und was man will; Identität	Ausdruck persönlichen Stils Suche nach grenzüberschreitenden Erfahrungen und Erlebnissen Geschlechtsspezifische Stilisierung
Aufbau von Freundschaften; Aufnahme intimer Beziehungen	Erleichterung des Zugangs zu Peergruppen Kontaktaufnahme mit gegengeschlechtlichen Peers
Verselbständigung/Ablösung von den Eltern	Unabhängigkeit von Eltern demonstrieren Bewusste Verletzung elterlicher Kontrolle Missachtung elterlicher Erwartungen
Lebensgestaltung	Teilhabe an einem spezifischen Lebensstil (vgl. Kap. 4.5)
Eigenes Wertesystem entwickeln	Missachtung gesellschaftlicher Normen und Konventionen Ausdruck sozialen Protests
Entwicklungsprobleme	Ersatzziel Stress- und Gefühlsregulation

Dem Risikoverhalten kommt eine instrumentelle Funktion bei der „Bewältigung" von Entwicklungsaufgaben und anderen Herausforderungen zu. Es wird von Jugendlichen aktiv eingesetzt, um den spezifischen Anforderungen der Lebensphase zu begegnen und gilt als ein Versuch, sich alltäglichen Lebensproblemen und -herausforderungen zu stellen. Es kann also dem Risikoverhalten eine „sozial-funktionale Bedeutung" zugesprochen werden (Erben/Franzkowiak/Wenzel 1986, 93).

Das Risikoverhalten kann in diesem Sinne mit einer Fülle von instrumentellen und expressiven Bedeutungsinhalten verbunden werden:

1) Als Erleichterung der Aufnahme und *Integration* in die Clique und zur *Stabilisierung* der erworbenen sozialen Position sowie als Ausdruck der *Identifikation* mit der jugendlichen Subkultur (hiermit einhergehend die Konformität zu Peer-Normen). Die Ausübung verschiedener Risikoverhaltensweisen sichert in der Gleichaltrigengruppe die Akzeptanz der Gruppenmitglieder und somit die Gruppen-Zugehörigkeit.
2) Als Mittel der (rollenspezifischen) *Selbstdarstellung* und Attribuierung der persönlichen Identität (Entwicklung des Selbstkonzeptes). Durch extreme Risikopraktiken (explizit risiko-konnotative Aktivitäten) findet auch eine Abgrenzung zu den Altersgenossen und eine Aufmerksamkeitsfokussierung durch die „Bewunderer" statt.

3) Als *Oppositionssymbol* zur Demonstration von Ausbruchs- und Widerstandsmotiven gegenüber konventionellen Normen und elterlichen/gesellschaftlichen Wertvorstellungen. Risikoverhaltensweisen ermöglichen eine Grenzziehung zur Erwachsenengesellschaft und zu den von der Gesellschaft eingeforderten Verhaltensstandards. Zugleich dienen sie der Distanzierung gegenüber konkreten Erwachsenen.
4) Als *Autonomiesymbol* der Grenzüberschreitung zum Erwachsenenstatus bzw. als *Reifesymbol* demonstriert es die stufenweise Verselbständigung und den Anspruch auf Rechte und Verhaltensweisen des Erwachsenenalters. Die Instrumentalisierung von riskanten Verhaltensformen wirkt als symbolische (Erwachsenen-)Handlung. Dies wird insbesondere bei Tabak- und/oder Alkoholkonsum deutlich.
5) Als eine Form des *Egozentrismus* bzw. als ein ausgeprägtes *Narzissmus-Phänomen* (z. B. beim riskanten Verkehrsverhalten bleibt die Gefährdung Dritter unreflektiert). Das Narzissmus-Phänomen bei Jugendlichen darf nicht als Störung betrachtet werden, sondern muss in seiner Funktionalität für den sozialen Ablösungs-, Orientierungs- und Identitätsfindungsprozess gesehen werden. Jugendliche sehen nur das Persönliche, die Einzigartigkeit ihrer Wahrnehmung der Welt, weil sie während der Ablösung und der damit verbundenen sozialen Erweiterung ihres Lebensraums dauernd mit sich selbst beschäftigt sein müssen.
6) Als exzessives Muster ermöglicht das riskante Verhalten ein Ausleben und Austesten von *individuellen Freiheitsgraden* (Gefühl von Unabhängigkeit) sowie von Situations- und Selbstbeherrschung. Es dient auch als *Kontrapunkt* zur Routine des normalen Lebens. Risikoverhalten wird aus Vergnügen, Spaß und Experimentierfreude ausgeführt.
7) Als *Entlastungs-, Kompensations- oder Ersatzhandlung* mit dem Ziel der Bewältigung von Statusmängeln, Entwicklungsproblemen, Frustrationen, Misserfolgen, realen und antizipierten Ängsten. Risikopraktiken dienen ebenfalls der *Flucht* vor dem Schicksal, erwachsen und damit vernünftig werden zu müssen.

Die Funktionen des Risikoverhaltens sind nicht als stringent unabhängig voneinander zu betrachten. Diese Synopsis zeigt vielmehr das Spektrum der Multifunktionalität von Risikopraktiken auf. Jugendliche nutzen Risikoverhaltensweisen als greifbare und öffentlich zugängliche Requisiten der Identitätsbildung. „Der Einstieg in Risikopraktiken kann ... als Begleiterscheinung des Versuches begriffen werden, entwicklungsbedingte Orientierungsprobleme zu bewältigen und mit ihnen auf gesellschaftlich höchst legitime Weise umzugehen" (Franzkowiak 1987, 75).

Erben et al. (1986, 91 ff.) weisen auf die weit über die belastungskompensatorische Funktion hinausgehende Attraktivität des Risikoverhaltens hin. Risikoverhalten, auch als begründete Vermeidungsstrategie, bleibt zumindest Ausdruck der sozialen und individuellen Handlungsfähigkeit. Das Risikoverhalten kann an sich als eine eigenständige Entwicklungsaufgabe aufgefasst werden. Es erscheint als eine aktive, zielgerichtete Handlungsweise, die zur Befriedigung der unterschiedlichsten entwicklungsbezogenen Bedürfnisse eingesetzt wird. Für Jugendliche ist deshalb der Gegenwarts- und Funktionsaspekt von Risikopraktiken vordergründig und wesentlich.

4.3.1.3 Sozialisationstheoretische Konzeption: Das produktiv realitätsverarbeitende Subjekt

Die Beziehung zwischen Individuum und Umwelt, zwischen Jugendlichem und (belastungsrelevanter) Lebenssituation ist Kern sozialisationstheoretischer Modellvorstellungen (vgl. Tillmann 1993; Hurrelmann 2002; Zimmermann 2003). Der Jugendliche wird als „aktiver Umweltgestalter" (Geulen 1981) und als ein „produktiv realitätsverarbeitendes Subjekt" (Hurrelmann 1986) verstanden.

Abbildung 5 Das Verhältnis von innerer und äußerer Realität (Hurrelmann 2002, 27)

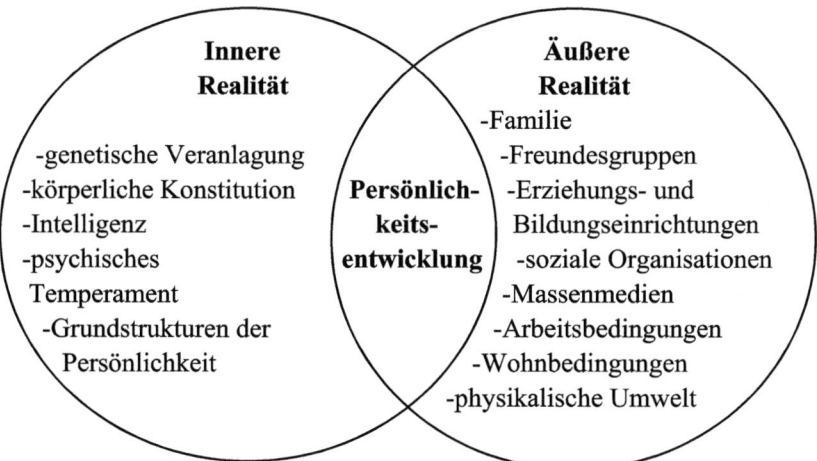

Die Entwicklung zu einem gesellschaftlich handlungsfähigen Subjekt ist dann gegeben, wenn die Interdependenz zwischen innerer und äußerer Realität produktiv verarbeitet wird (s. Abb. 5). Diesem sozialisationstheoretischen Ansatz liegt ein handlungstheoretisches Modell zugrunde, welches besonders den reziproken Prozess zwischen endogenen und exogenen Impulsen bzw. bio-psychischen und gesellschaftlich-natürlichen Faktoren eines aktiv selbstreflektierenden Subjekts herausstellt. Die Beziehung zwischen Umwelt und Individuum wird dabei als eine komplexe Wechselwirkung gesehen (vgl. Mead 1934/1973).

Exkurs: Die Handlungstheorie sensu George H. Mead
George Herbert Mead (1863–1931) ist der Begründer einer sehr einflussreich gewordenen Variante der Handlungstheorie aus der amerikanischen sozialphilosophischen Tradition, nämlich des Symbolischen Interaktionismus, wenngleich er diesen Begriff selbst nicht geprägt hat; dies war Herbert Blumer (1900–1987), ein Schüler Meads. Das Buch: „Mind, Self, and Society" (1934, deutsch 1973), das von Schülern und Kollegen nach Vorlesungsmitschriften 1934 posthum veröffentlicht wurde, gilt als Meads Hauptwerk.

Mead konzentrierte sich in seinen Arbeiten auf den Ursprung und die Entstehung der menschlichen Subjektivität. Grundlage seiner Analyse ist das offen beobachtbare Verhalten des Menschen und zugleich die subjektive und intersubjektive Interpretation und Bedeutung von Impulsen und Reizen, Gegenständen und Aktionen anderer Menschen. Während Tiere über Gebärden und Laute interagieren, kommen beim Menschen durch die Sprachverwendung weitere Interaktionsformen hinzu. Der Mensch nimmt für Mead eine Sonderstellung ein: er ist das symbolverwendende Tier. Im Gegensatz zum Tier haben die Gesten des Menschen „einen Sinn". Die Besonderheit des menschlichen Verhaltens gegenüber des tierischen Verhaltens ist durch die Selbstwahrnehmung und Verhaltensantizipation gekennzeichnet. Dieser spezifische Charakter rechtfertigt den Begriff des interaktiven „Handelns", verstanden als sinnhaft aufeinander bezogene Aktion von mindestens zwei Personen. Die menschliche Interaktion zeichnet sich hierbei durch signifikante Symbole aus. In der Interaktion können Menschen die Perspektive wechseln, das Verhalten der anderen vorwegnehmen. In der Interaktion können wir „in die Haut des anderen schlüpfen", unterstellen oder erwarten ein bestimmtes Verhalten und verhalten uns selbst entsprechend (Rollenübernahme bzw. These vom generalisierten Anderen).

Mead sieht zwar die Fundierung menschlichen Handelns in physiologischen und organischen Bedingungen, analysiert aber ihre Formung und Überformung durch soziale Interaktionsprozesse. Individuation und Vergesellschaftung sind für Mead zwei aufeinander bezogene Dimensionen, die im gemeinsamen Wech-

selspiel die Entstehung des menschlichen Subjekts ermöglichen. Persönlichkeit entsteht in seiner Konzeption als Produkt der eher sozialen Komponente des „Me" („soziales Selbst") und der psychischen Komponente des „I" („Ich"). Identität im Sinne von Selbstsein und Selbstempfinden („Self") entwickelt sich aus beiden Größen. Das Zusammenspiel von I, Me und Self ermöglicht die Entstehung der Persönlichkeit und ist Grundlage für soziales Handeln. In Meads Theorie wird soziales Handeln als ein Prozess symbolisch vermittelter Interaktion verstanden, der sich durch und über die wechselseitige Interpretation von Situationsdefinitionen, Dispositionen, Rollenerwartungen und Handlungsentwürfen durch Handlungspartner vollzieht. Die wahrgenommenen Absichten und Einstellungen sowie die Bedeutungen im Handeln der anderen sind ebenso wie die Definition der eigenen Handlungen nur vorläufige Interpretationen, die ständig einer Revision durch nachfolgende Ereignisse im Handlungsprozess unterliegen. Das Wesentliche der symbolisch vermittelten Interaktion ist, dass es sich hierbei um einen prinzipiell offenen, dynamischen, revidierbaren und auf permanente Interpretation angewiesenen Prozess handelt. In der Interaktion können auch Sinnstrukturen und Verhaltensorientierungen, falls auf diese in der spezifischen Situation nicht zurückgegriffen werden kann, durch die gemeinsame Interpretationsleistung der betroffenen Akteure geschaffen werden.

Meads Konzept kann man als praktische Intersubjektivität (Joas 1978) bezeichnen. Interaktionen zwischen Menschen sind durch Symbole vermittelt. Kommunikative Beziehungen sind Voraussetzung für Identität. Hierbei wird die Identität aus dem Wechselspiel von Me und I entwickelt. Die Besonderheit des Menschen ist seine Ausrichtung auf andere, seine Fähigkeit zur Kooperation, Kommunikation und Selbstreflexivität.

Die handlungstheoretische Konzeption der Sozialisation von Mead geht vom Modell eines kreativen, produktiv seine Umwelt verarbeitenden und gestaltenden Menschen aus. Der Mensch wird als ein schöpferischer Interpret und Konstrukteur seiner sozialen Lebenswelt verstanden. Die wesentliche Qualität, die ihn von den Determinierungen der sozialen und materiellen Welt befreit, ist die der symbolischen Kommunikation. Gesellschaftliche Bedingungen beeinflussen zwar, aber bestimmen nicht die Bewusstseins- und Handlungsstrukturen. Somit kann der Mensch in einem dialektischen Prozess des Austausches mit der äußeren und inneren Realität Bewusstsein und Selbstbild entwickeln (Hurrelmann 1986, 51f.).

Eine gelingende Sozialisation, im Sinne einer wünschenswerten Persönlichkeitsentwicklung nach gesellschaftlichen Kriterien, vollzieht sich in der produktiven Auseinandersetzung mit der sozialen und dinglich-materiellen Umwelt einerseits und den biogenetischen und biophysischen Potenzialen, biochemischen Prozessen sowie psychischen Dispositionen andererseits.

Sozialisation bezeichnet den Prozess der Konstituierung der Persönlichkeit und bezieht sich auf die parallel ablaufenden und miteinander verwobenen Prozesse der *Individuation* und gesellschaftlichen *Integration*. „Mit *Persönlichkeit* wird das einem Menschen spezifische organisierte Gefüge von Merkmalen, Eigenschaften, Einstellungen, Fertigkeiten und Handlungskompetenzen bezeichnet, das sich auf der Grundlage der biologischen und psychischen Ausstattung als Ergebnis der Bewältigung von Lebensaufgaben jeweils lebensgeschichtlich ergibt. Als *Persönlichkeitsentwicklung* läßt sich die sequenzhafte und langfristige Veränderung wesentlicher Elemente dieses Gefüges im historischen Zeitverlauf und im Verlauf des Lebens bezeichnen" (Hurrelmann 1991a, 98).

Der Prozess der sozialen Integration bezieht sich auf die Anpassung des Individuums an die gesellschaftlichen Werte und Normen sowie vorherrschenden Verhaltensstandards und Konventionen. Die Perspektive der Integration zielt auf eine relative Stabilität sozialer Systeme ab. Im Prozess der Individuation findet der Aufbau einer individuellen Persönlichkeitsstruktur mit unverwechselbaren und komplexen kognitiven, motivationalen, sprachlichen, moralischen und sozialen Merkmalen und Kompetenzen statt. Mit der personalen Identität ist das subjektive Erleben als einzigartige, einmalige Persönlichkeit verbunden (vgl. Hurrelmann 1994, 72 ff.).

Die Person-Umwelt-Beziehung ist als eine sich permanent gegenseitig beeinflussende zu verstehen; dabei befindet sich die Umwelt in ständiger Veränderung und wirkt auf die Aktivität von Personen ein; diese wiederum wirkt auf die Umwelt ein. Es lässt sich also von einer Interdependenz in perpetuum ausgehen. Das Individuum beschäftigt sich mit der Umwelt suchend und sondierend sowie konstruktiv eingreifend und gestaltend, nimmt Umweltbedingungen auf und bringt sie mit den vorhandenen Vorstellungen und Möglichkeiten in Einklang und ist zugleich um eine ständige Abstimmung zwischen den Umweltanforderungen und den eigenen Bedürfnissen, Interessen und Fähigkeiten bemüht. Die Persönlichkeitsentwicklung ist also zum einen biogenetisch, denn Körper und Bewegung können nicht beliebig beherrscht werden, und zum anderen sozial, da Körper und Bewegung durch kulturelle Regelungen auch soziale Gebilde sind, definiert (vgl. Hurrelmann 1988).

Durch den betonten Aspekt des aktiv-handelnden und reflexionsfähigen Subjektes lässt sich eine produktive Realitätsverarbeitung als ein intentionales und volitives gesundheitssicherndes bzw. risikovermeidendes Verhalten verstehen. Ein Jugendlicher, welcher das Risiko zu vermeiden sucht, ist folglich als ein produktiv realitätsverarbeitendes Subjekt zu verstehen (vgl. Raithel 1999). Der Sozialisationsprozess kann dann risikohafte Formen im Sinne einer „misslingenden" Sozialisation annehmen, wenn es den Jugendlichen nicht gelingt, die entwicklungsbezogenen Anforderungen (Entwicklungsaufgaben) der Individuation und Integration aufeinander zu beziehen, miteinander zu verbinden und zu bewältigen. Solch eine „misslingende" Sozialisation kann sich in unangepassten Regulationsmechanismen wie riskanten bzw. problematischen Verhaltensweisen manifestieren. Ausgangsbedingungen für das Entstehen von Störungen während des Entwicklungsprozesses sind demnach Diskrepanzen zwischen individuellen Handlungskompetenzen und situativen Handlungsanforderungen.

Risikoverhalten ist also dann gegeben, wenn sich belastende Situationen durch Anforderungen ergeben, die von der Person in der jeweiligen Lebensphase nicht erfüllt und bewältigt werden können. Solche belastenden Situationen, Ereignisse und Lebenslagen sowie konflikthafte soziale Ereignisse und Prozesse können sich in riskanten Verhaltensweisen niederschlagen. Dies hängt besonders von spezifischen Fertigkeiten und Fähigkeiten ab, sich mit Belastungssituationen auseinander zusetzen.

Ob psychosoziale Belastungen (z. B. jugendspezifische Entwicklungsaufgaben und Handlungsanforderungen) beispielsweise zum Risikoverhalten führen, hängt von der moderierenden Kraft und der Wirksamkeit personaler und sozialer Ressourcen ab. Die personalen Ressourcen drücken sich in den individuellen Handlungskompetenzen aus, die sozialen Ressourcen sind durch die zur Verfügung stehenden Potenziale der dinglichen und sozialen Umwelt repräsentiert (vgl. Kap. 4.4.1.4). Für die Konstituierung von personalen und sozialen Ressourcen sind entsprechende (kognitive, motivationale, soziale und praktische) Kompetenzen zu erwerben. Dies erfolgt wiederum im Wechselverhältnis von kontextuellen Bedingungen (sozioökonomische Platzierung der Herkunftsfamilie) und individuellen Charakteristika (Geschlecht, psychophysische Konstitution, situationsübergreifende Reaktions- und Handlungstendenzen).

Der Verlauf der Persönlichkeitsentwicklung ist normalerweise dann nicht gefährdet, wenn günstige und ausreichende Ressourcen zur Verfügung stehen. Eine gelungene Erfüllung der von außen oder innen kommenden Anforderungen stellt eine subjektiv befriedigende Situation dar. „Kommt es aber zu Anforderungen, die das jeweils gegebene Verhaltensrepertoire überfordern, die insbesondere die Koordination der verschiedenen Verhaltensprogramme in den unterschiedlichen Entwicklungsbereichen überbeanspruchen, so ist die Gefahr einer mißlingenden Bewältigung der Situation gegeben" (Hurrelmann 1988, 157).

Im prozesshaften Ablaufmodell des Jugendalters bedeutet ein effektiver Einsatz der Bewältigungs- und Unterstützungsressourcen eine produktive Weiterentwicklung der Persönlichkeit nach jeder Entwicklungsstufe; solch ein positiver Verlauf beeinflusst auch die Ausgangsbedingungen. Zur Entstehung und Verfestigung von Problem- bzw. Risikoverhalten kann es hingegen kommen, wenn keine effektiven Bewältigungs- und Unterstützungsressourcen zum Einsatz kommen, oder auch wenn neue Verhaltensweisen getestet bzw. erprobt werden, welche in der Situation (zumindest vorübergehend) als erfolgreich eingeschätzt werden, auch wenn sie in der Folge schädigend wirken. „Gesundheitsbeeinträchtigendes Verhalten im Jugendalter entsteht als Folge einer Unausgewogenheit individueller und sozialer Ressourcen gegenüber ereignis- und situationsspezifischen Handlungsanforderungen" (Palentien/Hurrelmann 1995, 8).

Das Ressourcen-Konzept findet in dem Stressmodell nach Pearlin (1987) in der intervenierenden Variable der Mediatoren besondere Beachtung. Auch die Interpretation sozialstruktureller Bedingungen als potenzielle Stressoren verleiht dem nachfolgenden Pearlinschen Stressmodell die heuristische Attraktivität der theoretischen Einbindung.

4.3.1.4 Stresstheoretische Konzeption nach Pearlin

Die Erklärung des Zusammenhanges von Lebensbelastungen und auffälligem, problematischem bzw. riskantem Verhalten sind Gegenstand stresstheoretischer Modelle. Hierbei wird im weitesten Sinne eine mangelnde Passung zwischen dem Individuum und seiner Umwelt als belastungsverursachend verstanden. Diese den stresstheoretischen Konzeptionen zugrundeliegende Person-Umwelt-Interaktion stellt eine geradezu ideale Anschlussstelle an die vorangegangene sozialisationstheoretische Konzeption dar.

Mit dem Begriff „Stress" werden in verschiedenen Theorierichtungen unterschiedliche Bedeutungsinhalte verbunden. Cannon (1914) hat diesen Begriff in die humanwissenschaftliche Diskussion eingeführt und durch Selye (1946) wurde er als ein dreifaktorielles – biologisches, psychisches und soziales – Geschehen popularisiert. Er bezeichnet Stress als einen physiologisch-endokrinologischen Prozess, eine unspezifische Reaktion des Körpers auf Anforderungen und ein stereotypes, phylogenetisch altes Anpassungsmuster, das den Organismus primär auf körperliche Aktivität (z. B. Kampf oder Flucht) vorbereitet.

In der sozialwissenschaftlichen Forschung hat sich eine an das transaktionale Stresskonzept (Lazarus 1966) orientierte Definition durchgesetzt. „Streß findet immer dann statt, wenn eine Diskrepanz oder ein Konflikt besteht zwischen Lebensbedingungen, Zwängen und Erwartungen auf der einen Seite und individuell gegebenen Bedürfnissen, Fähigkeiten und Ressourcen auf der anderen – und dieses Mißverhältnis vom einzelnen als sein Wohlbefinden bedrohend oder beeinträchtigend erfahren wird" (Badura/Pfaff 1989, 644).

Spezifische situative Anforderungen erfordern immer wieder neue individuelle Anpassungsleistungen. In der Auseinandersetzung mit der jeweiligen Umwelt gewinnt die Person Erfahrungen und Kompetenzen, um sich entsprechend anzupassen oder die Umweltgegebenheiten gemäß den eigenen Bedürfnissen und

Das belastungstheoretische Sozialisationsmodell

Vorstellungen zu verändern. In diesem Sinne ist Stress Grundlage für das geistig-seelische Wachstum (vgl. Schwarzer 1987). Folglich kann Stress auch als prozesshafte wechselseitige Person-Umwelt-Auseinandersetzung verstanden werden. Da das Stressmodell von Pearlin (1987)

- eine Thematisierung bzw. Spezifizierung psychosozialer Belastungen als Stressoren zulässt,
- vorgelagerte sozioökonomische Rahmenbedingungen einbezieht,
- eine Tauglichkeit zur Analyse von Präventions- und Interventionsstrategien besitzt und
- eine Anwendbarkeit für die jugendliche Population thematisiert,

eignet es sich als Leitmodell zur Erklärung des Zusammenhangs von Belastungskonstellationen, Überforderung und Risikoverhalten (vgl. Mann 1992).

Abbildung 6   Stressmodell nach Pearlin (1987, 60)

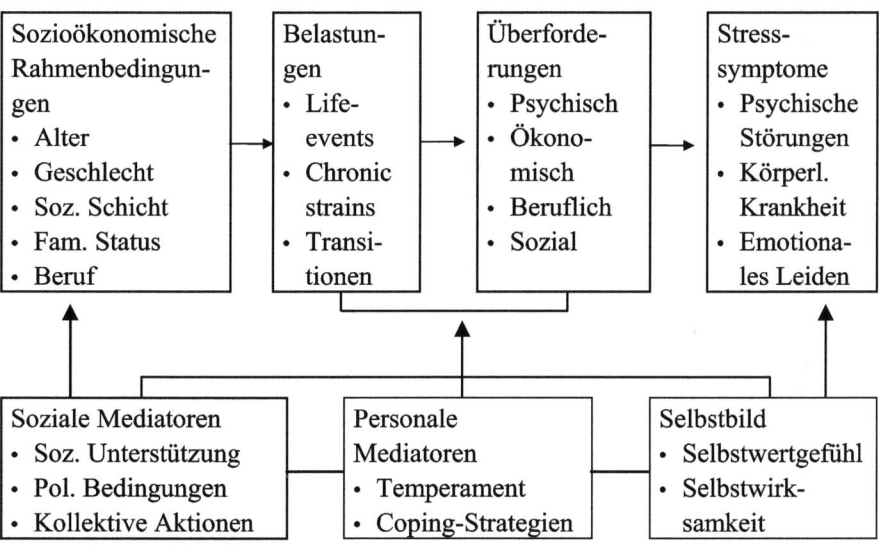

Die sozialen und ökologischen Rahmenbedingungen sowie institutionellen Rollenkontexte werden insbesondere von Pearlin (1987) unter Einbezug diverser medizinischer und psychologischer Ansätze des Stresskonzeptes in ein sozialwissenschaftliches Konzept zu integrieren versucht, welches auch soziale und personale Mediatoren einbezieht. Der Entstehungsprozess von Stressreaktionen wird als ein differenzierter Vorgang konzipiert, in dem soziale Faktoren und Rahmenbedingungen mit personalen Faktoren verbunden gesehen werden. Dem Stressmodell liegt ein prozessuales Verständnis von Stress zugrunde.

Modellhaft untergliedert sich der Stressprozess in drei Sequenzen: Die *Stressoren* repräsentieren bio-psycho-soziale Belastungen als unabhängige Variablen, die *Mediatoren* – in Form von personalen und sozialen Ressourcen – lassen sich als intervenierende Variablen spezifizieren, und die *Stressreaktion* (Risikoverhalten) ist die abhängige Variable in diesem Modell. Die Stressreaktion lässt sich als das Produkt eines Belastungs-Überforderungs-Prozesses verstehen (s. Abb. 6) und kann sich auf der physischen, der psychischen oder der Verhaltensebene manifestieren.

Stressoren
Als Stressoren werden theoretisch all die bio-psycho-sozialen Belastungen verstanden, die zu einer Verunsicherung, Bedrohung oder Überforderung beim Individuum führen. Die Diskrepanz zwischen Anforderungen und Bewältigungsressourcen, die zu einer subjektiven Überforderung führt, kann durch verschiedene Stressoren hervorgerufen werden. Die Definition der Stressoren ist absichtlich breit gehalten und umfasst ein großes Spektrum von potenziellen Auslösern, wie kritische Lebensereignisse, chronische Anpassungen und schwierige Übergänge im Lebenszyklus.

Pearlin unterscheidet folgende Kategorien von psychosozialen Risiken:

1) *Kritische Lebensereignisse (Life Events) oder plötzliche bzw. abrupte Veränderungen der Lebensbedingungen:*
   Grundannahme der Life Event-Forschung ist, dass jede Lebensveränderung eine Anpassung des Individuums an seine Umwelt erfordert. Folgender Zusammenhang wird angenommen: Je größer die Veränderung ausgeprägt ist, desto stärker ist auch die Belastung und die zu erwartende Belastungsfolge (vgl. Dohrenwend/Dohrenwend 1974; Katschnig 1980; Filipp 1995). Es muss jedoch nicht notwendigerweise die Veränderung per se belastungsverursachend sein, sondern auch deren Qualität (vgl. Thoits 1983).
   Unerwünschte, unerwartete oder unkontrollierbare Ereignisse gelten als besonders risikoreich. So lassen sich etwa der Tod eines Elternteils, eine ernsthafte Erkrankung, Scheidung der Eltern, Schulwechsel oder der Abbruch einer engen Freundschaftsbeziehung als jugendspezifische Life Events benennen. Erwartete bzw. antizipierte Veränderungen, die als bedrohlich oder überfordernd bewertet werden (in Bezug auf die Bewältigungsressourcen), implizieren ebenfalls ein Stress-Risiko (vgl. Lazarus/Launier 1981).

2) *Chronische Belastungen (chronic strains):*
   Sie entstehen:

   - aus den nicht unbedingt schwerwiegenden, aber dafür wiederholt auftretenden Unannehmlichkeiten des Alltags (daily hassles),
   - aus sozioökonomischen Rahmenbedingungen und
   - insbesondere im Kontext sozialer Rollen (role strains) (vgl. Pearlin/Liebermann 1979).

   Vor dem Hintergrund jugendspezifischer Rollen (Schüler/in, Freund/in, Kind...) kommt dem schulischen Rollenkontext eine besondere Bedeutung zu, da er zum einen den Lebensalltag der jugendlichen Population weitgehend determiniert und zum anderen, weil die erbrachten Leistungen als Moderator für den weiteren Verbleib im Ausbildungs- und Beschäftigungssystem und somit für die spätere Positionierung in der Gesellschaft wirken. Dieser elementare Lebensbereich ist Nährboden für vielfältige stressverursachende Belastungskonstellationen, z.B. zu hohe Leistungsanforderungen, Schulleistungsschwierigkeiten und Schul-/Versagungsängste. In den weiteren sozialen Lebensbereichen, wie Familie, Freundeskreis, Freizeit- und Konsumsektor, ergeben sich ebenso immanente strukturelle Problem- und Belastungspotenziale, die in der Überschneidung aller Lebensbereiche in widersprüchlichen Rollenerwartungen kulminieren.
   In der subjektiven Bewertung von Jugendlichen kommt den andauernden Belastungen im Vergleich zu kritischen Lebensereignissen eine größere Bedeutung zu (vgl. Lewis et al. 1984).

3) *Schwierige Übergänge (Transitionen) im Lebenszyklus:*
   Hierunter lässt sich für das Jugendalter der Übergang von der Schule in den Beruf subsumieren.
   Pearlin stellt nicht alleine die belastende Wirkung einzelner Krisenereignisse oder die einer Kumulation verschiedener kritischer Lebensereignisse, die durch entwicklungstypische stressauslösende Faktoren im Jugendalter entstehen können, heraus, sondern auch die andauernden körperlichen und nervlichen Belastungen wie Rollenbelastungen im Alltag, sowie die sozialstrukturell bedingten Risikokonstellationen, die vom Einzelnen nicht verändert werden können.

Mediatoren

Die kompensatorischen bzw. protektiven Faktoren, welche Garmezy und Masten (1986) in soziale und personale Ressourcen unterteilen, benennt Pearlin (1987) als Mediatoren, worunter er insbesondere soziale Unterstützungsleistungen und

Copingstrategien subsumiert. Die Mediatoren nehmen eine intervenierende und moderierende Funktion ein und beeinflussen so die Wirksamkeit stressinduzierender Belastungsfaktoren. Sie unterliegen jedoch engen Grenzen in ihrer stressreduzierenden Kapazität.

Darüber hinaus werden vor allem das Selbstwertgefühl, eine externale oder internale Kontrollüberzeugung und andere Persönlichkeitsmerkmale als moderierende Faktoren benannt (vgl. Seiffge-Krenke/Lipp/Brath 1989; Strittmatter 1995).

Mit den *personalen Ressourcen* lassen sich einerseits Copingstrategien und andererseits Selbstwert/Selbstbild und Persönlichkeitsdispositionen identifizieren. Copingstrategien erfüllen primär zwei Funktionen: *Problemfokussierend* (problem-focused-coping) zielen sie ursachenorientiert auf eine Veränderung der Stressoren und *emotionsfokussierend* (emotion-focused-coping) regulieren sie die emotional-affektiven Spannungszustände, welche mit den Belastungen einhergehen (vgl. Lazarus/Folkmann 1984). Als eine Stress-Bewältigungsstrategie wird beispielsweise die Mobilisierung von Unterstützungsleistungen und Hilfestellungen aus den sozialen Netzwerken benannt.

Dem *Selbstwert* (Rosenberg 1968) und der *Selbstwirksamkeit* (Schwarzer 1993) kommt eine hohe Bedeutung zu, da von einem Zusammenhang zum Risikoverhalten ausgegangen wird. Wiederholen sich selbstwertbeeinträchtigende Erfahrungen, rufen sie beim Individuum emotional belastende Selbstablehnungseinstellungen hervor.

Das Streben nach einem positiven Selbstbild, was ein Charakteristikum des Menschen ist (vgl. Kaplan 1980), wird begünstigt durch:

- Perzeption eigener positiv bewerteter Eigenschaften und Verhaltensweisen.
- Positive Beurteilungen durch Bezugspersonen.
- Ein selbstwertverteidigendes Verhalten auf selbstwertgefährdende Ereignisse oder Umstände.

Risikoverhalten ist aus dieser Perspektive als Reaktion auf emotional belastende Selbstablehnungseinstellungen zu sehen, welche aus wiederholten Selbstwertverletzungen resultieren. Andererseits zeigen Befunde, dass eine hohe Selbstwirksamkeitserwartung mit Risikoverhaltensweisen im Jugendalter auch positiv korreliert (vgl. Raithel 2004).

Die *sozialen Ressourcen* beziehen sich auf den sozialen Rückhalt und die verfügbaren unterschiedlichsten Unterstützungsleistungen aus dem sozialen Netzwerk. „Im weiteren Sinne lässt sich auch dann von sozialen Ressourcen sprechen, wenn die Person nur glaubt, sozial eingebettet zu sein, oder mit Zuwendung anderer bei Bedarf rechnen zu können" (Schwarzer 1990, 18).

Die soziale Unterstützung bezieht sich auf die Art der Unterstützung und kann allgemein definiert werden als das Ausmaß an Unterstützung, das einem Individuum von den Mitgliedern eines sozialen Beziehungsgefüges, mit dem (impliziten oder expliziten) Ziel der gegenseitigen Aufrechterhaltung bzw. Verbesserung des Befindens, zur Verfügung gestellt wird. Es werden der sozialen Unterstützung positive Funktionen für die Stressbewältigung und Stressprävention zugesprochen. Annahme ist hierbei: Je stärker eine Person in ein soziales Beziehungsgefüge bzw. Netzwerk[4] mit wichtigen Bezugspersonen eingebunden ist, desto besser kann diese Person mit ungünstigen Lebensbedingungen, kritischen Lebensereignissen und Lebensbelastungen umgehen und umso weniger treten Stressreaktionen auf. Bereits das Wissen, dass jemand da ist, der im Bedarfsfall unterstützend wirkt, verhilft zu einem aktiven Umgang mit dem Problem (vgl. Pfaff 1989; Röhrle 1994).

Die soziale Unterstützung betrifft die Qualität eines sozialen Netzwerkes, im Gegensatz zur sozialen Integration, welche durch die Quantität von Sozialbeziehungen beschrieben wird. „In der Regel subsumieren Soziale Netzwerke existierende, lebende Personen mit gegenseitigem, positivem und mehrmaligem Kontakt" (Pfingstmann/Baumann 1987, 76).

Inhaltlich ist zumindest zwischen psychologischer und instrumenteller Unterstützung zu unterscheiden (vgl. Cobb 1976; House 1981; Thoits 1982): Der *psychologischen Unterstützung* lassen sich affektive bzw. emotionale Aspekte, wie emotionale Zuwendung, moralische Unterstützung, Verständnis und Gefühle der Nähe zuordnen. Die *instrumentelle Unterstützung* lässt sich in materielle (Geld, Sachgüter, Dienstleistungen) und informationsbezogene (Ratschläge, Hinweise) Teilaspekte unterteilen.

Die Erklärungsmodelle zu den Wirkungsmechanismen der Unterstützungsleistungen aus sozialen Netzwerken sind durch zwei konkurrierende Hypothesen gekennzeichnet (vgl. Barrera 1988; Cohen/Wills 1985; Wilcox 1981): Die *direkte Wirkungsweise* bezieht sich auf eine Verhinderung des Auftretens von Stress-Symptomen (main-effect Hypothese). Die *indirekte Wirkungsweise* beschreibt die moderierenden Potenziale bezüglich belastender Lebensereignisse (buffering-Hypothese).

Soziale Unterstützung wird vielfach immer noch als eine statische Modellvariable gesehen, obwohl die Wirkmechanismen in einem dynamischen Prozess erfolgen, in dem eine Person Hilfeleistungen und darauf bezogene Kognitionen

---

[4] Das Konzept des sozialen Unterstützungs-Netzwerks (social support network) hat im Vergleich zum Konzept der sozialen Unterstützung (social support) eine wesentlich längere Forschungstradition. Die Ursprünge des Netzwerkkonzeptes sind in dem von Moreno in den 30er-Jahren vorgelegten Soziogramm zu sehen. Von Barnes wurden erste Netzwerkanalysen durchgeführt. Der Begriff des sozialen Netzwerkes wurde allerdings durch Bott eingeführt (vgl. Pfingstmann/Baumann 1987).

evozieren, mobilisieren, gewinnen, aufrechterhalten, annehmen, abweisen oder selbst anderen geben kann. Diese transaktionale Sichtweise verweist auf die psychischen Prozesse der Stressbewältigung und damit auf die Notwendigkeit, soziale Unterstützung auch als innere Ressourcen zu betrachten (vgl. Udris et al. 1992).

Aus der Social-Support-Forschung sind geschlechtsspezifische Unterstützungseffekte bekannt. So ist festzustellen, dass Männer, welche in geschlechtsheterogenen festen Beziehungen leben, den größten Teil ihrer Unterstützung von ihrer jeweiligen Partnerin beziehen, während Frauen, in entsprechenden Partnerschaften, in der Regel ein erheblich differenzierteres Unterstützungsnetzwerk besitzen. Solche geschlechtsdifferenzierten Unterstützungseffekte bilden sich zwar erst mit dem steigenden Lebensalter (Erwachsenenalter) heraus; um so wichtiger sind aber konsolidierte Netzwerke im Jugendalter, welche eine gesicherte Basis für die anschließenden Lebensphasen darstellen können.

Neben den protektiven, unterstützenden Leistungen sozialer Netzwerke müssen auch ihre unter Umständen problemverursachenden Wirkungen Beachtung finden. Es ist deshalb zu spezifizieren, ob das soziale Netzwerk einen primären Unterstützungscharakter besitzt oder nicht unterstützend bis sogar belastend und stressgenerierend wirkt (vgl. Holler/Hurrelmann 1990).

Es bleibt zu beachten, dass Stressoren durch institutionelle und soziokulturelle Strukturen bedingt sein können und dann nicht individuell beeinflussbar sind. Strukturell sind auch Rollenkonflikte und Rollenüberforderungen gegeben, die den Prozess einer gelingenden Sozialisation durch die Ungleichzeitigkeit verschiedener Autonomiegrade und zum Teil widersprüchlicher Anforderungsstrukturen gefährden. Jugendliche werden dann für ihr eigenes Schicksal verantwortlich gemacht. Die resultierende strukturelle Hilflosigkeit kann die Basis für die Ausbildung problematischer Verarbeitungsformen werden.

Eine gelingende Bewältigung von situations-, lebensphasen- und alterstypischen Aufgaben und Anforderungen hängt von den vorhandenen personalen und sozialen Ressourcen ab, die bei jedem Entwicklungsschritt eingesetzt werden. Bei einem effektiven Einsatz der Bewältigungs- und Unterstützungsressourcen kann es nach jeder Entwicklungsstufe zu einer gesunden Weiterentwicklung der Persönlichkeit und adäquater Verhaltensweisen kommen.

„Das individuelle Bewältigungsverhalten ist mit den Interaktions- und Sozialstrukturen der Lebenswelt und somit mit den Macht- und Ungleichheitsstrukturen der Gesellschaft auf das Engste verwoben" (Mansel/Hurrelmann 1991, 51). Dabei greift jeder Mensch auf das Repertoire an Werten, Normen und Handlungsmustern zurück, das seine soziale Gruppe bereitstellt und ihm im Sozialisationsprozess bisher vermittelt wurde.

Da jede Form des individuellen Bewältigungsverhaltens sozialstrukturell, interaktionsdynamisch, kulturell und ökologisch verankert und kontextuell eingebunden ist, sind konstruktive Sozialbeziehungen und soziale Integration für eine wirksame Belastungsbewältigung unumgänglich.

Stressreaktion
Die Stressreaktion lässt sich als das Produkt eines Belastungs-Überforderungs-Prozesses verstehen und kann sich auf der physischen, der psychischen oder der Verhaltensebene manifestieren. Diese Manifestationen können sich in emotionalen Befindlichkeitsstörungen, psychosomatischen Beschwerden, gesundheitlichen Beeinträchtigungen und Risikoverhaltensweisen zeigen (vgl. Engel/Hurrelmann 1989; Mansel/Hurrelmann 1991; Mansel 1995).

Die Stressoren wirken also unspezifisch und sind nicht auf eine spezielle Stressreaktion beschränkt. Dies bedeutet auch, dass die potenziellen stressinduzierenden Belastungen bei gleichzeitig unzureichenden personalen und sozialen Mediatoren nicht zwangsläufig und notwendigerweise zu problematischen Verhaltensweisen führen müssen. Sie können stattdessen auch in anderer Form und Art in Erscheinung treten.

Das Stressmodell verdeutlicht die unterschiedlichen Ebenen für Interventionsmaßnahmen: Ansatzpunkte bestehen sowohl auf der sozialstrukturellen (Verhältnis-) wie auch auf der individuellen (Verhaltens-)Ebene der personalen und sozialen Ressourcen (vgl. Kap. 6). Für weiterführende Überlegungen bezüglich möglicher Interventionsstrategien bleiben alters- wie geschlechtsspezifische Variationen bei Belastungen und Mediatoren zu beachten.

Auf der Grundlage der bisherigen sozialisations- und stresstheoretischen Erklärungen des Zusammenhanges von psychosozialen Belastungen und Beeinträchtigungen respektive Stress werden in den nächsten zwei Kapiteln potenzielle belastungsevozierende bzw. stressinduzierende Lebensbedingungen analysiert. Hierbei wird von einem makro- wie auch mikrosoziologischen Belastungs- bzw. Stresskonzept ausgegangen (vgl. Badura/Pfaff 1992).

4.3.1.5 Stresstheoretische Konzeption von Lazarus

Im Unterschied zu dem soziologischen stresstheoretischen Ansatz Pearlins handelt es sich bei dem Stressmodell von Lazarus (1966; sowie Lazarus/Launier 1981; Lazarus/Folkman 1984; 1987) um einen psychologischen Ansatz. Diesem Stresskonzept liegt das metatheoretische Modell der Transaktion zugrunde, womit Lazarus die Einseitigkeit reiz- und reaktionsorientierter Ansätze zu überwinden sucht, da diese zu einer Ausblendung psychischer Vermittlungsprozesse neigen. In der transaktionistischen Stresskonzeption von Lazarus wird das gesamte Stressgeschehen und die vollständige Prozesssequenz von Stressoren, Stress, Stressreaktionen und Stressfolgen sowie die im Rahmen des Geschehens ablaufenden vielfältigen Rückwirkungen, wechselseitigen Interaktionen und Feedback-Schleifen einschließlich der subjektiven Wahrnehmungs- und Bewertungsprozesse erfasst. Stress wird dabei als ein transaktionaler Prozess verstanden[5], der (negative) Person-Umwelt-Beziehungen, kognitive Bewertungen und emotionale Reaktionen umfasst (Lazarus/Folkman 1987, 147). Stress ist eine „Anpassungsreaktion des Organismus auf extern bedingte Notfälle" (Lazarus/Launier 1981); es wird hierunter jede innere oder äußere Anforderung, die die Anpassungsfähigkeit des Individuums auf der sozialen oder organischen Ebene beansprucht oder übersteigt, verstanden. Hauptvariablen in diesem Prozess sind Umweltbedingungen, psychische Vorgänge in der Person (vermittelnde Prozesse: (primäre und sekundäre) Bewertungsprozesse), kurzfristige Resultate (z. B. Gefühle) und langfristige Veränderungen (z. B. Gesundheitsbeeinträchtigungen) (s. Abb. 7).

Abbildung 7   Transaktionales Stressmodell
(Quelle: In Anlehnung an Mansel 1995, 137)

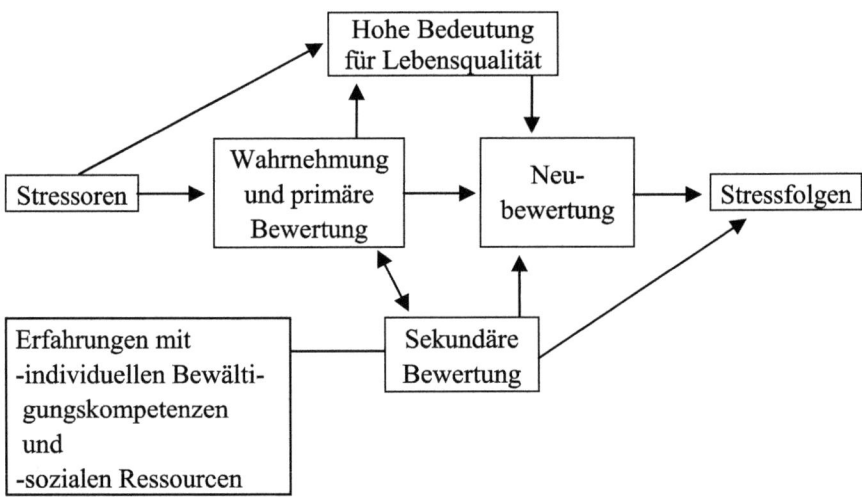

Stress hat nach Lazarus seinen Ausgangspunkt in nicht vorhandenen notwendigen oder als individuell nicht hinreichend eingeschätzten Kompetenzen bzw. Res-

---

[5] Die Autoren ziehen den Begriff der Transaktion dem der Interaktion vor, weil nach ihrer Auffassung dieser besser das dynamische Zusammenspiel der Faktoren umschreibt, während der Begriff der Interaktion sich eher auf eine organische Einheit bezieht.

sourcen, mit denen Anforderungen bewältigt werden könnten. Somit kommt den Bewertungsprozessen ein entscheidender Stellenwert im Modell von Lazarus zu.

Kognitive Bewertungen
Die kognitiven Einschätzungsprozesse bzw. Bewertungen („cognitive appraisal") beziehen sich zum einen auf die Bedeutung, die die Situation für das Wohlbefinden der Person hat („primäre Bewertung"), und zum anderen auf die Bewältigungsressourcen, über die eine Person verfügt („sekundäre Bewertung") (vgl. Palentien 1997).

Bei der *primären Bewertung* kann eine Person ein Ereignis entweder als

1) irrelevant
2) günstig/positiv oder
3) stressend betrachten.

Wird ein Ereignis als irrelevant bewertet, so bleibt dieses ohne jede weiteren Auswirkungen für die Person. Wird ein Begebnis als günstig oder positiv eingeschätzt, so ist dies ein Zeichen für Sicherheit und eine angenehme Lage. Die stressende Bewertung eines Geschehens kann in drei Formen auftreten, als:

1) Schädigung/Verlust („harm-loss"), die sich auf eine bereits eingetretene Schädigung bezieht,
2) Bedrohung („threat"), die eine antizipierte Schädigung oder einen antizipierten Verlust betrifft und bei der eine Person davon ausgeht, ein Problem nicht bewältigen zu können, und als
3) Herausforderung („challenge"), die die eher positive Bewertung einer Transaktion betrifft, bei der also eine Person annimmt, dass sie in der Lage sein wird, die Herausforderung zu bewältigen.

Die mentale bzw. kognitive Überprüfung der Bewältigungsfähigkeiten und Bewältigungsmöglichkeiten bezeichnen Lazarus/Launier (1981, 238 ff.) als *sekundäre Bewertung*. Damit soll jedoch keine zeitliche Abfolge ausgedrückt werden, vielmehr beziehen sich die Bezeichnungen auf den jeweiligen Gegenstand, der bewertet wird. Der entscheidende Gesichtspunkt ist, dass sowohl die Gestaltung der Bewertungsmaßnahmen einer unter Stress stehenden Person als auch die Ausformung primärer Bewertungsprozesse von der sekundären Bewertung beeinflusst wird. Die Interdependenz primärer und sekundärer Bewertung konstruiert letztlich den (psychologischen) Stress.

Auf der Grundlage der Einschätzung der Bewältigungskapazitäten wird im Rahmen des Stressgeschehens die Situation und ihr Bedrohungsgehalt bzw. das

Ausmaß der bereits erfolgten Schädigung neu interpretiert und bewertet *(Neubewertung)*. Durch ständige Rückkopplungen und Umdefinitionen wird versucht, die Gefahr oder den Verlust zu umgehen, auszugleichen oder in der subjektiven Einschätzung zu minimieren.

Bewältigung
Differenziert stellt sich auch der Komplex der Bewältigung dar. Hier lassen sich verhaltensorientierte und intrapsychische Bewältigungsmodi sowie weitere Bewältigungsfunktionen und Bewältigungsformen unterscheiden (vgl. Palentien 1997). An Anlehnung an Piagets (1952) Unterscheidung zwischen Assimilation und Akkomodation entwickelte Lazarus zwei Kategorien von Bewältigungsmodi: Zum einen die Änderung der gestörten Transaktion (instrumentell) und zum anderen die Regulierung der Emotion (Palliation).

Die *Änderung der gestörten Transaktion* kann auf die Umwelt, das Selbst oder auf beides gerichtet sein. Sie ist unabhängig davon, ob es sich um eine zukunftsbezogene oder gegenwärtige Schädigung bzw. Verlust oder um eine zukunftsbezogene Bedrohung oder Herausforderung handelt. Im Mittelpunkt steht hierbei, dass eine bei sich selbst oder in der Umwelt wahrgenommene Barriere zwischen dem Ist- und dem Soll-Zustand durch ein aktives und problemlösendes Herangehen an die Situation beseitigt wird.

Die *Regulierung von Emotionen* stellt einen wichtigen Aspekt der Bewältigung aus drei Gründen dar:

a) Stressemotionen sind schmerzlich und quälend,
b) Anpassungsprozesse können durch starke Emotionen aufgrund einer Ablenkung selektiver Aufmerksamkeit überlagert werden und
c) länger andauernder psychischer Stress führt zu einer chronischen physiologischen Mobilisierung und kann körperliche Erkrankungen zur Folge haben.

Neben diesen zwei Kategorien von Bewältigungsmodi können noch weitere Bewältigungsfunktionen in Betracht gezogen werden:

1) Die *Erhaltung der eigenen Möglichkeiten* bedeutet implizite Flexibilität, da es nicht immer möglich ist, die äußeren Bedingungen durch eigenes Handeln zu ändern, sich aus bestimmten Gegebenheiten zurückzuziehen oder aber diese zu ertragen.
2) Das *Tolerieren oder Ertragen von affektivem Stress*. Zu den zentralen psychischen Formen menschlichen Leidens zählt der affektive Stress (Distress), der in einigen Situationen nicht beeinflusst, sondern nur hingenommen wer-

den kann. Ziel der Auseinandersetzung ist hier, handlungsfähig zu bleiben und den affektiven Stress auszuhalten.
3) Das *Bewahren einer positiven Lebensmoral* stellt eine weitere Form der wirksamen Bewältigung dar. Es geht hier um das Vermeiden einer Entmutigung durch beeinträchtigende oder bedrohende Lebensbedingungen und die Aufrechterhaltung einer positiven Lebenseinstellung trotz eines Verlustes oder einer Niederlage.

Für jede Bewältigungsfunktion bzw. jeden Bewältigungsmodus sind vier unterschiedliche Strategien bzw. Bewältigungsformen möglich:

1) *Informationssuche:* Die Informationssuche dient als Grundlage zur Veränderung einer Transaktion. Gleichzeitig kann sie aber auch eingesetzt werden, um eine Transaktion besser kontrollierbar erscheinen zu lassen oder um zu einer Neuinterpretation einer Transaktion zu gelangen.
2) *Direkte Aktion:* Die direkte Aktion kann sich sowohl auf die Person als auch auf die Umwelt beziehen. Ihr kommt die Funktion zu, eine vorangegangene Schädigung bzw. einen Verlust zu überwinden oder einer zukunftsorientierten Bedrohung auszuweichen.
3) *Aktionshemmung:* Sie stellt die aus einer komplexen sozialen und intrapsychischen Welt erwachsenen tatsächlichen und moralischen Zwänge und Gefahren in Rechnung und führt zu einer Konformität mit den situativen und intrapsychischen Gegebenheiten.
4) *Intrapsychische Bewältigung:* Hierunter werden alle diejenigen kognitiven Prozesse subsumiert, die emotionale negative Zustände vermindern, in ihrer Qualität verändern oder eine vorangegangene Schädigung bzw. einen Verlust neu interpretieren. Ebenfalls kann sie sich auf eine zukünftige Schädigung oder Bedrohung beziehen (vgl. Lazarus/Launier 1981).

Welche Form der Bewältigung eine Person anwendet, hängt von zahlreichen Faktoren ab. Situations- und Umweltbedingungen sind hierbei genauso wichtige Größen wie der Grad der Ungewissheit, der Bedrohung oder der Hilflosigkeit. Insgesamt hängen die Bewältigungsfaktoren stark von vermittelnden kognitiven Faktoren ab. Ein bedeutender Einfluss kommt aber auch individuellen Dispositionen sowie sozialen und materiellen Ressourcen zu.

4.3.2 Die Objektivität der Belastungspotenziale

4.3.2.1 Sozialstrukturelle Rahmenbedingungen

Die mit den gesellschaftlichen Modernisierungsprozessen verbundene sich rapid verändernde Lebenssituation und Jugendphase stellt aufgrund einhergehender Unsicherheiten ein hohes psychosoziales Belastungspotenzial dar, welches entsprechend dem stresstheoretischen Sozialisationsmodell bei unzureichenden Ressourcen zu riskanten Verhaltenspraktiken führen kann. Der sozialstrukturelle Entwicklungskontext in einer von Individualisierungsprozessen gekennzeichneten Gesellschaft kann vor dem Hintergrund des gesellschaftlichen Wandels als eine potenziell belastungsevozierende Einflussgröße verstanden werden.

Die Strukturprobleme und Folgeprobleme gesellschaftlicher Differenzierungsprozesse mit den sich ergebenden Verunsicherungen sind letztlich durch die gesellschaftshistorischen Analysen von Ulrich Beck (1983; 1986) beschrieben und in der öffentlichen Diskussion unter den Begriffen des Modernisierungs- und Individualisierungsprozesses vielfältig rezipiert worden.

Krüger (1990) fasst in Anlehnung an die kritische Modernisierungstheorie von Habermas, Offe und Beck folgende gesellschaftlichen Entwicklungen zusammen:

1) Globalisierung von Risiko- und Gefährdungslagen,
2) neue soziale Ungleichheiten durch die Wandlung der Arbeitsmarktsituation zu einem System flexibel-pluraler Unterbeschäftigung,
3) Gleichzeitigkeit von Geschlechterangleichung und Geschlechterpolarisierung,
4) soziokulturelle Freisetzung aus überlieferten Traditionen.

Die zentralen sozialen Prozesse der Entstrukturierung und Destandardisierung führen zu einer Neudefinition der Jugendphase, welche sich in massiver Umstrukturierung befindet. Der seit Mitte des letzten Jahrhunderts vollzogene und sich weiter vollziehende Wandel wird als „Wendepunkt in der Epochalgeschichte von Jugend seit dem 18. Jahrhundert" (Zinnecker 1985a, 33) bezeichnet.

Als zentrale gesellschaftstheoretische Konzeption zur Erklärung des Modernisierungsprozesses und seiner Auswirkungen auf die Jugendphase wird auf das Individualisierungstheorem rekurriert, das in Anschluss an die Arbeiten von Beck (1983; 1986) sowie von Fend (1988; 1990) und Hornstein (1990) zu einem „tragfähigen Fundament jugendsoziologischer Spurensuche" (Herriger 1994, 298) geworden ist (vgl. Arbeitsgruppe Bielefelder Jugendforschung 1990).

Eine zunehmende Differenzierung und fortschreitende Individualisierung sind Ausdruck einer im Laufe der sozialhistorischen Entwicklung in ihren Strukturen und Prozessen immer komplexer werdenden Gesellschaft. Hierbei besitzt das Individualisierungstheorem eine dominante Erklärungsfunktion, mit dessen Hilfe Strukturveränderungen und Wandlungen im subjektiven Lebens- und Erfahrungsbereich expliziert werden können. „Individualisierung bedeutet in diesem Sinne, dass die Biographie der Menschen aus vorgegebenen Fixierungen herausgelöst, offen, entscheidungsabhängig und als Aufgabe in das individuelle Handeln jedes einzelnen gelegt wird" (Beck 1983, 58).

Die „sekundären" Individualisierungsschübe sind durch drei sozialstrukturelle Entwicklungen gekennzeichnet (vgl. Beck 1986, 122 ff.):

1) Die enorme Steigerung des materiellen Lebensstandards ermöglicht eine soziale Absicherung und Angleichung der Lebenshaltungsformen. Auf der Basis gestiegener finanzieller und zeitlicher Freiheitsspielräume können individuelle Bedürfnisse im Bereich von Freizeit, Konsum und Lebensführung saturiert werden. Die gewonnenen Individualisierungsoptionen unterstützen eine Pluralisierung von Lebensstilen und führen gleichzeitig zu einer Herauslösung aus traditionalen Bindungen.

2) Die gestiegene soziale und geographische Mobilität führt zu weitreichenden Wandlungen in der Berufsstruktur, zur Umstrukturierung sozialräumlicher Lebensverhältnisse und schließlich zu einer wachsenden Partizipation von Frauen im beruflichen und politisch-administrativen Bereich. Mit der wachsenden Mobilität werden die Individuen ebenfalls aus traditionalen Lebenszusammenhängen herausgelöst und es entsteht die Chance gleichberechtigter (geschlechtsheterogener) Beziehungsmuster, was eine Loslösung von traditionellen Vorbildern bedeutet.

3) Die Expansion im Bildungsbereich erlaubt eine höhere Bildung und längere Verweildauer im Bildungssystem. Die hierdurch begünstigten Selbstfindungs- und Reflexionsprozesse führen allemal zu einer Infragestellung traditionaler Orientierungen und Lebensstile. Die durch das Bildungssystem geförderte individuelle Leistungsmotivation und Aufstiegsorientierung sind dazu geeignet, den persönlichen Lebensweg unabhängig von vorgegebenen Sozialformen zu interpretieren.

Letztlich ist die wohlfahrtsstaatliche Modernisierung durch Flexibilisierungen der Beschäftigungsverhältnisse sowie durch Verkürzungen der Arbeitszeit und drohende Arbeitslosigkeit gekennzeichnet.

Strukturell gebundene Verunsicherungen hängen mit einem gestiegenen Individualisierungsdruck zusammen, welche sich aus einer dreifachen Individualisierung ergeben (vgl. Beck 1986, 206 ff.):

1) Herauslösung aus historisch vorgegebenen Sozialformen und -bindungen im Sinne traditionaler Herrschafts- und Versorgungszusammenhänge (Freisetzungsdimension):
Das ehemals relativ festgefügte Netz sozialer Beziehungen und Bindungen klassenkultureller Lebenszusammenhänge befindet sich in der Auflösung und vorgegebene Lebenslaufmuster werden weggeschmolzen. Für diese Entwicklung ist bedeutsam, dass schichtspezifische Unterschiede nicht aufgehoben werden, denn die vorhandenen Ungleichheiten bestehen auf einem gebesserten Niveau der Lebenslage fort.

Herkunftsfamiliäre vorgegebene sozialstrukturelle Festlegungen lockern sich zunehmend. Familienstrukturen werden labiler und verlieren immer mehr an der Gestalt klassischer Kleinfamilien. Die Jugendlichen müssen mit diesen Familienformen und Ehen auf Zeit fertig werden.

Verwandtschaftliche Bezüge verlieren immer mehr an Bedeutung. Verwandte werden als ehemalige Vorbilder oder soziale Sicherungsgruppe zunehmend irrelevant und die Familie reduziert sich zur Kernfamilie. Entsprechend bedeutet die Freisetzung aus nachbarschaftlichen Bezügen den Verlust an wichtigen subsidiären Unterstützungsfunktionen. Eine Auflösung regionaler Gemeinschaften ist hiermit gleichfalls verbunden. Es entfallen Identifikationsmöglichkeiten und Gefühle der Zugehörigkeit, wodurch ein Sicherheitsverlust evoziert wird.

Die Freisetzungsprozesse einer individualisierten Gesellschaft fordern einen Zwang zur Eigenaktivität beim Knüpfen von Sozialbeziehungen um vormals existierende kollektiv vorgegebene Biographiemuster einzufordern.

2) Verlust von traditionellen Sicherheiten im Hinblick auf Handlungswissen, Glauben und leitende Normen (Entzauberungsdimension):
Mit der Erosion stabiler Familien- und Milieubeziehungen muss die biographische Gestaltung in größtmöglicher Eigenregie geführt werden. Handlungswissen wird nicht mehr in großem Umfang tradiert und ist auch nicht mehr uneingeschränkt kompatibel. Der Jugendliche muss vermehrt andere Wissens- und Erfahrungsquellen erschließen.

Aufgrund des Wertepluralismus bedarf es zur Sicherung der interpersonalen Verständigung einer gemeinsamen Schnittmenge an Wertvorstellungen. Die nahezu grenzenlose normative Beliebigkeit kann sich in Bezug auf die Konstruktion des eigenen Werte- und Normensystems auf den Jugendlichen verunsichernd auswirken. Eine Begrenzung auf einen gewissen intersubjektiven Werte- und

Normen-Sektor scheint in diesem Zusammenhang für das betreffende Individuum sehr schwierig.
Ambivalenzen entstehen auch bei einer nachlassenden religiösen Einbindung bei gleichzeitiger Praktizierung religiös fundierter Rituale. Die Konfession als Anker der Identität und traditionelle Formen religiöser Gemeinschaften als Sinnspender verlieren an Geltung. Es entfallen sinnstiftende und kollektive Momente, welche nun substituiert werden müssen.

Eine Freisetzung fester Gewissheiten und normativer Grundsätze lässt unhinterfragte Sicherheiten geringer werden und bewirkt somit einen Sicherheits- und Stabilitätsverlust sowie Verunsicherungskonstellationen, welche nun von den Jugendlichen aktiv und reflexiv rekonstruiert werden müssen (vgl. Schröder 1995).

3) Wiedereinbindung – eine neue Art der sozialen Kontrolle (Reintegrationsdimension):
Aus den sozialstrukturellen Entwicklungsprozessen resultieren diversifizierte Lebenslagen und pluralisierte Lebensstile mit der Folge, dass sich die Individuen selbst zum Zentrum ihrer eigenen Lebensplanung und Lebensführung machen müssen. Die Herauslösung des Einzelnen aus traditionalen Bindungen und Versorgungsbezügen verspricht aber kein Freisein von sozialen Zwängen, stattdessen sieht er sich mit den Zwängen gesellschaftlicher Institutionen konfrontiert.

Dieses Verhältnis verweist auf einen Widerspruch zwischen der Gleichzeitigkeit von Individualisierung und Institutionalisierung. Es kann jedoch nicht angenommen werden, dass eine Institutionalisierung individueller Biographieverläufe, im Sinne einer Übernahme von lebenssituationsstabilisierenden Funktionen durch gesellschaftliche Institutionen, das entstandene Vakuum verloren gegangener sozialmoralischer Milieus und traditionaler Identitäten mit tradierten Lebensführungsschemata zu füllen vermag.

Aus der Abschwächung der „Wir-Identität" (Elias 1994, 279) folgen stetig zunehmende Anforderungen an die Individuen, da der Einzelne gezwungen ist, sein Verhalten immer differenzierter, gleichmäßiger und stabiler zu regulieren. Das bedeutet, dass sich in einem kontinuierlichen Prozess auch die sozialen Kontroll- und Beeinflussungsinstanzen von Verhaltensweisen und Einstellungen wandeln. Eine direkte Verhaltensmodifikation der Individuen wird durch ansteigende Selbstkontrollzwänge aufgrund einer rapiden Abnahme von Fremdkontroll- und Beeinflussungsmodi bedingt.

Die tiefgreifenden Modernisierungsprozesse generieren eine Gesellschaftsformation, welche durch globale Risiken, wie ökologische Gefährdungen, neue gesellschaftliche und individuelle Risiken, Verunsicherungen und Belastungspotenziale geprägt ist.

Die Effekte gesellschaftlicher Differenzierungsprozesse und Individualisierungsschübe lassen sich keineswegs eindeutig als positiv oder negativ bewerten. Wie jeweils die konkrete Person bzw. der einzelne Jugendliche die erweiterten Handlungschancen und verbesserten Lebenslagen umzusetzen vermag, hängt im Besonderen mit den persönlichkeitsstrukturellen Dispositionen und Umweltfaktoren zusammen.

Der „Zwang zu einer subjektiven Lebensführung" (Kohli 1986) und weitere gestiegene Individualisierungsrisiken wie neue Abhängigkeiten, Anpassungszwänge und verlierende sozial-integrierende Lebensformen sind Resultate eines grundlegenden sozialstrukturverändernden Prozesses in einer dynamischen gesellschaftlichen Wirklichkeit.

„Was strukturell als Stärkung individueller Identitätsbildung im heute vorherrschenden konsumistischen Sozialisationsmodell erscheint, könnte sich unter den gegenwärtig bereits sichtbaren Entwicklungen der spätbürgerlichen Gesellschaften schnell ins Gegenteil verkehren,..." (Baethge 1985, 308). Mit der Aufweichung von Traditionsbezügen und Gemeinschaften werden auch Risiken sichtbar, die Verunsicherungs-, Überforderungs- und Ohnmachtserfahrungen nach sich ziehen können (vgl. Ferchhoff 1994).

Mit dem Prozess der Individualisierung verweist Beck auf immanente Widersprüche, die dazu beitragen, dass individuelle Verselbständigungen schwieriger werden. Einerseits löst sich der Einzelne aus traditionalen Bindungen heraus und gewinnt somit einen Zuwachs an vermehrten Handlungsmöglichkeiten und einzigartigen, chanceneröffnenden Perspektiven. Andererseits wird er stattdessen mit vielfältigen Zwängen (Selbstkontrollzwänge, Entscheidungszwänge, institutionelle Zwänge), Vereinzelung und Entfremdungstendenzen konfrontiert. Er sieht sich den einsetzenden Gefährdungslagen und Risiken durch den Zwang zur Bewältigung von immer komplexeren Lebensaufgaben und -zusammenhängen ohne den Rückhalt stabiler Beziehungsgeflechte ausgesetzt. Der Biographieverlauf wird immer stärker in die Hände jedes Einzelnen gelegt und Gründe des Scheiterns werden dann als individuell verursacht interpretiert.

Die Gleichzeitigkeit von Entwicklungschancen und Entwicklungsrepressionen stellt ein Belastungs- und Risikopotenzial – in Form einer eingelagerten Ambivalenz im Individualisierungsprozess – dar. Diese immanente Widersprüchlichkeit stellt die Jugendlichen vor erhöhte Anforderungen während des Prozesses der Identitätsbildung und Integration. So kann die Ambivalenz, welche in vielfältigen Facetten in Erscheinung tritt, als ein zentrales Lebensparadigma verstanden werden (vgl. Heitmeyer et al. 1995).

Eine gelingende und befriedigende Bewältigung von belastungsevozierenden und somit entwicklungsgefährdenden Ambivalenzen und Ambiguitäten des Individualisierungsprozesses erfordert situationsspezifische Regulationsstrategien.

Sind diese nicht ausreichend ausgebildet und verfügbar, so können problematische Reaktionsweisen eine Folge sein.

4.3.2.2 Sozialisationsfelder

In den Sozialisationsfeldern Schule/Beruf, Familie, Peers und Freizeit finden sich unterschiedlichste Belastungspotenziale, auf die im Folgenden eingegangen wird. Dabei werden Folgen des Strukturwandels in den spezifischen Sozialisationsfeldern offengelegt, wie auch gegenwärtige Bedingungen des Aufwachsens erläutert.

Der Schul- und Ausbildungsbereich nimmt eine immer bedeutendere Stellung im Jugendalter ein. Hierbei sind Konkurrenz- und Leistungsdruck wichtige Quellen für Störungen in Interaktions- und Entwicklungsprozessen. Die Jugendlichen stehen hohen Erwartungshaltungen und Anforderungen gegenüber, welche meistens von den Eltern kommen. Diese stellen in der Entwicklung der Jugendlichen eine nach wie vor zentrale Bezugsgruppe dar. Veränderte Familienformen und veränderte Partnerbeziehungen der Eltern, wie auch finanzielle Probleme, bringen neue Formen der Belastung mit sich, die teilweise die Bewältigungskapazitäten Jugendlicher überfordern.

Die Gleichaltrigengruppe ist für die Jugendlichen eine einflussreiche Bezugsgröße, so dass eine mangelnde Integration erhebliche Probleme verursachen kann. In der organisierten Freizeitwelt gibt es eine Überflutung mit Konsumgütern, und die Jugendlichen erleben eine Überstimulierung durch Radio, Fernsehen, Video und Computer; dabei bleibt der emotionale und motorische Sinnesbereich oft unzureichend befriedigt. Sie sind in ihren sinnlichen Aneignungsmöglichkeiten eingegrenzt und teilweise regelrecht verarmt.

Als die jugendspezifischen Risikokonstellationen lassen sich benennen:

- schulische und berufliche Leistungssituationen sowie Rückgang der Erwerbsarbeit;
- Konflikte im familiären Sozialklima sowie gewandelte Familienstrukturen;
- schwer vorhersagbare Dynamik der Freundschaftsbeziehungen in der Peer-Group;
- Freizeitsituationen zwischen Überfüllung und Leere.

Schule und Beruf
Jugendzeit bedeutet heute weitgehend Schul- und Ausbildungszeit in einem Wettbewerbssystem. Der Besuch weiterführender Langzeitbildungsgänge des Bildungssystems gilt in unserem Kulturkreis inzwischen vielfach als soziokultureller Standard und ist für die künftige Platzierung in der gesellschaftlichen

Sozialstruktur entscheidend. Die Jugendlichen verbringen heute einen großen Teil ihrer Zeit in der Schule und/oder Ausbildungsstätte.

Die Schulzeit ist durch die zehnjährige Pflichtschulzeit und vor allem durch die gestiegene Bildungserwartung für den Einzelnen länger geworden (vgl. Ferchhoff 1990).

Der Prozess der Integration in die Erwachsenengesellschaft ist immer auch ein Prozess der Auslese, dessen Ausgangspunkt die schulischen Leistungen darstellen. Bildungs- und Ausbildungseinrichtungen sind Institutionen, die eigens zum Training der individuellen Leistungsfähigkeit der Gesellschaftsmitglieder eingerichtet wurden.

Die meist genannten jugendtypischen Probleme sind Schulschwierigkeiten. Einen Hauptgrund stellen dabei die hohen Leistungsanforderungen durch die selektive Funktion der Bildungsinstitutionen dar. Um den sozialen Status der Herkunftsfamilie zu erhalten, sind die Jugendlichen heute auch meist darauf angewiesen, einen Bildungsabschluss zu erwerben, der in seinem Niveau über dem der Eltern liegt und mit einem erheblichen intrinsischen wie extrinsischen Leistungsdruck verbunden sein kann. Die Jugendlichen sind sich der Tatsache sehr genau bewusst, dass ihre Position in der Bildungslaufbahn über die späteren Lebenschancen entscheidet und dennoch kein Erfolg garantiert ist (vgl. Hurrelmann 1990; Engel/Hurrelmann 1993).

Aus dem höheren Bildungsgrad können auch Rollendiffusionen erwachsen, da diese Jugendlichen in eine statusmäßig ungewohnte Situation kommen, was zu Unsicherheiten, Anspannungen und Irritationen führen kann.

Weiterhin geht der Bildungs- und Leistungsanspruch der Eltern oftmals an den Bedürfnissen und Wünschen der Jugendlichen vorbei. Der Statusdruck durch die Eltern und die häufig damit verbundenen massiven Leistungsanforderungen sind vor dem Hintergrund der Angst vor dem sozialen Abstieg zu betrachten. „Erfolg und Versagen in der Schullaufbahn werden heute als entscheidende Vorbedingungen zumindest für die Sicherung des sozialen Status der Herkunftsfamilie, möglichst für Prozesse des erwünschten sozialen Aufstiegs, gewertet" (Hurrelmann 1990, 129).

Die schulische Ausbildung wird von den Eltern als ein zentrales Instrument der Lebensplanung angesehen. Die Forderungen der Eltern nach immer höheren Qualifikationen und einem formal höheren Schulabschluss mit dem Ziel, durch das vermutete Prestige der bestmöglichen Bildung den Zugang zu attraktiven Berufslaufbahnen zu erlangen, können zu einem unrealistischen Leistungsanspruch und massiven Leistungsdruck führen.

Die allgemeine Tendenz zu weiterführenden Schulabschlüssen spiegelt sich in dem enormen Anstieg der Schülerzahlen in Gymnasien bei gleichzeitigem

Rückgang der Schülerzahlen an Hauptschulen wider. Das Gymnasium ist bereits der Marktführer im Bildungsbereich, weil die Rolle des Abiturs in der Wunschvorstellung der Eltern in den letzten Jahren eine deutliche Aufwertung erfahren hat. Die spezifische Kombination von Merkmalen der Organisation, der Inhalte und der Lehrerverhaltensweisen, der durch die hohen Bildungserwartungen bedingte permanente Leistungs-, Prüfungs- und Konkurrenzdruck im Bildungssystem sowie Leistungsversagen und schulischer Misserfolg bedeuten „Schulstress" für Jugendliche (vgl. Hurrelmann 1990; Mansel/Hurrelmann 1991).

Als leistungsorientierte Massenorganisation fördert die Schule eine wachsende soziale Isolation und wirkt verstärkend bei schulischen und damit verbunden familiären Problemen. Durch schlechte schulische Leistungen werden beispielsweise die sozialen Beziehungen zwischen Jugendlichen und ihren Eltern beeinträchtigt und durch diesen Umstand der ausbleibenden sozialen Unterstützung nehmen die Schulleistungen weiterhin ab (vgl. Hurrelmann 1990).

Das hohe schulische Aspirationsniveau ist keine Sicherheit mehr für einen Arbeitsplatz mit günstigen Zukunftsperspektiven. Der Prozess des Übergangs in das Beschäftigungssystem wird immer schwerer kalkulierbar und verschiebt sich zunehmend seit den letzten drei Jahrzehnten für die Mehrheit der Jugendlichen an das Ende des zweiten oder in das dritte Lebensjahrzehnt. Seit Mitte der siebziger Jahre (des letzten Jahrhunderts) folgt aus den verlängerten Bildungsbiographien ein zunehmender Rückgang der Erwerbsarbeit als strukturelles Kennzeichen von Jugend (vgl. Olk/Strikker 1991). Die ehemals existierende Abstimmung zwischen Schul- und Berufslaufbahn nimmt rapide ab, und die Berechenbarkeit der künftigen Lebenslaufbahn wird schwierig bis unmöglich.

Dem vielfach angestrebten hohen Bildungsniveau, mit dem Ziel, die bestmögliche Chance im gesellschaftlichen Positionskampf zu sichern, fehlt die Entsprechung in Form von gesicherten Arbeitsplätzen. Diese ambivalente Situation von einerseits steigenden Bildungserwartungen und Bedeutungszunahme von Schullaufbahnen und andererseits dem sinkenden „Tauschwert" von Bildung, macht es nahezu unmöglich, die zukünftige Lebens- und Berufslaufbahn und damit die soziale Positionierung realistisch zu planen. Statusverunsicherungen sind die Folge und stehen den unbestrittenen Chancen eines ausgedehnten Bildungssystems gegenüber.

Die Situation eines klar vorgezeichneten Ausbildungsweges, einer sicheren Berufseinmündung und einer „Vollbeschäftigung", welche für die Phase des wirtschaftlichen Wachstums in der Nachkriegszeit charakteristisch und historisch einmalig war, hat sich (seit den 70er-Jahren) drastisch geändert. Der hohe Sockel an Arbeitslosigkeit und die angespannte Arbeitsmarktlage verursachen einen massiven Konkurrenzdruck auf dem Arbeitsmarkt und damit verbunden ein Konkurrieren um die drastisch reduzierten Ausbildungsplätze. Daraus resultiert eine zeitliche Verlängerung der Passage zum Erwachsenenstatus und ebenso eine ansteigende Antizipationsunsicherheit für immer mehr Jugendliche (vgl. Baethge 1985).

Die Einmündung in eine dauerhafte Berufstätigkeit wird immer problematischer, worauf die Jugendlichen differenzierte Verhaltensweisen zur Überbrückung von Wartezeiten, zur zeitbegrenzten Steigerung finanzieller Optionen, zur Sicherung des materiellen Lebensstilstandards oder zum Erwerb von Zusatzqualifikationen und Gratifikationen ausbilden und etablieren. „Auf diese Weise entstehen zwischen dem 16. und 25. Lebensjahr hochindividualisierte Beschäftigungsbiographien..." (Tillmann 1993, 265) und die Gefahr der Vereinzelung steigt.

Belastungen und Probleme im Schul- und Ausbildungssystem können sich aus folgenden Bedingungen ergeben:

- zu hohe Leistungsanforderungen;
- zu hoher Leistungsdruck;
- unsichere berufliche Zukunftsperspektiven;
- lange ökonomische Abhängigkeit;
- massiver Konkurrenzdruck und soziale Selektion;
- mit sozialer Selektion einhergehende soziale Isolation und fehlende Solidaritätserfahrungen;
- Zunahme an disponibler Zeit und impliziten Risiken.

Die Familie
Viele Jugendliche orientieren sich zwar mit steigendem Lebensalter in wesentlichen Bereichen des Alltagslebens stärker an gleichaltrigen Bezugspersonen, doch die Eltern bleiben weiterhin zentrale Bezugs- und Ansprechpartner, insbesondere auch in Ausbildungsfragen. Der Einfluss von Eltern und Schule hat einen langfristigen Charakter und gewährt in großem Maße Identitätskontinuität.

Das Erscheinungsbild der Familie ist von Individualisierungs- und Pluralisierungsprozessen verändert worden und zeichnet sich heute durch vielfältige Organisationsformen aus. Die Familienstruktur per se und die elterlichen Beziehungsstrukturen haben sich historisch stark gewandelt: Die Zahl der Eheschließungen ist stark gesunken, das Heiratsalter ist gestiegen, der erste Kinderwunsch wird im höheren Lebensalter realisiert, die Kinderzahlen sinken und die weibliche Erwerbsarbeit ist gestiegen (vgl. Popp/Tillmann 1990).

Die Familie ist heute ein relativ lebendiges System, das vielfach nur aus den Eltern und ein bis in der Regel höchstens zwei Kindern besteht. Die Hintergründe für den tiefgreifenden Wandel der Familienformen liegen in den veränderten Lebens- und Berufsperspektiven für Männer und Frauen, denen letztlich das Bestreben zugrunde liegt, die eigene Persönlichkeit nach individualistischen Maßstäben zu entfalten (vgl. Hurrelmann 1990).

Die Kleinfamilie klingt heute als vorherrschende familiale Organisationsform ab. Stattdessen konstituieren sich Arten des nichtfamilialen Zusammenlebens. Die Zahl der „Ein-Eltern-Familien" wächst vor allem durch Instabilitäten von Ehegemeinschaften, was sich in der hohen Scheidungsquote widerspiegelt (statistisch heute jede dritte Ehe). Unterschiede der Konfessionen und der traditionellen Lebensstile beginnen sich zu nivellieren. In solchen Familieneinheiten sind zuverlässige soziale Unterstützungsleistungen schon rein organisatorisch nicht sicher gewährleistet. Die traditionelle Hauptbetreuungsorganisation Familie ist zunehmend auf unterstützende Einrichtungen angewiesen, was vielfältige Risikokonstellationen hervorrufen kann.

Eine dauerhafte Trennung von Mutter/Vater stellt einen potenziellen Risikofaktor dar, der im Kindesalter häufig eine noch gravierendere Bedeutung besitzt als im Jugendalter. Die Kommunikation intensiviert sich in der Regel zu dem erziehenden Elternteil, während die Beziehung zu dem getrennt lebenden Partner meist reduziert wird oder sogar erlischt, womit sich schwer verarbeitbare Verlustgefühle verbinden. Als hinzukommende Belastung für die Lebenssituation ist dann auch die gestiegene psychische, physische und soziale, sowie finanzielle und materielle Beanspruchung des alleinerziehenden Elternteils zu sehen.

Kinder und Jugendliche werden mehr und mehr von den Eltern als gleichberechtigte Partner mit entsprechenden Rechten betrachtet. Die traditionelle Bindung mit strikten Rollenaufteilungen locket sich zunehmend. Schon früh wird von den Jugendlichen eigenverantwortliches, selbständiges Handeln erwartet. Die Eltern fungieren dabei eher beratend und unterstützend, nehmen aber durch Statuserwartungen immer weniger direkten Einfluss. So kann insgesamt eine klare Tendenz zur Liberalisierung der Erziehung konstatiert werden (vgl. Hurrelmann 1990).

Die Familie hat als wirtschaftlicher Rückhalt und emotionale Bezugsinstitution eine sehr hohe Bedeutung. Dabei sind die Interaktionsqualität und der materielle Status wichtige Einflussgrößen in einer sich ständig verlängernden Jugendphase. Eine Ablösung von dem Elternhaus erfolgt heute zu einem sehr viel späteren Zeitpunkt. Zwar entwickeln Jugendliche sehr früh einen von den Eltern unabhängigen persönlichen Lebensstil im Freizeit- und Konsumbereich und ziehen auch früher in eine eigene Lebens- und Wohngemeinschaft, doch sind sie heutzutage wirtschaftlich sehr viel länger von den Eltern abhängig.

Durch ungünstige materielle Bedingungen, die zunehmend auch in dem modernen Wohlfahrtsstaat anzutreffen sind, besteht eine Gefährdung der jugendlichen Bedürfnisse. Die Konstellationen, die Eltern und Familien an den Rand der wirtschaftlichen Existenz oder in die Armut drängen, sind verschiedenartig, so z.B. durch Arbeitslosigkeit, Straffälligkeit oder langandauernde Krankheiten. Die Folgen sind häufig gespannte und zerrüttete Familienbeziehungen, ungünstige Wohnverhältnisse, aggressive und gewalttätige Auseinandersetzungen zwischen Familienangehörigen, sowie unkontrollierte und unberechenbare Erziehungsstile, die nicht die nötigen Voraussetzungen für die Persönlichkeitsentwicklung sichern (vgl. Engel/Hurrelmann 1993).

Die Zahl der Familien, welche durch Arbeitslosigkeit und insbesondere Dauerarbeitslosigkeit Einschränkungen ausgesetzt sind, steigt. Unter diesen Extrembedingungen kommt es oft zum Zusammenbruch der elementaren Dienstleistungen für die Kinder/Jugendlichen und zu Vernachlässigungen bis zu Misshandlungen. Arbeitslosigkeit bedeutet einen tiefgreifenden Bruch im Lebensrhythmus der Familie. Dieser Bruch wird von den Kindern und Jugendlichen äußerst sensibel empfunden.

In den 1980er-Jahren war ein Fünftel bis zu ein Viertel aller unter 18-Jährigen irgendwann in ihrem Leben einmal mit Arbeitslosigkeit ihrer Eltern konfrontiert. Arbeitslosigkeit der Eltern ist also kein singuläres Phänomen, sondern ein massenhaft auftretendes Ereignis.

Aggression und Gewalt in der Familie, und im besonderen Falle die sexuelle Gewalt, bringen für das Kind/den Jugendlichen in der Regel weniger erhebliche körperliche Beeinträchtigungen als um so mehr gravierende seelisch-psychische Schädigungen und Störungen mit lebenslangen Spätfolgen. Gewalthandlungen haben fast immer eine Verankerung im gesamten Familiengefüge und im umfassenden Gesellschaftsgefüge (vgl. Honig 1986).

Die Ursachen der Gewalt in der Familie liegen in mehreren ungünstigen Faktoren der Familienstruktur, wie massive Berufs-, Partnerschafts-, Wirtschafts-, Sozial- und Selbstwertprobleme der Eltern, und der durch sie ausgelösten „Negativ-Dynamik" der Familienbeziehung. Die Ausübung von Herrschaft, Kontrolle und Gewalt sind Attitüden patriachaler Rollenstrukturen, die von den Vätern mit rigiden männlichen Persönlichkeitsstrukturen in mechanistisch-autoritärer Weise ausgenutzt werden. Meist neigen die Väter zu Gewalthandlungen, welche auf eine äußerst schwierige eigene Entwicklungsgeschichte zurückblicken können. Diese Männer kommen mit einer paritätischen Konstruktion von Beziehungen nicht zurecht und verweigern sich ihr. Sie übertragen das in der Gesellschaft noch vorherrschende männliche Machtstreben auf das intime und sensible Gebilde der Familie und zerstören es damit in seinen Wurzeln (vgl. Hurrelmann 1990).

Um ein positives Selbstwertgefühl und prosoziale Orientierungen zu entwickeln, sind zuverlässige, stabile und berechenbare soziale Beziehungsstrukturen erforderlich. Eine gute Ausgangslage ist eine emotional positive, machtbalancierte und durch Konfliktlösung gekennzeichnete Beziehung. „Flexible Regelorientierungen und Fähigkeiten zu gemeinschaftlichen Aktivitäten der Familienmitglieder sind wichtige Kennzeichen für ein Familienklima, das personale Eigenständigkeit und Selbstverantwortlichkeit der einzelnen Familienmitglieder gestattet und zugleich fördert" (Hurrelmann 1988, 55).

Besonders riskant sind für eine gesunde Entwicklung unausgeglichene und spannungsreiche Beziehungen im gesamten Familienverband. Familiäre Belastungen werden besonders stark empfunden. Wenn dann auch noch Problemkonstellationen aus Schule und Freundeskreis hinzukommen, verdichten sich solche Belastungen um so stärker; solche Problembereiche bedingen sich oft gegenseitig.

Zusammenfassend seien die verschiedenen Ebenen der familiären Gesamtsituation benannt, welche für die Entwicklung des Jugendlichen relevant sind:

- Finanzielle und soziale Lage der Eltern;
- Familiale Wohnsituation;
- Verwandschaftliche Einbindung;
- Biographie und Persönlichkeitsstruktur der Eltern;
- Qualität der Partner-/ehelichen Beziehung;
- Qualität der Eltern-Kind-Beziehung;
- Innerfamiliäres Sozialklima.

Die Gleichaltrigengruppe
In den Industriegesellschaften bietet die Gleichaltrigengruppe zu einem relativ frühen Zeitpunkt für den Heranwachsenden feste Zugehörigkeitsmerkmale. Gesellschaftliche Veränderungen, gewandelte Rahmenbedingungen für die Jugendlichen und die längere Verweildauer im Schul- und Ausbildungssystem sind für den Bedeutungszuwachs der Peer-Groups verantwortlich.

Die Gleichaltrigengruppe bietet ein dominantes psychosoziales Orientierungs- und Handlungsfeld und übernimmt in der persönlichen Entwicklung eine wichtige Sozialisationsfunktion (vgl. Zinnecker 1987). In ihr werden allen Mitgliedern vollwertige Teilnahmechancen und Erfahrungen in einem als relevant empfundenen sozialen Raum gewährt, welche hingegen in den übrigen Handlungsbereichen, insbesondere in der Familie, Schule und Berufsausbildung, in diesem Umfang nicht zugelassen werden. Innerhalb der gleichaltrigen Freundschaftsgruppen werden auch andere Beziehungsstrukturen ermöglicht, welche für die Individuationsentwicklung und den Integrationsprozess des Jugendlichen mitbestimmend sind.

Die Peer-Group wächst an Bedeutung für die psychische Stabilität des Jugendlichen und für die Ausgestaltung des Konsum- und Freizeitsektors vermutlich in dem Maße, in dem sich die psychische und soziale Ablösung von den

Eltern vollzieht. Entscheidend sind die vielfältigen Lern-, Erfahrungs- und Experimentierchancen, da sich die Jugendlichen dort in einer vergleichbaren Situation befinden, d. h. die gleichen Interessen haben und vor dieselben Probleme und Entwicklungsaufgaben gestellt sind.

Der Sozialisationsrelevanz der Gleichaltrigengruppe kommt, besonders während des Prozesses der Ablösung vom Elternhaus und der Aufnahme von partnerschaftlichen Beziehungen, eine hohe Bedeutung zu. Wesentliche Funktionen der Peer-Groups sind (vgl. Wnuck 1987):

- Entwicklung sozialer Kompetenzen;
- Bewältigungshilfe alters- und generationsspezifischer Probleme;
- Identifikationsfunktion;
- Stabilisierungs- und Integrationsfunktion;
- Bereitstellung attraktiver Freizeitpartner;
- Vorbereitung auf die Erwachsenenrolle.

Die gleichaltrigen Freundeskreise, in denen sich alle Beteiligten untereinander gut kennen und viele gemeinsame Aktivitäten unternommen werden, stellen vernetzte soziale Verbindungen dar, die Halt und Unterstützung bieten. Doch diejenigen Jugendlichen, die von solchen Cliquen relativ isoliert sind, können dies als erhebliche psychosoziale Belastung empfinden (vgl. Engel/Hurrelmann 1989).

Die freundschaftlichen Beziehungen mit gleich- wie andersgeschlechtlichen Gleichaltrigen bilden ein umfassendes Bezugssystem und schaffen enge Vertrauensbeziehungen, in denen auch Themen aus dem emotionalen und sexuellen Bereich aufgegriffen werden, die in der familiären Kommunikation ausgespart bleiben. Diese Form der sozialen Bindung ist seit den 50er-Jahren erheblich angewachsen und spiegelt die heutige Bedeutung der Gleichaltrigengruppierungen wider (vgl. Tillmann 1993).

Der Anstieg dokumentiert einen größeren Bedarf an diesen Kontakten, welcher z. T. auf gestörte Beziehungen zu den Eltern oder zumindest zu einem Elternteil zurückzuführen ist, und kann als Reaktion auf komplexe Anforderungssituationen und als unzureichende Orientierungskompetenzen im Freizeit- und Konsumbereich verstanden werden. Der Kreis der Gleichaltrigen erlaubt es auch, sich seines sozialen und emotionalen Erlebens und Handelns zu vergewissern.

Die Wirkung der Peer-Groups bezieht sich jedoch vor allem auf den gegenwärtigen Status und auf momentane Problemlagen und bietet in der Regel keine stabile soziale Einbindungsform. Die lockeren, instabilen und weniger verlässlichen Beziehungen stellen sich für die Entwicklung gefährdend dar. Für extreme Lebenssituationen kann die Peer-Group meist nicht ausreichenden sozialen Rückhalt leisten, wie er jedoch durch die Eltern erbracht wird.

Fehlt die Akzeptanz und kann keine entsprechende Positionierung in der Peer-Group gefunden bzw. erreicht werden, so können aus dieser Situation oder aber auch aus den hierarchischen Verhältnissen der sozialen Systeme Entwicklungsrisiken resultieren. Der positionale Aspekt der Akzeptanzentwicklung in solchen Rangsystemen ist ausschlaggebend. So bedeutet eine marginale Position eines Mitläufers zugleich eine untergeordnete Stellung mit einer schnelleren Stigmatisierungsgefahr. Bei mangelnder Beliebtheit und Anerkennung kommt es zu erheblichen Verunsicherungen bei der sozialen Orientierung und der Wertschätzung der eigenen Person (vgl. Hurrelmann 1990).

Der für Gleichaltrigengruppen charakteristische unterschiedlich starke Konformitätsdruck evoziert negative Konsequenzen, z. B. das Ausführen von bestimmten Risikoverhaltensweisen. Zudem können das Selbstwertgefühl und die soziale Orientierung des Einzelnen stark verunsichert werden oder es können Verhaltensschwierigkeiten auftreten, wenn er in der Gruppe nicht als gleichwertiges Mitglied anerkannt wird, keine gesicherte Position hat und nicht beliebt ist.

Der Freizeit-, Konsum- und Medienbereich
Die Freizeit hat sich heute zu einem eigenständigen Lebens- und Erlebnisfeld entwickelt und ist ein kommerziell stark gesteuerter Sektor geworden. „Die Welt der Kinder und Jugendlichen ist heute sehr stark medialisiert und bietet einen Überschuss an visuellen und akustischen, meist elektronisch vermittelten Informationen, während emotionale und motorische Sinnesbereiche zu wenig stimuliert werden" (Hurrelmann 1990, 154).

Die Jugendlichen können sich durch den Konsum von Massenmedien praktisch alle Lebensbereiche der Erwachsenenwelt zugänglich machen, unabhängig davon, ob sie ihnen überhaupt kognitiv und sinnhaft gewachsen sind. Auf die Wirkungsweise der elektronischen Unterhaltungsmedien verweisen Baacke und Ferchhoff (1988). Diese Medienform lässt lebensphasentypische Entwicklungsstadien nahezu unberücksichtigt und beeinflusst Kinder, Jugendliche und Erwachsene – gleich ihrer Lebenslage und ihres physischen und psychischen Niveaus und Zustands – in derselben Weise; dadurch verschwinden viele der jugendtypischen Lebens- und Entwicklungsräume.

Hierin liegen Gefahren und Risiken der Überreizung und verarbeitungsmäßigen Überforderung. Die Massenmedien transportieren familien- und herkunftsungebundene Leitbilder und Wertorientierungen, so dass der kulturelle Bildungsbezug und die Sozialisationswirkung der Familie abgeschwächt werden.

Die Sicherung der Lebensqualität und die Befriedigung von Bedürfnissen erfolgt immer stärker durch die Orientierung zu Freizeitbeschäftigungen hin. Die Jugendbiographie ist heute durch ein größeres Maß an selbstgestaltbaren freien

Zeiteinheiten gekennzeichnet; dabei bedeutet Freizeit[6] nicht gleich Freisein. Häufig kommt es zu ambivalenten Freizeitsituationen, in welchen die Jugendlichen einerseits durch Vereinsamung und Langeweile und andererseits durch Stress und Überangebot gefährdet sind (vgl. Opaschowski 1994).

Ein Paradoxon unserer heutigen Gesellschaft ist, dass der moderne Mensch in der Masse zu vereinsamen droht. Diese sozialen Ausgliederungs- und Vereinsamungsprozesse sind bestimmte Merkmale des Strukturwandels. Unter Einsamkeitsgefühlen und Kontaktarmut leiden Jugendliche besonders häufig, wenn die Freizeit zum Zwang wird und tiefgreifende Vertrauensbeziehungen sowie eigenes Selbstvertrauen fehlen.

Auch die Langeweile gehört zu den Problemen individueller Freizeitgestaltung und gilt in der öffentlichen Diskussion als verlorene Lebenszeit. Langweilige Freizeit resultiert aus dem Erleben eines leeren Zeitgefühls und einem Mangel an Interessen und Zielstrebigkeit. Das Langeweilesyndrom wird zumeist als Lustlosigkeit, Einfallslosigkeit, Genervtsein, Unzufriedensein und Davonlaufenwollen empfunden. Einsamkeitserleben wird als Mangelzustand empfunden – vom Mangel an befriedigenden sozialen Kontakten bis zum Mangel an Persönlichkeitsqualitäten – und birgt stressinduzierende Belastungen in sich. Der psychosoziale Zustand der Langeweile wird als persönliches Problem und Leiden verstanden, was zu einer Reihe von Risikopraktiken führen kann.

Das Gefühl der Leere, die Angst vor Stillstand und Verunsicherungen der Freiräume sowie das Nichtstun können Ursachen für Angst oder schlechtes Gewissen bzw. Schuldgefühle sein, aus denen Furcht vor dem Verlust sozialer Anerkennung entstehen kann. Die passive Konsumhaltung, das ständige Warten auf Angebote und die Gewöhnung an die Angebotsfülle steigern die Unfähigkeit zur Selbstbeschäftigung und die Angst, überhaupt selbst einmal etwas zu beginnen.

Der Langeweile und Lethargie gegenüber wird die Freizeit subjektiv häufig auch als zu knapp bewertet. Es fehlt die Ruhe zum Genießen der freien Zeit. Das Gefühl, morgen könnte es zu spät sein, charakterisiert die gegenwärtige Mentalität, für welche steht: Konsumiere im Augenblick und genieße das Leben hier und jetzt. Hieraus können sich Zeit-Koordinationsschwierigkeiten ergeben. Die freie Zeit ist immer kostbarer geworden und eine falsche Zeiteinteilung führt dann zu Zeitdruck und Überforderung.

Die Vielfalt von Freizeitangeboten und Konsumansprüchen bereitet immer mehr Freizeitprobleme, und nach der Schule bzw. Ausbildungsstätte kommen die

---

[6] Den sozialwissenschaftlichen Freizeitbegriff legt Gransow im Jahr 1980 zugrunde, wenn er im Anschluss an Marx Freizeit als „disponible Zeit" zu bestimmen sucht (vgl. Nahrstedt 1990, 43 f.). Neben der Dispositionszeit werden noch die Obligationszeit (Zeit für Grundbedürfnisse) und die Determinationszeit (Zeit für Schlaf und Arbeit/Ausbildung/Schule) unterschieden.

Jugendlichen in ihrer Freizeit kaum mehr zur Ruhe. Wie in den Bereichen von Schule und Ausbildung, gewinnt auch im Freizeit- und Konsumbereich der Erwerb von Titeln und Laufbahnen an Bedeutung und bildet auch hier die Grundlage für Konkurrenzverhalten zwischen den Jugendlichen im Kampf um die soziale Positionierung. Es kommt zu einem bedrohlichen Übergang von Schulleistungsstress in den Freizeitstress, der aus einer Anhäufung subtiler psychosozialer Belastungen besteht und nicht selten selbst auferlegt ist.

Statt Muße und Regeneration dominiert der Realisierungsanspruch zunehmender Freizeit- und Konsumwünsche und die Angst, etwas zu verpassen. Die Gefahren von Reizüberflutung im Konsum-, Medien- und Kulturangebot und exzessiver Benutzungsmuster treten in Handlungsunsicherheiten und Prioritätendiffusionen zu Tage. Die Unübersichtlichkeit und Unverbindlichkeit der Angebote bieten dem Einzelnen zwar viele Möglichkeiten, bedeuten aber auch immer Entscheidungsverunsicherungen und Irritationen. Die Identitätsentwicklung kann durch dieses permanente Spannungsverhältnis gefährdet sein.

Es wird die Konsumzeit im gleichen Maße wie die Produktivität der Arbeitszeit zu steigern versucht, um immer mehr in gleicher Zeit zu erleben. Die Konsumwünsche werden miteinander kombiniert, auf diese Weise nimmt die Konsum-Produktivität zu, aber die freie Verfügbarkeit von Zeit ab. Der Konsumstress ist als eine problematische Zukunftsentwicklung der Freizeit zu sehen. Unter den selbstauferlegten Lasten des ruhelosen freizeitkonsumierenden Jugendlichen kann es zu unproduktiven und gesundheitsriskanten Regulationsmechanismen kommen.

4.3.3 Zusammenfassung

Aus sozialisationstheoretischer Perspektive (Hurrelmann 1983; 1986; 1994; 2002; Hurrelmann/Mürmann/Wissinger 1986) sind gerade im Zusammenhang mit dem Sonderforschungsbereich „Prävention und Intervention im Kindes- und Jugendalter" an der Universität Bielefeld eine Vielzahl von empirischen Arbeiten vornehmlich zum substanzmittelbezogenen Risikoverhalten im Jugendalter erschienen (Mansel/Hurrelmann 1991; Nordlohne 1992; Engel/Hurrelmann 1993). Diese sozialisationstheoretische Perspektive integriert stresstheoretische Annahmen (Lazarus 1966; Pearlin 1987) in Hinsicht auf psychosoziale Belastungen in Familie, Schule, Freizeit und Peer-Group, wenngleich bei diesen Studien das Konzept des jugendlichen Risikoverhaltens prinzipiell weiter gefasst ist: „Unter Risikoverhalten lassen sich in sozialisationstheoretischer Perspektive alle Verhaltensweisen zusammenfassen, bei denen mittel- und langfristig die Wahrscheinlichkeit sehr hoch ist, dass sie zu Schwierigkeiten der sozialen Integration oder zu

Problemen bei der Weiterentwicklung einer stabilen und gesunden Persönlichkeit führen" (Engel/Hurrelmann 1993, 9). Dem Problemfeld des jugendlichen Risikoverhaltens wird sich hierbei auf der einen Seite entwicklungspsychologisch im Kontext des Konzepts Problemverhalten genähert (Jessor/Jessor 1977; Jessor 2001; Silbereisen/Kastner 1987). Das Risiko- bzw. Problemverhalten wird hierbei als subjektiv funktional angesehen, da es den Jugendlichen zur Lösung der Entwicklungsaufgaben (Dreher/Dreher 1985) verhilft. Auf der anderen Seite stehen jugendsoziologische Erklärungen: Strukturelle Risiko- und Gefährdungslagen auf makro-, meso- wie mikrosozialer Ebene (Globalisierung, Wandlung der Arbeitsmarktsituation, Veränderungen im Familiensystem...) gelten als Belastungen für den jugendlichen Entwicklungsprozess (Heitmeyer/Olk 1990; Melzer/Hurrelmann 1990; Mansel 1995).

Bei der Bewältigung entwicklungsspezifischer und sozialstruktureller Belastungen kommt den personalen und sozialen Ressourcen eine Schlüsselposition zu. Sind die Anforderungen für das jeweils erreichte oder vorhandene Verhaltensrepertoire zu hoch und die mobilisierbaren Ressourcen zu gering, so besteht die Gefahr einer misslingenden Bewältigung (s. Abb. 8).

Abbildung 8 Sozialtheoretisches Model der Belastungs-Bewältigungs-Prozesse (vgl. Hurrelmann 2000, 61)

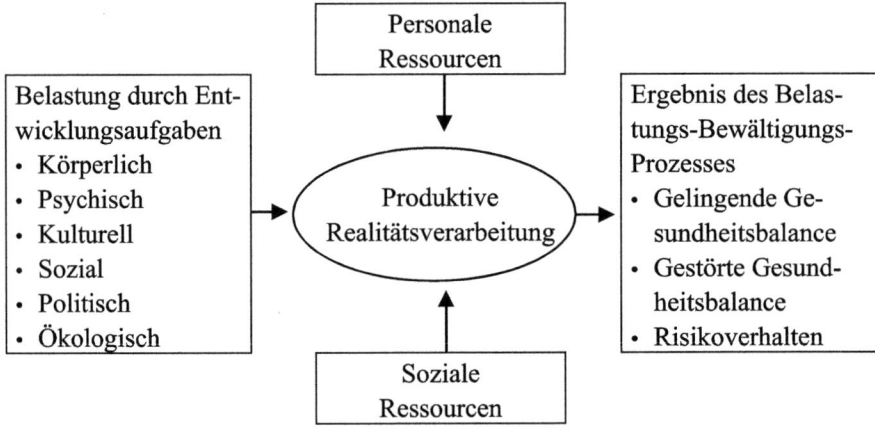

Riskantes Verhalten wird hier als typische Form einer misslingenden Bewältigung von Anforderungen interpretiert, wenngleich ihm im situativen Kontext eine Funktionalität als Ersatz für fehlende personale und soziale Ressourcen zukommt (Hurrelmann 2000). Riskante Verhaltensweisen werden so beispielsweise als kurzfristig wirksame Mittel der Bewältigung eingesetzt, um Akzeptanz im Freundeskreis zu erreichen oder um Spannungszustände zu reduzieren, wenn andere „produktive" bzw. konforme Bewältigungskapazitäten nicht ausreichen (Jessor/Jessor 1977; Silbereisen/Kastner 1987; Hurrelmann 1988). Dem Risikoverhalten ist demnach eine kompensatorische Funktion zuzusprechen: So kann z. B. das Trinken und Rauchen von Jungen in der Disco dazu dienen, Hemmungen abzubauen oder sich als Erwachsene zu geben und damit als attraktiver zu gelten, um (ein) Mädchen kennen zu lernen. Eine belastungskompensatorische Funktion des Risikoverhaltens ist gleichfalls in Hinsicht auf einen Überforderungsprozess im stresstheoretischen Zusammenhang zu sehen.

Hier ist auch die Theorie Kaplans (1980) „Deviance in defense of self" einschlägig. Sie sieht einen Zusammenhang zwischen negativer Selbstbewertung und Misserfolg gegenüber normativen Entwicklungsanforderungen im Kontext von Familie und Schule als Auslöser für vermehrtes Problem-/Risikoverhalten (Kaplan et al. 1982).

Allerdings ist anzumerken, dass die (stresstheoretische) Ressource der sozialen Integration im Jugendalter gerade entgegen der vermeintlichen Ressourcenwirkung mit der Ausübung von Risikoverhaltensweisen korrespondiert (subjektives Invulnerabilitätskonzept) (Raithel 1999; 2004).

In sozialisationstheoretischer Hinsicht ist speziell für den Prozess der Delinquenzentwicklung die familiäre Sozialisation vor dem Hintergrund sozialer Rahmenbedingungen und Belastungen prägend. Weiterhin stehen soziale Ausgrenzung und Etikettierung in Schule und Peer-Group in einem wechselseitigen Verhältnis. Diese Bedingungen tragen zum Aufsuchen von sowie zum Verbleib in devianten Gruppen bei und steigern somit die Wahrscheinlichkeit delinquenten Verhaltens. Solch eine Kumulation belastender resp. „kriminogener" Faktoren fördert delinquente Karrieren (vgl. Schubert 1997; Wetzels/Enzmann 1999).

Diese Zusammenhänge zwischen Jugendkriminalität und sozialen Einflussgrößen in Familie, Schule und delinquenten Peer-Groups sind vor dem Hintergrund sich funktional-differenzierender und pluralisierender Gesellschaftsstrukturen zu reflektieren. Da jeweils verschiedene soziale Lagen, Lebensstile und normative Orientierungen unterschiedliche soziale Milieus ausdifferenzieren, korrespondieren diese in unterschiedlicher Weise mit der jugendlichen Kriminalitätsbelastung (vgl. Heitmeyer et al. 1995; Kap. 4.5).

4.4 „Doing gender"-Perspektive und das Modell der geschlechtsspezifischen Stilisierung

West und Zimmerman (1987) haben in ihrem richtungsweisenden Beitrag den Begriff „doing gender" geprägt. Ihr Ansatz wurde fünf Jahre später in die deutsche Diskussion eingeführt (vgl. Gildemeister/Wetterer 1992). Diese interaktionistische Geschlechtertheorie setzt zunächst an der Unterscheidung zwischen biologischem Geschlecht (sex) und sozialem Geschlecht (gender) an (vgl. Stoller 1968). Das biologische Rohmaterial (sex) umfasst dabei Morphologie, Hormone, Anatomie oder andere Aspekte der Physiologie, wohingegen das soziale Geschlecht (gender) die kulturellen Wertungen, Deutungen, Verwendungen usw. meint (vgl. Villa 2000). Stoller (1968) betont, dass das soziale Geschlecht nicht wie das biologische Geschlecht angeboren ist, sondern dass das soziale Geschlecht in Interaktionen hergestellt und ausgehandelt wird, auch wenn dieses Geschehen im Alltag quasi-natürlichen Charakter hat und damit schwer reflektierbar und analysierbar ist. Es wird sich gegen die Annahme gewendet, dass die Geschlechtszugehörigkeit eindeutig, biologisch begründet und unveränderbar ist.

Mit dem Begriff „doing gender" ist gemeint, dass das Geschlechtsverhältnis in sozialen Situationen produziert und reproduziert wird, weil sich Individuen so verhalten, dass ihr Geschlecht eindeutig ausgedrückt wird (Fenstermaker/West/Zimmerman 1991). Zudem wird von ihnen erwartet, dass sie die Handlungen ihres Gegenübers ebenfalls in diesem Licht interpretieren. West und Zimmerman (1987) betonen den aktiven Anteil, den Akteure sozialer Interaktionen übernehmen. Das Geschlecht wird als ein durchdringendes Merkmal sozialer Situationen verstanden. Gesellschaftliche Strukturen sind mit dem sozialen Geschlecht eng verwoben und dieses Gefüge wird in alltäglichen Situationen immer wieder neu bestätigt. Indem die Akteure als Frauen und Männer handeln, sich in ihrer Geschlechtlichkeit präsentieren, wirken sie mit an der permanenten Produktion des Geschlechtersystems. Das Geschlechterverhältnis wird auf der Basis von Interaktionen verhandelt und umkämpft (vgl. Bilden 1991).

4.4.1 Das kulturelle System der Zweigeschlechtlichkeit

Unter geschlechtsspezifischer Betrachtung ist immer eine höhere „Risikobelastung" auf Seiten der männlichen Jugendlichen festzustellen. Diese geschlechtsspezifischen Differenzen ergeben sich aus geschlechtstypischen Problem- bzw. Belastungsverarbeitungsformen, die im Kontext einer Sozialisation in der „Kultur der Zweigeschlechtlichkeit" zu verstehen sind. In der polarisierenden Struktur des dichotomen Symbolsystems der Zweigeschlechtlichkeit produzieren und reproduzieren Männer und Frauen je unterschiedliche Wirklichkeiten mit entsprechenden Bedeutungen, Chiffren und Zuschreibungen (vgl. Bilden 1991).

Die Unterscheidung der Geschlechter in Mann und Frau bildet ein grundlegendes soziokulturelles Merkmal unserer Gesellschaft. Das Geschlecht ist Merkmal der sozialen Realität und strukturiert wesentliche Teile der Persönlichkeitsentwicklung. Es bestimmt soziale Interaktionen und menschliches Zusammenleben. Dem Geschlecht kommt ein besonderes Gewicht als Strukturierungsprinzip in gesellschaftstheoretischer Hinsicht zu (vgl. Becker-Schmidt 1993; Weinbach/Stichweh 2000). Die meisten Gesellschaften sind, wie unsere, tiefgründig von einem symbolischen System der Zweigeschlechtlichkeit geprägt, das gesellschaftliche Strukturen und individuelle Handlungsspielräume, Kognitionen, Einstellungen und Verhaltensweisen bestimmt. Die Annahme, dass es nur zwei Geschlechter gibt, organisiert menschliches Erleben und Verhalten und bildet den quasi-natürlichen Rahmen für Entwicklung und Sozialisation. Das dichotome Symbolsystem der Zweigeschlechtlichkeit ist ein durchgängiges Ordnungsprinzip unserer Kultur, das alle individuellen und gesellschaftlichen Bereiche durchdringt und auf die Annahme der Existenz von nur zwei Geschlechtern als eine Natursache zurückgeht. Es ist eng verknüpft mit dem Prinzip der geschlechtshierarchischen Arbeitsteilung und damit mit der ökonomischen Machtstruktur der Gesellschaft. Nach Garfinkel (1967) ist das Geschlecht „omnirelevant", da es alle sozialen Situationen durchdringt. Wenngleich neuere ethnomethodologische und sozialkonstruktivistische Arbeiten die Geschlechterunterscheidung vielmehr als situations- und kontextgebunden anstatt omnirelevant begreifen (vgl. Kelle 1999), so bedeutet das symbolische System der Zweigeschlechtlichkeit dennoch ein alle Gesellschaftsbereiche durchdringendes Deutungsmuster geschlechtsspezifischer Rollenverteilungen, sozialer Rollenanforderungen und -erwartungen. „Das Zwei-Geschlechtersystem strukturiert grundlegend Gesellschaft, Interaktion und individuelle Psychodynamik" (Bilden 1991, 294). Das dichotome System bestimmt die individuelle Konstruktion der sozialen Welt, indem es die Vielzahl der Interaktionsmöglichkeiten reduziert (vgl. Kolip 1997).

Die Differenzierung in zwei Geschlechter ist eine übliche Kognition, deren Infragestellen kaum möglich ist und schon überhaupt nicht auf der Ebene individueller Wahrnehmung und Bewertung. Denn, sobald wir einer Person begegnen, wird eine Zuordnung zu einem der beiden Geschlechter vorgenommen. In den meisten Gesellschaftssystemen folgt die Klassifikation der Geschlechter einer rigorosen binären Logik.[7] In der dichotomen Struktur sind „Männlichkeit" und „Weiblichkeit" Symbole eines polar konstruierten Sinnsystems. Bei der in-

---

[7] Diese Annahme der Zweigeschlechtlichkeit, nämlich dass die beiden Geschlechter biologisch eindeutig unterscheidbar sind, ist historisch verhältnismäßig jung. Bis in das 18. Jahrhundert hinein

haltlichen Ausgestaltung der Kategorien männlich und weiblich sind allerdings kulturell spezifische Variationen zu beobachten (vgl. Hagemann-White 1984). Dabei herrscht immer innerhalb eines sozialen Systems Konsens darüber, was die Inhalte der einen oder anderen Kategorie ausmachen. In der zweigeschlechtlichen Organisation der Menschheit sind Alltagsvorstellungen über Geschlechtlichkeit dadurch geprägt, dass es nur zwei Geschlechter gibt, die Geschlechtszugehörigkeit exklusiv ist, doppelte Zugehörigkeiten nicht möglich sind und Geschlechtszugehörigkeiten invariant sind (vgl. Garfinkel 1967; Heintz 1993). Die mit der Geschlechtszugehörigkeit zusammenhängende Geschlechtsrolle, deren Begriff auch normative Erwartungen bestimmter Eigenschaften enthält, ist zugeschrieben, universal, zeitlich stets vorhanden und hat aufgrund ihrer Omnipräsenz für die Erklärung sozialen Handelns eine große Bedeutung.

In der polarisierenden Struktur des dichotomen Symbolsystems der Zweigeschlechtlichkeit sind die Kategorien Leistung und Sieg für die Geschlechtsidentitätsreproduktion der Jungen von zentraler Bedeutung. Hierfür bieten sich geradezu Gewalt, exzessive Risikopraktiken oder auch riskante Mutproben (vgl. Raithel 2001a) an, um männliche Integrität und Invulnerabilität zu demonstrieren. Die Darstellung einer körperlich gebundenen männlichen Überlegenheit und Stärke dient hierbei idealtypisch der männlichen Geschlechtsidentitätsreproduktion.

In der kulturellen Symbolik wird der Bereich der Extremkategorien, in dem insbesondere Jungen dominieren, als „harter" Konsum gelabelt. Dabei lässt sich ein quasi-linearer Zusammenhang feststellen: Je qualitativ „härter" und quantitativ exzessiver der Konsum ist, desto mehr sind Jungen und desto weniger sind Mädchen an dem Konsum beteiligt (vgl. Helfferich 1997). Die Qualifikation des Verhaltens als „hart" steht als symbolische Dimension in Zusammenhang mit Männlichkeitskonstruktionen wie Wettkampf, Konkurrenz, Rivalität und Sieg (vgl. Fasteau 1978).

Extreme Formen der öffentlichen Präsentation von Männlichkeit, die auf körperlicher Kraft und Dominanz beruhen, wählen insbesondere marginalisierte Jungen (vgl. Helfferich 1997). So ist es auch zu verstehen, dass gerade für Jungen aus sozial benachteiligten Soziallagen das delinquente Risikoverhalten und insbesondere die (körperbezogene) Gewalt der Geschlechtsidentitätsreproduktion dient (vgl. Helfferich 1997; Matt 1999; Raithel 2001b; 2003a).

---

bestimmte das Ein-Geschlecht-Modell die Vorstellungswelt, nach welchem die Frau als umgedrehter Mann verstanden wurde (vgl. Laqueur 1992).

4.4.2 Geschlechtsspezifische Stilisierung und die Bedeutung des Körpers

Der Körper ist wesentlicher Symbolträger der geschlechtsbezogenen Präsentation. Dem Körper kommt als leibliche Grundlage des geschlechtlichen Konstruktionsprozesses eine herausragende Rolle zu. Für die Begründung der Geschlechtlichkeit im Jugendalter kommt dem Körper ein besonderer Symbolwert zu. Er bietet über seine Inszenierung einen spezifischen Aspekt der Identitätsfindung und ist ein zentraler Identitätsträger (vgl. Baur/Miethling 1991). Der Körper ist Träger kultureller Regeln und somit das materielle Fundament des Systems der Zweigeschlechtlichkeit. Er ist Anknüpfungspunkt für das soziale Geschlecht, und an ihm und mit ihm wird Weiblichkeit und Männlichkeit präsentiert und kommuniziert. Jede Kommunikation ist an den Körper gebunden, und damit hat auch die geschlechtsbezogene Interaktion eine leibliche Grundlage. Über die soziale Codierung des Körpers wird die Geschlechtszugehörigkeit ein Leben lang reproduziert und zur Selbstdarstellung verwendet (vgl. Bilden 1991).

Die Bewältigung veränderter Körpererfahrungen und die Entwicklung der eigenen Geschlechtsrolle gilt als eine zentrale Entwicklungsaufgabe. Mit dieser Entwicklungsaufgabe werden geschlechtsspezifische Muster der Selbstwahrnehmung und Selbstdefinition sowie des Körperbildes thematisiert. Dabei wird die Wahrnehmung des eigenen Körpers sozial vermittelt. Die Mädchen verfügen über ein sehr *sensibles Körperbild*, wohingegen das Körperbild von Jungen sehr stark *instrumentalisiert* begriffen und behandelt wird (vgl. Holler-Nowitzki 1994). Auch Beziehungen zu Gleichgeschlechtlichen werden über Körperpraktiken vermittelt: Bei Mädchen findet die Körperinszenierung über das Schminken oder Frisieren statt und Jungen messen sich anhand ihrer körperlichen Leistungsfähigkeit beispielsweise im Sport. „Frühzeitig werden *körper*bezogene Ideale von Schönheit, Sanftheit und Zärtlichkeit als weibliche Tugenden vermittelt, im Gegensatz dazu Stärke, Mut, Härte aber auch Ehrgeiz als männliches Pendant" (Holler-Nowitzki 1994, 71).

Mädchen entwickeln und reproduzieren ihre Geschlechtsidentität über ein *integrierendes Körperverständnis*, während Jungen dies über ein *instrumentelles Körperverständnis* tun (vgl. Baur 1988). Eine positive Besetzung des Körpers erfolgt bei den Jungen in Hinblick auf Zähigkeit, Belastbarkeit und Tapferkeit, während bei Mädchen der Fokus auf Empfindsamkeit, Beweglichkeit und Geschmeidigkeit liegt (vgl. Kolip 1997). In Hinsicht auf die erwachsene Lebensphase bedeutet das, dass Männer ihren Körper eher als funktionale Grundlage für ihr Handeln begreifen, wohingegen Frauen das Aussehen und das Dasein für und Zusammensein mit anderen wichtig ist (vgl. Mrazek 1984; Saltonstall 1993).

Die geschlechtsspezifische Ausrichtung des Körperverhältnisses (instrumentell vs. integral) ist als ein wesentlicher Grundstein für unterschiedliche Risikoverhaltensweisen zu sehen. In Bezug auf Verhaltensweisen bedeutet das, dass Jungen eher zu exteriorisierenden Verhaltensweisen tendieren, während Mädchen eher interiorisierende Verhaltensweisen ausüben. Dies spiegelt sich auch in den Risikoverhaltensweisen wider (vgl. Mansel/Hurrelmann 1991; Helfferich 1997). Das „männliche" und „weibliche" Risikoverhalten folgt unterschiedlichen Logiken bzw. geschlechtsspezifischen Entwicklungsfunktionalitäten: Denn es gilt, dass sich die Mädchen mit ihrer Umwelt eher passiv auseinandersetzen, während sich die Jungen ihre Umwelt aktiv aneignen (vgl. Hagemann-White 1984). Risikoverhalten dient somit der Identitäts- und Geschlechtsrollenentwicklung Jugendlicher (Helfferich 1997; Kolip 1997; Raithel 2003).

Die körperlichen Veränderungen in der Pubertät sind nicht nur Auslöser für psychische und psychosoziale Veränderungen, sondern sie bilden gleichzeitig den Rahmen für vielfältige Entwicklungsvorgänge. Die Jugendlichen müssen sich – nicht zuletzt aufgrund somatischer Veränderungen – mit ihrem im Wandel befindlichen Körper auseinandersetzen. Sie müssen ein neues Verhältnis zu ihm finden, indem sie die Veränderungen in ihr Selbstkonzept integrieren und den Körper akzeptieren. Zugleich müssen sich die Jugendlichen damit auseinandersetzen, dass ihre soziale Umwelt diesen körperlichen Wandel ebenfalls feststellt und diesen auch bewertet. Die mehrperspektivische Bewältigung der körperlichen Veränderungen ist eine zentrale Aufgabe im Jugendalter, für deren produktive Bearbeitung kultur-, schicht- und geschlechtsspezifische Copingstrategien zur Verfügung stehen (vgl. Kolip 1997).

Der überwiegende Teil der Jugendlichen bewältigt die Pubertät ohne große Schwierigkeiten und erlebt die Jugendphase nicht per se als eine stressreiche Zeit (vgl. Silbereisen 1996). Auch werden jugendtypische Entwicklungsereignisse, wie z. B. die körperliche Veränderung, nicht als stressauslösend gesehen. Dies ist allerdings dann zutreffend, wenn das Entwicklungstempo nicht mit den anderen Entwicklungsprozessen synchronisiert ist (vgl. Brooks-Gunn/Reiter 1990). Hierbei wird bei Jungen ein frühzeitiger Eintritt in die Pubertät positiv bewertet, da männliche Attribute kulturell hoch geschätzt werden. Währenddessen sehen sich frühreife Mädchen mit negativen Reaktionen ihrer sozialen Umwelt konfrontiert, die wiederum Einfluss auf die Selbstwahrnehmung und das Selbstwertgefühl haben (vgl. Bush/Simmons 1987). Die Bewertung durch andere deckt sich mit der Einschätzung der Jugendlichen: Jungen, deren Längenwachstum im Vergleich zur sozialen Bezugsgruppe früh einsetzt, sind zufriedener mit ihrem Körper. Hingegen sind frühentwickelte Mädchen unzufriedener mit ihrem Körper, haben ein niedriges Selbstwertgefühl und haben häufiger emotionale Probleme (vgl. Kracke/ Silbereisen 1994).

Die Betrachtung der Körpersozialisation als Entwicklungsaufgabe kann allerdings nur in einem geschlechtsspezifischen Entwicklungsaufgabenkonzept angemessen erfolgen. Dreher und Dreher (1985) stellten fest, dass das Akzeptieren des eigenen Körpers von Mädchen wie von Jungen als wichtige Aufgabe angesehen wird, dass aber beide Geschlechter dieser Aufgabe unterschiedliche Bedeutung zumessen: Während unter den Mädchen 43 % dies für eine sehr wichtige Aufgabe halten, teilen diese Ansicht nur 26 % der Jungen. Beim Erlernen der Geschlechtsrolle verkehrt sich das Verhältnis: 27 % der männlichen Jugendlichen halten dies für eine sehr wichtige Aufgabe, hingegen findet dies nur bei 7 % der weiblichen Jugendlichen volle Zustimmung.

Das Entwicklungsaufgabenkonzept von Havighurst (1974) wie auch die Version von Dreher und Dreher (1985) (vgl. Kap. 4.1.1.2) orientieren sich an traditionalen heterosexuellen Lebensentwürfen und werden damit der Pluralität von Lebensentwürfen nicht gerecht. Einer Perspektiverweiterung bedarf das Entwicklungsaufgabenkonzept gerade in geschlechtsspezifischer Hinsicht, da die Aufgaben geschlechtsneutral formuliert sind, obwohl sie es weder sind noch sein können (vgl. Holler-Nowitzki 1994; Helfferich 1994; Kolip 1997). Jungen und Mädchen haben zwar auf den ersten Blick ähnliche, qualitativ aber differierende Aufgaben zu bewältigen. Dieser Unterschied lässt sich an jeder einzelnen Entwicklungsaufgabe aufzeigen, insbesondere, wenn sie auf die Aneignung von Körperlichkeit bezogen ist. Aber auch eher körperferne Entwicklungsaufgaben müssen geschlechtsspezifisch differenziert werden.

So sind für die Ablösung von den Eltern bei weiblichen und männlichen Jugendlichen jeweils unterschiedliche Psychodynamiken zu konstatieren, die aus geschlechtsspezifischen Identifikationsprozessen sowie einer größeren Behütetheit der Mädchen aufgrund vermeintlich größerer Gefährdung resultieren. Auch bei dem Erwerb des Normen- und Wertesystems schlägt die Geschlechtsrollenorientierung durch, die ebenfalls die Form des sozialverantwortlichen Handelns moderiert. Für Jungen sind vor allem Werte im Zusammenhang mit der Leistungsorientierung bedeutsam, während den Mädchen eher Sozialitätswerte wichtig sind.

Bezogen auf die Geschlechtsidentitätsentwicklung bedeutet das, dass je nach Geschlechtsmodell in unterschiedlichem Maß expressive (feminine) und instrumentelle (maskuline) Verhaltenspraktiken ausgeübt werden, um so eine eher maskuline oder feminine Geschlechtsrolle darzustellen und zu reproduzieren (vgl. Raithel 2005).

4.5 Milieus und Lebensstile als ungleichheitstheoretisches Erklärungsmodell

Die soziologische Ungleichheitsforschung (vgl. Hradil 1999; Geißler 2002) thematisiert u. a. den Zusammenhang zwischen sozialstrukturellem Status und individuellen Verhaltensorientierungen. So wird in diesem Kontext beispielsweise kriminelles bzw. abweichendes Verhalten (vgl. Merton 1968; Heitmeyer et al. 1995; Boers/Pöge 2003; Raithel 2004c) oder gesundheitsrelevantes Verhalten (vgl. Weber 1987; Steinkamp 1993; 1999; Mielck 2000; Sperlich/Mielck 2003; Raithel 2004b) diskutiert. Dabei stellt sich die Frage, inwieweit sozialstrukturelle Aspekte zu bestimmten delinquenten oder gesundheitsriskanten Verhaltensweisen führen.

Die Sozialstrukturanalyse der letzten beiden Jahrzehnte ist in hohem Maße durch die These des Bedeutungsverlustes von Klasse und Schicht bestimmt worden. Anfang der achtziger Jahre des letzten Jahrhunderts begann in der Soziologie eine Diskussion um grundlegende Veränderungen der Sozialstruktur in modernen Gesellschaften unter dem Eindruck zunehmender Individualisierungs- und Pluralisierungsprozesse. Im Rahmen der Modernisierungsentwicklung ist die Entstehung neuer sozialer Ungleichheiten (Kreckel 1983, Hradil 1983) sowie der geringer werdende Einfluss von ökonomischen Faktoren (Beck 1983, 1986) verknüpft. Allgemein wurde die angenommene vertikale Strukturierung der Gesellschaft anhand ökonomischer Determinanten wie Einkommen, Berufsstruktur usw. als nicht mehr ausreichend empfunden. Ein wichtiges Ziel der Sozialstrukturanalyse, die Erklärung vom Alltagshandeln, wurde aber nicht nur durch die abnehmende Erklärungskraft „klassischer" Faktoren wie Einkommen, Beruf oder Bildung problematisch. Es stellte sich auch die Frage, ob in Folge der Modernisierung zusätzlich zu den vertikalen Ungleichheiten horizontale Disparitäten, wie z.B. der Unterschied zwischen den Geschlechtern, Arbeits- oder Wohnbedingungen sowie der Stadt- und Landgegensatz, immer mehr an Bedeutung gewonnen haben.

Milieus oder Lebensstile sind neuere Ansätze zur Analyse von sozialer Ungleichheit, die der veränderten Sozialstruktur Rechnung tragen wollen, indem sie subjektive Faktoren wie Werte, Konsum- oder Freizeitstile und Alltagsästhetik als Basis für sozialstrukturelle Differenzierungen verwenden. Milieu- oder Lebensstilkonzepte versprechen eine differenziertere Erfassung von sozialer Ungleichheit auch jenseits von Einkommen, Bildung und Berufsprestige als beispielsweise Schichtmodelle.

Heitmeyer et al. (1995) stellten fest, dass Ursachenmuster für Gewaltbefürwortung und Gewalttätigkeit milieutypisch sind und ihre Ursache somit in der spezifischen Zusammensetzung der Milieus liegt. Sie kommen daher zum Schluss, dass das Milieukonzept eine verbesserte Ursachenforschung hinsichtlich der Ursachen von Gewalt bzw. Gewaltbereitschaft ermöglicht, da es eine deutlich differenzierte Erfassung von sozialstrukturellen Rahmenbedingungen erlaubt.[8]

Im Zusammenhang mit gesundheitlicher Ungleichheit geht Abel (1991) davon aus, dass Lebensstile die zentrale Schnittstelle zwischen der sozialwissenschaftlichen und der gesundheitswissenschaftlichen Forschung darstellen. Solch ein Ansatz bietet die Möglichkeit einer sehr detaillierten Analyse gesundheitlicher Ungleichheit. In diesen Ansatz lassen sich die traditionellen Indikatoren der sozialen Ungleichheit (Bildung, Berufsstatus, Einkommen) gut einordnen (vgl. Abel/ Rütten 1994; Hradil 2001). Abel und Rütten (1994) betonen die Vorteile einer Integration des Lebensstilkonzepts in die Analyse gesundheitlicher Ungleichheit (vgl. Pientka 1994; Abel 1999; Mielck 2000). In Bezug auf das Gesundheitsverhalten fordert Meyer (2001) gerade einen Lebensstilansatz, wobei er die Lebensstile als Prädiktor vorschlägt. Dabei ist allerdings die explanatorische Bedeutung von Lebensstilen und sozialen Milieus durchaus umstritten (vgl. Hartmann 1999; Zerger 2000; Meyer 2001; Hradil 2001; Schulze 2001).

Die neuere Ungleichheitsforschung geht also davon aus, dass nicht die sozioökonomisch bedingte Zuordnung zu einer Klasse oder Schicht und die damit verknüpfte Verfügung über Ressourcen, sondern die Zugehörigkeit zu bestimmten sozialen Milieus oder Lebensstilgruppen für das Alltagsleben der Menschen von Relevanz ist. Autoren unterschiedlicher theoretischer Richtungen vertreten die These, dass die Zugehörigkeit zu sozioökonomischen Schichten oder Klassen die Identität, die Mentalität und das Handeln von Menschen in gegenwärtigen Gesellschaften nur noch schwach prägen (vgl. Beck 1986; Lüdtke 1989; Schulze 1992; Georg 1998).

Es sind vor allem zwei Gründe für die Annahme einer Abkoppelung der lebensweltlichen Mentalitäten und Muster des sozialen Handelns von Schicht und Klasse zu nennen:

1) Zum einen die *Wohlstandssteigerung bzw. „sekundäre" Individualisierung*, also die (a) enorme Steigerung des materiellen Lebensstandards, (b) Zunahme der sozialen und geographischen Mobilität und (c) Expansion im Bildungsbereich (vgl. Beck 1986; Hradil 1987; 1992; vgl. Kap. 4.1.2.1). Konzepte wie Klasse und Schicht, die vor allem auf die Ausstattung von Individuen und Haushalten mit bestimmten Ressourcen abzielen, seien daher nicht mehr ad-

---

[8] Mit den milieutypischen Differenzen gehen gleichfalls sozialräumliche Unterschiede einher. Im Regionalvergleich findet sich ein starkes Stadt-Land-Gefälle und eine Kriminalitätskonzentration in Großstädten (vgl. Wetzels et al. 2001). Auf Stadtviertelebene lassen sich teilweise Zusammenhänge zwischen einer Häufung von Einwohnern mit niedrigem sozioökonomischen Status, hoher Arbeitslosigkeit, hoher Ausländerrate und schlechter Infrastruktur mit höherer Kriminalität feststellen (vgl. Oberwittler 1999).

äquat für die Erfassung gegenwärtiger Strukturen sozialer Ungleichheit. Die eng miteinander verflochtenen Prozesse der wohlfahrtsstaatlichen Modernisierung stehen als Indiz eines Übergangs von der klassischen Industriegesellschaft bzw. kapitalistischen Klassengesellschaft zu einer Risikogesellschaft. Die Auflösung vorgegebener sozialer Lebensformen, das Brüchigwerden von Klassen und Schichten sowie die Neubestimmung sozialer Beziehungen und Anforderungen müssen in einem engen Zusammenhang mit der Genese der Moderne gesehen werden.

2) Zum anderen ein *Wertewandel*, in dem Pflichtwerte und materialistische Orientierungen immer stärker durch Werte der Selbstverwirklichung und individuellen Freiheit verdrängt werden (vgl. Klages 1984; Inglehart 1989) zu einer veränderten Struktur sozialer Ungleichheit. Damit stehen den Individuen nicht nur in materieller Hinsicht mehr Optionen offen, sondern sie sind unabhängiger von normativen Beschränkungen und klassenspezifischen Traditionen geworden.

Um sich nun dem Forschungsfeld der neueren Ungleichheitsforschung zu nähern, bietet Hradil (1992, 31 ff.) eine Systematisierung, welche davon ausgeht, dass die Struktur moderner Gesellschaften durch vier miteinander verbundene, gleichwohl für sich unabhängige, objektive und – das ist wohl die wesentliche Neuerung – subjektive Faktoren gebildet wird, die sich in den folgenden Begriffen widerspiegeln:

- Als *soziale Lage* wird die Gesamtheit einer gruppentypischen Ausstattung mit kurzfristig nicht veränderbaren „objektiven" Voraussetzungen des Handelns bezeichnet. Dazu zählen unter anderem Ressourcen wie Geld und Macht oder Wohnbedingungen, aber auch potenziell einschränkende Zwänge wie Arbeitsplatzangebot, soziale Vorurteile sowie Risiken.
- Das *soziale Milieu* beschreibt die Ebene, auf der bereitstehende Handlungsvoraussetzungen zu Handlungsmitteln werden. Es ist als Verschränkung objektiver und subjektiver Faktoren zu verstehen, da sich hierin durch die Wahrnehmung, Interpretation, Nutzung und Gestaltung der objektiven Ressourcen im Kontext von Gemeinden, beruflicher und familiärer Umwelt bereitstehende Handlungsvoraussetzungen zu genutzten Handlungsmitteln verdichten.
- *Subkultur* thematisiert latent-subjektive Handlungsziele. Es werden soziokulturelle Gruppierungen über ihre Normen und Werte definiert, die ihre Verhaltensweisen beeinflussen.

- Im *Lebensstil* gerinnen schließlich vor dem Hintergrund dieser Faktoren Entscheidungs-, Wahl- und Routinierungsprozesse zu eigenständigen manifestsubjektiven Verhaltensregelmäßigkeiten.

Erlauben diese analytischen Unterscheidungen zwar eine erste Beschreibung der horizontalen Strukturierungsprozesse in modernen Gesellschaften, so ist nicht zu übersehen, dass die Begrifflichkeiten „Milieu" und „Lebensstil" nicht immer einheitlich und zum Teil auch synonym verwendet werden (vgl. u. a. Schulze 1992; Vester et al. 1993; 2001).

Lebensstilkonzeption
Der Begriff „Lebensstil" zählt gegenwärtig zu den am wenigsten konventionalisierten soziologischen Konzepten (Georg 1998). Der Lebensstilbegriff hat eine lange Tradition und stammt in der heutigen Lesart von Max Weber (1972). Das Konzept ist allerdings auf dem Umweg über die Vereinigten Staaten zu uns gekommen (vgl. Müller 1992, 371 ff.). Der Beginn der Lebensstilforschung lässt sich entwicklungsgeschichtlich in der amerikanischen Life Style-Forschung in den 1960er-Jahren verorten. Diese hat, wenn sie auch im Kontext der Markt- und Meinungsforschung betrieben wurde, der Lebensstilforschung wichtige theoretische und empirische Impulse gegeben. In Deutschland und Frankreich begann die Lebensstilforschung Mitte der 1970er-Jahre (AIO-Ansatz von Wells und Tigert vgl. Banning 1987; in Deutschland vgl. Burnett/Conrad 1985) und besonders zu Beginn der 1980er-Jahre mit der Veröffentlichung der Arbeiten von Pierre Bourdieu (1982). Etwa zeitgleich mit Bourdieu hatte in Deutschland das Heidelberger SINUS-Institut hauptsächlich in der Marktforschung Lebensweltanalysen durchgeführt und soziale Milieus ermittelt (vgl. Nowak/Becker 1985; Flaig et al. 1993).

Was nun Lebensstile sind bzw. wie sie definiert sind, ist sehr unterschiedlich. Dies hängt auch damit zusammen, dass zwischen der zunehmenden theoretischen Bedeutung des Lebensstilkonzepts in der Sozialstrukturanalyse und seiner empirischen Erfassung eine Lücke klafft (vgl. Georg 1998). In einer breiten Definition wird unter Lebensstil ein regelmäßig wiederkehrender Gesamtzusammenhang der Verhaltensweisen, Interaktionen, Meinungen, Wissensbestände und bewertenden Einstellungen eines Menschen verstanden (vgl. Hradil 1999, 42). Betrachtet man die einzelnen Bedeutungselemente dieser Definition, so finden sich weitestgehend die von Müller (1992, 377 f.) benannten vier Dimensionen von Lebensstilen („Standards der Lebensstilforschung"):

- expressives Verhalten (Freizeitverhalten, Konsummuster),
- interaktives Verhalten (Freundeskreis, Mediennutzung, Heiratsverhalten),

- evaluative Aspekte der Lebensführung (Werte, Motive),
- kognitive Aspekte (Wahrnehmungsweisen, Selbstbild).

In neusten Arbeiten zur Lebensstilforschung wird eine Trias folgender Dimensionen von Lebensstilindikatoren (lebensstilbeschreibende Variablen bzw. Deskriptoren eines Lebensstils) unterschieden (vgl. Hartmann 1999):

- Performanz (expressives und interaktives Verhalten)[9],
- Mentalitäten (Werte, Motive),
- Strukturkontext.

Diese Dreidimensionalität der Lebensstilkonzeption ist in Abbildung 9 wiedergegeben. Riskantes Verhalten kann hierbei entweder als Resultat eines entsprechenden Lebensstils verstanden werden (einseitiger Pfeil) oder aber auch als ein expressives Stilisierungselement selbst (vgl. Raithel 2004b; 2004c; 2005).

Abbildung 9 Dreidimensionales Lebensstilmodell

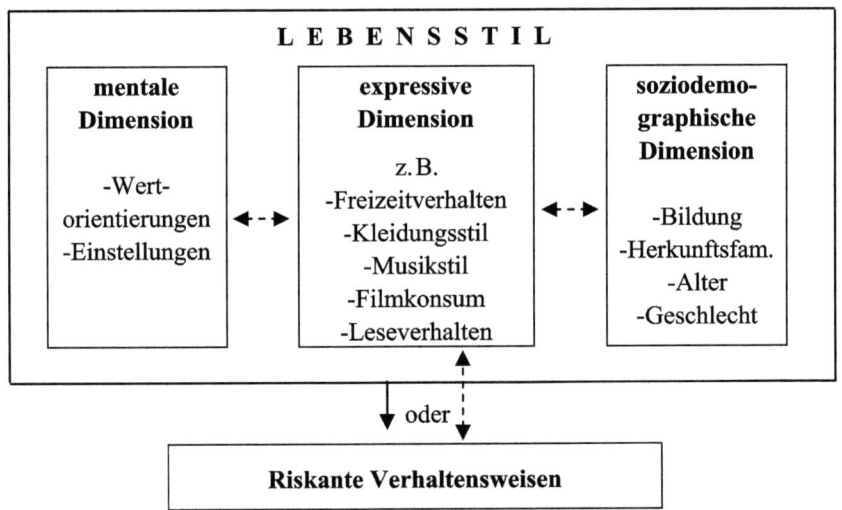

---

[9] Im Einzelnen werden beispielsweise von Lüdtke et al. (1994, 89–105) Wohnstil, Kleidungsstil, Freizeitverhalten, kulturelle Praxis (Lese- und Hörpräferenzen) und Ernährungsweise als stilisierungsrelevante Verhaltensbereiche erfasst. Ulbrich-Herrmann (1998, 97 ff.) erfasst 13 Bereiche stilisierungsfähigen Handelns: Freizeitaktivitäten allgemein, Freizeitaktivitäten mit anderen Jugendlichen, Orte der Freizeitverbringung, Einrichtungsstil, Kleidungsstil, Bezugsquellen für Kleidung, Körperpflegeaufwand, Essgewohnheiten, Musikkonsum, Tanzstile, Fernsehverhalten, Leseverhalten (Bücher), Leseverhalten (Zeitungen und Zeitschriften).

Allerdings findet sich in der empirischen Lebensstilforschung meistens eine Schwerpunktsetzung zugunsten der Dimension *Mentalität* oder *Performanz*, wonach sich grob zwei Richtungen unterscheiden lassen (Spellerberg 1996, 76 f.):

- zum einen eine *bedürfnis-werttheoretische Lebensstilkonzeption*, die Werten, Einstellungen und Lebensplänen eine zentrale Bedeutung für Lebensstile beimisst (vgl. Becker/Nowak 1982; Mitchel 1983; Gluchowski 1987; Richter 1989) und
- zum anderen eine *verhaltens- bzw. performanzbezogene Lebensstilkonzeption*, die davon ausgeht, dass sich Lebensstile in erster Linie durch ihren Aktivitätsgehalt, durch sichtbare Verhaltensweisen, expressive Stilisierung und manifeste Alltagsästhetik auszeichnen (vgl. Bourdieu 1982; Lüdtke 1989; Schulze 1992; Spellerberg 1996; Georg 1998; Ulbrich-Herrmann 1998).

In Hinsicht auf den Aspekt des Strukturkontextes ist anzumerken, dass ein systematischer Zusammenhang zwischen sozialstruktureller Lage und Lebensstilen von einigen Autoren ausgeschlossen wird; Lebensstile können nach dieser Annahme unabhängig von sozialen Lagen variieren (vgl. Hradil 1987; Richter 1994; Michailow 1994). Müller (1992) ist allerdings besonders darum bemüht, Lebensstile in den Kontext strukturierter sozialer Ungleichheit zu stellen und den Zusammenhang von gesellschaftlichen Bedingungen und individuellen Lebensstilen zu berücksichtigen. Lebensstile sind nach Müller als Produkt der Auseinandersetzung eines Individuums mit den strukturellen Bedingungen zu sehen. Darüber hinaus müssten die subjektiven Neigungen den Restriktionen der strukturellen Bedingungen angepasst werden. Daraus resultiert der individuelle Lebensstil. Müller sieht die strukturellen Ungleichheiten um die Dimensionen Kultur und Handeln erweitert und warnt davor, in eine neue Einseitigkeit zu geraten. Denn Lebensstilanalysen seien kein Ersatz für Sozialstrukturanalysen, sondern notwendige Ergänzungen und sinnvolle Verfeinerungen (vgl. Müller 1992).

Anhand einer Meta-Analyse zu Lebensstilen der jungen Generation in Deutschland lassen sich drei grobe Lebensstiltypen, so genannte „Meta-Lebensstile", konstatieren (Raithel 2006):

- der hedonistisch-actionbezogene Lebensstil,
- der bildungsbeflissen-hochkulturelle Lebensstil und
- der konservativ meist materialistisch kombinierte Lebensstil.

Der *hedonistisch-actionbezogene Lebensstil* ist in erster Linie durch erlebnis- und lustbezogene Verhaltensweisen und eine hedonistische Wertorientierung gekennzeichnet. Dieser Lebensstil ist vor allem unter Jungen und Jugendlichen niedrigeren Bildungsniveaus vorzufinden.

Gegensätzlich dazu ist der *bildungsbeflissen-hochkulturelle Lebensstil*, welcher sich durch kulturelle und kreative Tätigkeiten sowie politische Partizipation auszeichnet. In dieser Lebensstilgruppe finden sich überwiegend Mädchen und Gymnasiasten.

Der *konservativ-materialistische Lebensstil* findet sich am häufigsten in der mittleren Bildungsschicht und er ist noch am ehesten geschlechtsparitätisch. Besonders charakteristisch sind eine konservative und materialistische Orientierung.

Abbildung 10 Meta-Lebensstile Jugendlicher in ihrer primären strukturellen Lagerung (Raithel 2006)

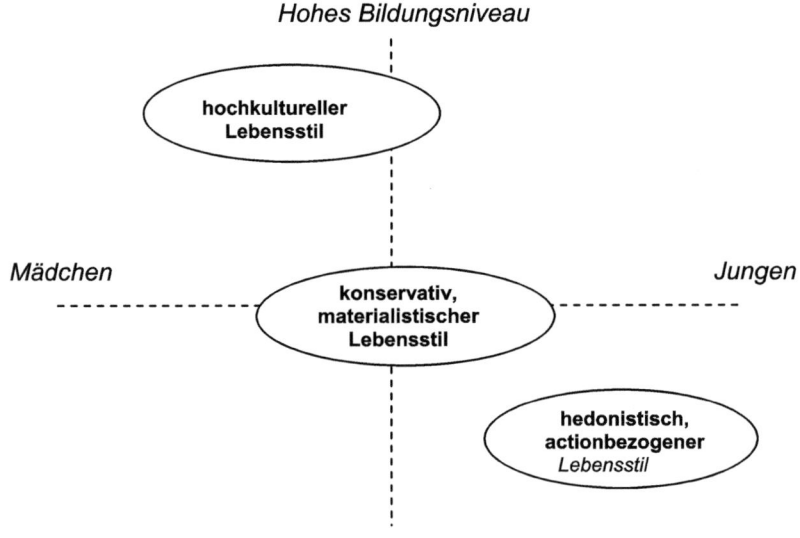

Mit diesen „Meta-Lebensstilen" gehen deutlich vertikal-sozialstrukturelle Differenzen einher. Polarisierend verhalten sich hierbei sowohl in bildungs- und somit herkunftsspezifischer als auch in geschlechtsspezifischer Hinsicht der hedonistische und hochkulturelle Lebensstil (s. Abb. 10).

Diese Subdifferenzierung ist vor allem in Hinsicht auf die Analyse des gesundheitsrelevanten Verhaltens Jugendlicher und der Entwicklung entsprechender Interventionsmaßnahmen in präventiver Absicht substanziell zu berücksichtigen.

So zeigt der hedonistisch-actionbezogene Lebensstil die höchste Korrespondenz mit riskanten Verhaltenspraktiken, wohingegen mit dem bildungsbeflissen-hochkulturelle Lebensstil das risikoärmste/-vermeidenste Verhalten verbunden ist (vgl. Raithel 2004d; 2006).

In der Studie von Raithel (2004d) erweist sich der hochkulturelle Lebensstil als der gesundheitlichförderlichste Lebensstil. Knapp zwei Drittel der Jugendlichen innerhalb der hochkulturellen Lebensstilgruppe gaben an, sich überwiegend gesundheitlich proaktiv zu verhalten. Als gesundheitlich am stärksten gefährdend stellt sich der hedonistische Lebensstil dar. Unter den „hedonistischen" Jugendlichen gaben knapp ein Drittel an, dass sie oft bzw. sehr oft laute Musik hören, Cannabis- und Tabakprodukte sowie Alkohol konsumieren. Zudem gab jeder siebte „hedonistische" Jugendliche eine hohe Affinität zu explizit risikokonnotativen Aktivitäten an und 8 % berichteten über exponiertes Risikoverhalten (Raithel 2004b).

4.6 Ein handlungstheoretisches Mehrebenenmodell als integratives Modell jugendlichen Risikoverhaltens

An dieser Stelle soll der Versuch eines integrativen Modells zur Erklärung jugendlichen Risikoverhaltens auf Basis der vorangegangenen Ansätze vorgenommen werden.

Zunächst ist festzustellen, dass Risikoverhalten auf einem multifaktoriellen Wirkungsgefüge aus vier Einflusskomplexen beruht. Das ist ein Spannungsgebilde zwischen den Faktoren Person, Lebensstil/Milieu, Gesellschaft und Gelegenheitsstruktur (s. Abb. 11).

Denn ob und vor allem auch welche Form des Risikoverhaltens der Jugendliche ausübt, hängt nicht nur von den (bisher hauptsächlich erörterten) Bedingungskomplexen Individuum, Lebensstil/Milieu und Gesellschaft ab, sondern ist auch wesentlich mit der Gelegenheitsstruktur verbunden. Hiermit werden Möglichkeiten und Mittel umfasst, die Jugendliche zur Ausübung der jeweiligen Risikoverhaltensweise nutzen können. So ist beispielsweise zum S-/U-Bahn-Surfen grundsätzlich erst einmal eine S-/U-Bahn nötig und darüber hinaus dann aber auch eine Strecke, auf der das Surfen möglich ist. Gelegenheitsstruktur meint aber auch neben materiellen Umweltbedingungen soziale Möglichkeiten, insbesondere (volitive) Gruppensituationen oder Peer-Pressure-Effekte.

Abbildung 11 Quadrat der Einflussgrößen auf das Risikoverhalten Jugendlicher

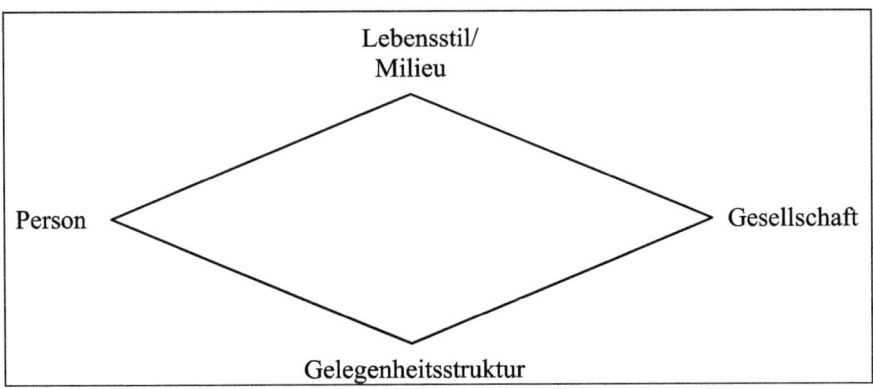

Überblickt man nun die vorgestellten Erklärungsansätze, so sind sie bis auf die biopsychologische Theorie von Zuckerman alle handlungstheoretischer Natur. Somit erweist sich das handlungstheoretische Programm als ein tragendes, facettenreiches Rahmenmodell für eine integrierende Konzeption. Jedoch berücksichtigen die bisherigen Erklärungsmodelle die Einflussgrößen auf das riskante Verhalten jeweils (schwerpunktmäßig) nur auf einer Analyseebene. Es gibt bislang kein theoretisch konsistentes handlungstheoretisches Mehrebenenmodell zum jugendlichen Risikoverhalten. Deshalb soll in Anlehnung an Bronfenbrenners (1981) Systemkategorien ein integratives Mehrebenenmodell entfaltet werden.

Nach Bronfenbrenner (1981) ist Umwelt sozial mehrschichtig angelegt; er unterscheidet vier abgrenzbare Systeme:

1) Das *Mikrosystem:* Es stellt „ein Muster von Tätigkeiten und Aktivitäten, Rollen und zwischenmenschlichen Beziehungen, die die in Entwicklung begriffene Person in einem gegebenen Lebensbereich mit den ihm eigentümlichen physischen und materiellen Merkmalen erlebt" (Bronfenbrenner 1981, 38) dar.
2) Das *Mesosystem:* Es „umfasst die Wechselbeziehungen zwischen den Lebensbereichen, an denen die sich entwickelnde Person aktiv beteiligt ist (für ein Kind etwa die Beziehung zwischen Elternhaus, Schule und Kameradengruppe in der Nachbarschaft...)" (ebd., 41).

3) Das *Exosystem:* Es ist ein „Lebensbereich oder mehrere Lebensbereiche, an denen die sich entwickelnde Person nicht selbst beteiligt ist, in denen aber Ereignisse stattfinden, die beeinflussen, was in ihrem Lebensbereich geschieht, oder die davon beeinflusst werden" (ebd., 42).
4) Das *Makrosystem:* Damit wird „die grundsätzliche formale und inhaltliche Ähnlichkeit der Systeme niedriger Ordnung (Mikro-, Meso- und Exo-), die in der Subkultur oder der ganzen Kultur bestehen oder bestehen könnten, einschließlich der ihnen zugrundeliegenden Weltanschauungen und Ideologien" (ebd., 42) beschrieben.

Die Verknüpfung von empirischen Verallgemeinerungen auf der Kollektivebene (Makroebene) und individualtheoretischen Annahmen auf der Individualebene (Mikroebene) hat Coleman (1987; 1995) in Anlehnung an McClelland (1961) konzeptioniert. Mit diesem handlungstheoretischen Grundmodell lassen sich soziale Phänomene auf der Makroebene unter Einbeziehung der Spezifikation von Mechanismen auf der Individualebene deduktiv erklären. In Analogie an Coleman hat Esser (1993, 94 f.) drei Schritte für ein Modell deduktiver Erklärung beschrieben:

1) Die Logik der Situation (Makro-Mikro-Verbindung),
2) die Logik der Selektion (Mikro-Mikro-Verbindung) und
3) die Logik der Aggregation (Mikro-Makro-Verbindung).

Die einzelnen Relationen werden im Rahmen eines erweiterten integrativen Mehrebenenmodells zur Erklärung riskanten Verhaltens Jugendlicher spezifiziert (s. Abb. 12):

1) Die Logik der Situation: Der Zusammenhang zwischen Zweigeschlechterkultur, Sozialstruktur, Sozialraum (Familie, Schule, Gruppen), Milieus und Lebensstil, individuellen Werten, Normen und Bewältigungsstrategien sowie auch Gelegenheitsstruktur.

Die Logik der Situation stellt die Verbindung zwischen der Makro-/Mesoebene (spezielle soziale Situation) und der Mikroebene (handelnde Individuen) her. Es wird festgelegt, welche Bedingungen in der Situation gegeben sind und welche Alternativen die handelnden Individuen haben. Die Verbindungen zwischen sozialer Situation und Individuen erfolgt über die subjektiven Vorstellungen der Individuen über ihre Situation. Hierzu gehören perzipierte Handlungsalternativen, Handlungsfolgen und Handlungsrestriktionen sowie deren subjektive Bewertungen und Auftretenswahrscheinlichkeiten. Hiernach haben sozialstrukturelle Aspekte, der familiäre, schulische und peerbezogene Kontext, Einflüsse auf den Lebensstil inklusive der Norm- und Wertorientierungen, die es nahe legen, riskante Verhaltensweisen zu praktizieren, weil diese nutzbringender sind als nicht-riskantes, konformes Verhalten.

Abbildung 12 Integratives handlungstheoretisches Mehrebenenmodell

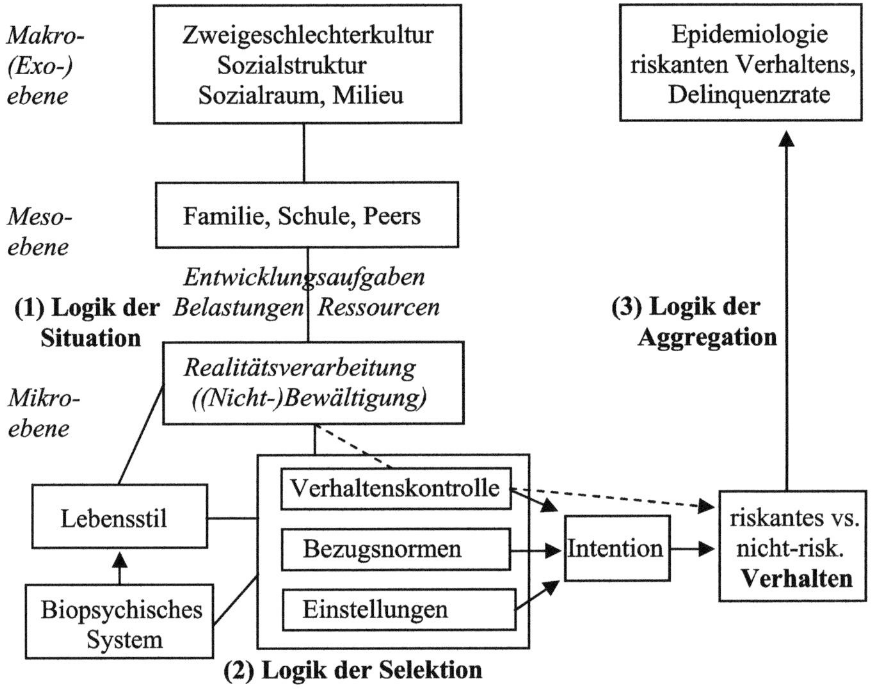

Makro-(Exo-)ebene	Zweigeschlechterkultur Sozialstruktur Sozialraum, Milieu		Epidemiologie riskanten Verhaltens, Delinquenzrate
Mesoebene	Familie, Schule, Peers		
(1) Logik der Situation	*Entwicklungsaufgaben* Belastungen | Ressourcen		**(3) Logik der Aggregation**
Mikroebene	*Realitätsverarbeitung ((Nicht-)Bewältigung)*		

Lebensstil — Verhaltenskontrolle
Biopsychisches System — Bezugsnormen → Intention → riskantes vs. nicht-risk. **Verhalten**
Einstellungen

(2) Logik der Selektion

2) Die Logik der Selektion: Der Zusammenhang zwischen Lebensstil, biopsychologischem System, Einstellungen, Erwartungen, Bewältigungsstrategien, Verhaltenskontrolle, Verhaltensabsichten und konkretem Verhalten.

Die Logik der Selektion verbindet zwei Elemente auf der Mikroebene: die handelnden Individuen und das soziale Handeln. Die Eigenschaften der Akteure werden in der Handlungssituation mit der Selektion einer bestimmten Handlungsalternative verbunden. Die Verbindung kann sowohl über das Modell des geplanten Verhaltens (Ajzen 1988, 1991) als auch über das stresstheoretische Belastungs-Bewältigungs-Modell postuliert werden.

Riskantes Verhalten resultiert nach der Theorie des geplanten Verhaltens aus den Zusammenhängen zwischen einerseits dem Lebensstil und den damit geprägten Norm- und Wertorientierungen und andererseits den verhaltensspezifischen Einstellungen, den Erwartungen der Bezugspersonen und der wahrgenommenen Verhaltenskontrolle. Die wahrgenommene Verhaltenskontrolle erfasst die Überzeugung einer Person, wie leicht bzw. wie schwierig ein Verhalten für sie auszuüben ist bzw. wie viele Ressourcen und Fertigkeiten sie zu besitzen glaubt, um das Verhalten zu zeigen. Je mehr Ressourcen Personen zu besitzen glauben, desto größer wird die wahrgenommene Kontrolle über das zu zeigende Verhalten sein.

In belastungstheoretischer Hinsicht ist riskantes Verhalten eine mögliche Folge unzureichender bzw. inadäquater Bewältigungsressourcen gegenüber psychosozialen Belastungen aus Entwicklungsaufgaben und sozialstrukturellen Veränderungen.

3) Die Logik der Aggregation: Die Aggregation gesundheitsriskanten Verhaltens zur epidemiologischen Verbreitung und die Aggregation delinquenten Verhaltens zur Kriminalitätsrate.

Die Logik der Aggregation beinhaltet die Transformation der individuellen Handlungseffekte auf das Explanandum der Makroebene. Es handelt sich somit um eine Mikro-Makro-Verbindung, die individuelle Handlungen mit kollektiven Folgen verbindet. Diese aggregierenden Verknüpfungen werden als Transformationsregeln bezeichnet, die sowohl spezielle und inhaltliche Informationen als auch allgemeine und formale Ableitungen und Regeln enthalten.

Das handlungstheoretische Mehrebenenmodell (s. Abb. 12) ist zugleich struktur- und prozessorientiert, weil einerseits die Analyse auf die einzelnen Strukturebenen (Makro/Exo: Zweigeschlechterkultur, Sozialstruktur; Meso: soziale Räume; Mikro: Lebensstil, Individuum, biopsychisches System) zugreift, und andererseits auch der Prozess der Realitätsverarbeitung (Belastungsregulation/-bewältigung), der Verhaltensentscheidung und der Verhaltensausübung fokussiert wird.

Das Modell umfasst somit die makro(exo-)strukturellen sozialen Milieus und deren mesostrukturelle Vermittlungsebene: der soziale Nahbereich und soziale Räume mit ihren spezifischen Institutionen und Netzwerken (Familie, Schule, Gruppen, Peers; „Logik der Situation"). Beide strukturieren spezifische Lebens- und Problemsituationen, in denen Jugendliche aufwachsen und die darin enthaltenen Chancen nutzen und Belastungen bewältigen müssen. Der Prozess dieser psychischen Regulierung struktureller Umweltdispositionen wurde (als „Logik der Selektion") im Rahmen einer das individuelle Verhalten durch Einstellungen, Normen und Verhaltenskontrolle erklärenden Wert-Erwartungstheorie auf der Mikroebene modelliert. Damit in Verbindung stehend ist die Realitätsverarbeitung und der Belastungs-Bewältigungs-Prozess. Den Ressourcen kommen in diesem Doppel-Prozess-Modell zweierlei Bedeutung zu: Die Ressourcen moderieren zum einen im Rahmen des Belastungs-Bewältigungs-Prozesses als Kompensationsressource und zum anderen im Kontext der wahrgenommenen Verhaltenskontrolle die Wahrscheinlichkeit der Verhaltensausübung. Denn je mehr Ressourcen Personen zu besitzen glauben, desto größer wird die wahrgenommene Kontrolle über das zu zeigende Verhalten sein.

Dieses integrative Modell ist mit Blick auf die methodische Umsetzung allerdings sehr anspruchsvoll, da es einen sehr hohen Grad an Spezifikation und Operationalisierungsgenauigkeit der einzelnen empirischen Elemente auf allen Untersuchungsebenen verlangt. Es ermöglicht sogleich einen für die Sozial- und Verhaltenswissenschaften vergleichsweise hohen Grad an Differenziertheit und Validität der gewonnenen Ergebnisse. Das bedeutet aber auch, dass für jede Risikoverhaltensweise entsprechend der Theorie des geplanten Verhaltens spezielle Einstellungs-, Norm-, Verhaltenskontroll- und Absichtsvariablen erhoben werden müssten.

Insofern bietet das stresstheoretische Modell (Pearlin 1987; sowie Lazarus 1966; Lazarus/Folkman 1984) mehr Spielraum, denn es benötigt im Einzelnen einen geringeren Grad der Spezifikation und ist dadurch in den Aussagen über die empirischen Ergebnisse notwendigerweise heuristischer. Auf der individuellen Ebene des Analysemodells können sowohl die Grundannahmen der Stresstheorie als auch die Theorie des geplanten Verhaltens berücksichtigt und angewendet werden. Es hat darüber hinaus den Vorteil, dass gerade die Stresstheorie nach Lazarus (vgl. Lazarus/Folkman 1984) auch reziproke und selbstregulative Prozesse bedenkt, was die Dynamik der psychischen Verarbeitung von Umweltereignissen zu berücksichtigen erlaubt. Nach der kognitionspsychologischen Copingtheorie von Lazarus liegen der individuellen Auseinandersetzung mit einer Problem- oder Lebenssituation und vor allem seiner Bewältigung zwei kognitive Bewertungsprozesse zugrunde: Zum einen die Einschätzung, ob und inwieweit eine äußere Situation überhaupt ein individuelles Problem darstellt (Problembewertung), und zum anderen, ob und inwieweit man über individuelle Fähigkeiten verfügt, ein solches Problem zu bewältigen (Bewältigungsbewertung). Beide Bewertungsprozesse können gleichzeitig und wechselseitig ablaufen. So mag derjenige, der sich viel zutraut, eine Problemsituation als für sich weniger gravierend einschätzen, als derjenige, der seine Copingfähigkeiten nur gering bewertet. Je nachdem, wie diese Bewertungsprozesse verlaufen, können sie in einer bestimmten Form des Umgangs oder der Bewältigung eines Problems enden. Vergleichbare Bewertungsprozesse spielen sich auch für die wahrgenommene Verhaltenskontrolle (Theorie des geplanten Verhaltens) ab.

5 Die Erfassung des Risikoverhaltens

Ausgehend von dem aufgezeigten Spektrum riskanten Verhaltens wird sich in diesem Kapitel mit der Operationalisierung gesundheitsriskanter und delinquenter Verhaltensweisen auseinandergesetzt. Der Schwerpunkt liegt dabei auf deutschsprachigen und jugendspezifischen Instrumenten. Da hier allerdings keine Sammlung einzelner Instrumente erstellt werden kann, werden in erster Linie eigene Instrumente und die ihnen zugrunde liegenden Quellen vorgestellt.

5.1 Gesundheitsriskantes Verhalten

Die deutschsprachigen Instrumente zur Erfassung gesundheitsrelevanter Verhaltensweisen erstrecken sich über eine Spannweite beginnend mit einer 21-Item umfassenden Skala (Eifler 1996) bis zu einem umfangreichen Fragebogen (von 24 Seiten) (Dlugosch/Krieger 1995). In der deutschen Jugendgesundheitsforschung sind vor allem die Studien von den Bielefelder Forschungsteams um Klaus Hurrelmann (z. B. Jugendgesundheitssurvey I und II) zu nennen, die vor allem eigenentwickelte Instrumente anwenden (vgl. z. B. Kolip/Nordlohne/Hurrelmann 1995; Kolip 1997; Hurrelmann et al. 2003).

Die 21-Item umfassende Skala von Eifler (1996) wurde als deutschsprachige Fassung in Anlehnung an die „health behavior"-Items von Ajzen und Timko (1986) sowie an Harris und Guten (1979) entwickelt. Jessor und Kollegen haben für die Jugendpopulation den Health Enhancing Behavior Index (HEBI) entwickelt (vgl. Jessor/Turbin/Costa 1999). Ebenfalls im angloamerikanischen Sprachraum haben für die Jugendpopulation die „health practices" von Steptoe et al. (1994; 1995) weite Verbreitung gefunden.

Einzelne (deutschsprachige) Instrumente im Forschungsfeld der Gesundheitspsychologie – welches auch den Bereich der Protektivfaktoren (z. B. Selbstwirksamkeit, soziale Unterstützung) umfasst – finden sich bei Schwarzer (1996).

Im Folgenden soll das eigene Instrument anhand der einzelnen Verhaltensbereiche bzw. Dimensionen dargestellt werden:

Substanzkonsum (vgl. z. B. Nordlohne 1992; Kolip/Nordlohne/Hurrelmann 1995; Kolip 1997). Die Konsumhäufigkeit der einzelnen Substanzarten *Alkohol* (alkoholhaltiges Bier; Wein und Sekt; Schnaps, Likör und Branntweine; Alcopops; starke Cocktails), *Zigaretten, Medikamente* (ohne Pille), *illegale Drogen* (Cannabisprodukte (Marihuana/Haschisch); Heroin, Kokain, Ecstasy, Speed, LSD) und *Schnüffelstoffe* wird anhand der 12-Monats-Prävalenz erfasst (s. Tab. 10).

Tabelle 10   Substanzkonsum-Skala

Wie oft hast du in den letzten 12 Monaten Folgendes eingenommen bzw. konsumiert?	nie	selten	1–2-mal pro Woche	3–5-mal pro Woche	6–7-mal pro Woche
1. Medikamente (nicht die Pille!)	①	②	③	④	⑤
2. Marihuana/Haschisch (Cannabis)	①	②	③	④	⑤
3. Heroin, Kokain, Ecstasy, Speed, LSD	①	②	③	④	⑤
4. Zigaretten	①	②	③	④	⑤
5. Schnüffelstoffe	①	②	③	④	⑤
6. Alkoholhaltiges Bier	①	②	③	④	⑤
7. Wein, Sekt	①	②	③	④	⑤
8. Schnaps/Likör, Whisk(e)y, Wodka…	①	②	③	④	⑤
9. Alcopops	①	②	③	④	⑤
10. Starke (hochprozentige) Cocktails	①	②	③	④	⑤
Ausdifferenzierungsmöglichkeit für Medikamente					
a. *Aufputschende Medikamente (z. B. Captagon, Amphetamine)*	①	②	③	④	⑤
b. *Beruhigende Medikamente (z. B. Valium, Lexotanil)*	①	②	③	④	⑤
c. *Schmerzmittel*	①	②	③	④	⑤
d. *Abführmittel/Appetitzügler*	①	②	③	④	⑤

Die Itembatterie wird mit der Frage: „Wie oft hast du in den letzten 12 Monaten Folgendes eingenommen bzw. konsumiert?" eingeleitet und ist mittels einer fünfstufigen Antwortskala von „nie" [1] über „selten", „1–2-mal pro Woche", „3–5-mal pro Woche" bis „6–7-mal pro Woche" [5] zu beantworten.

Ernährungsverhalten. Die in Anlehnung an Kolip (1995) entwickelte Skala besteht aus 17 Items und erfasst zwei ernährungsphysiologisch unterschiedliche Dimensionen: Zum einen *nährstoffbezogen hochwertige Lebensmittel* (frisches Obst, Vollkornbrot, Käse, Quark/Jogurt, Kartoffeln, Nudeln, Müsli, Mineralwasser, 100%iger Saft und Milch) und zum anderen *nährstoffbezogen ungünstige Lebensmittel* (Chips, Süßigkeiten, kalorienhaltige Cola/Pepsi, Fast-Food, weißes Brot/Brötchen, kalorienhaltige Limonade, Kuchen/Gebäck) (vgl. Raithel 2002).

Tabelle 11   Ernährungsverhaltens-Skala

Wie oft in der Woche isst/trinkst du folgende Lebensmittel/Getränke?	nie	selten	1–2-mal pro Woche	3–5-mal pro Woche	6–7-mal pro Woche
1. Fast-Food (Pommes, Burger, Gyros…)	①	②	③	④	⑤
2. Vollkornbrot	①	②	③	④	⑤
3. Weißes Brot/Brötchen	①	②	③	④	⑤
4. Kartoffeln	①	②	③	④	⑤
5. Süßigkeiten	①	②	③	④	⑤
6. Müsli/Frühstücksflocken	①	②	③	④	⑤
7. Frisches Obst	①	②	③	④	⑤
8. Jogurt/Quark	①	②	③	④	⑤
9. Käse	①	②	③	④	⑤
10. (Kartoffel-)Chips	①	②	③	④	⑤
11. Nudeln	①	②	③	④	⑤
12. Kuchen, Gebäckteile, Plätzchen	①	②	③	④	⑤
13. Mineralwasser	①	②	③	④	⑤
14. Kalorienhaltige Cola/Pepsi	①	②	③	④	⑤
15. Milch	①	②	③	④	⑤
16. 100%iger Saft	①	②	③	④	⑤
17. Kalorienhaltige Limonade (Fanta, Sprite)	①	②	③	④	⑤

Die Ernährungsskala wird mit der Frage „Wie oft isst/trinkst du folgende Lebensmittel/Getränke?" eingeleitet. Die Konsumhäufigkeit wird mit dem fünfstufigen Antwortschema von „nie" [1] über „selten", „1–2-mal pro Woche", „3–5-mal pro Woche" bis „6–7-mal pro Woche" [5] erfasst (s. Tab. 11).

Riskantes Sexualverhalten (vgl. Plies/Nickel/Schmidt 1999) ist über den AIDS-Schutz und die Empfängnisverhütung sowie die Benutzungshäufigkeit von

Kondom und Pille anhand einer fünfstufige Häufigkeitsskala von „nie" [1] bis „immer" [5] operationalisiert (s. Tab. 12).

Tabelle 12   Sexualverhaltens-Skala

Hattest du schon einmal Sex/Geschlechtsverkehr? *(Filterfrage)*					
Wie ist es bei dir?	nie	selten	manchmal	häufig	immer
1. Wenn du Geschlechtsverkehr/Sex hast, schützt du dich vor AIDS?	①	②	③	④	⑤
2. Wenn du Geschlechtsverkehr hast, betreibst du Empfängnisverhütung?	①	②	③	④	⑤
3. Wie oft benutzt du/ihr ein Kondom?	①	②	③	④	⑤
4. Wie oft benutzt du/ihr eine Pille?	①	②	③	④	⑤

Bewegungsverhalten wurde über das *Sportaktivitätsniveau* anhand der Frage: „Treibst du Sport außerhalb des Schulsports?" und über die *(sitzende) Aufenthaltsdauer* vor dem Computer, Videospiel und/oder Fernseher jeweils mittels fünfstufiger Antwortskala erhoben (s. Tab. 13).

Tabelle 13   Sportaktivität

Treibst du Sport außerhalb des Schulsports?	
Nein, ich treibe keinen Sport außerhalb der Schule	①
Ja, aber ich treibe nur unregelmäßig (1- bis 3-mal pro Monat) Sport	②
Ja, ich treibe regelmäßig etwa 1-mal pro Woche Sport	③
Ja, ich treibe 2- bis 3-mal pro Woche Sport	④
Ja, ich treibe 4-mal oder öfter pro Woche Sport	⑤

Riskantes Straßenverkehrsverhalten. Die Skala zur Erfassung des riskanten Straßenverkehrsverhaltens wurde in Anlehnung an Koch (1980), Schlag et al. (1988) und Hubacher und Ewert (1994) entwickelt (vgl. Raithel 1999). Die 7 Items umfassende Skala erfasst die beiden Dimensionen *riskantes Fahrverhalten* (fahre angetrunken/betrunken, fahre in Eile unaufmerksamer, fahre Wettrennen mit Freunden, fahre bei „Gelb" noch über die Kreuzung) und *expliziter Verkehrs-*

regelverstoß (fahre bei roter Ampel noch über die Kreuzung, halte mich an die Helmpflicht, halte mich an die Sicherheitsgurtpflicht). Auf die Frage: „Wie verhältst du dich im Straßenverkehr (als Fahrrad-, Mofa-, Moped-, Mokick-, Leichtkraftradfahrer oder Automitfahrer)?" war die Häufigkeit des Verhaltens auf einer fünfstufigen Skala von „nie" [1] bis „immer" [5] anzugeben (s. Tab. 14).

Tabelle 14 Straßenverkehrsverhaltens-Skala

Wie verhältst du dich im Straßenverkehr?	nie	selten	manchmal	häufig	immer
1. Wie oft hältst du mit dem Fahrrad oder Motorzweirad bei einer roten Ampel?	①	②	③	④	⑤
2. Wie oft fährst du bei gelber Ampel noch über die Kreuzung?	①	②	③	④	⑤
3. Wie oft fährst du angetrunken/betrunken?	①	②	③	④	⑤
4. Fährst du in Eile/unter Zeitdruck unaufmerksamer als sonst?	①	②	③	④	⑤
5. Fährst du Wettrennen mit Freunden?	①	②	③	④	⑤
6. Schnallst du dich im Auto mit dem Sicherheitsgurt an?	①	②	③	④	⑤
7. Benutzt du als Fahrer oder Beifahrer auf dem Mofa/Moped/LKR einen Helm?	①	②	③	④	⑤

Affinität zu explizit risiko-konnotativen Aktivitäten. Das Instrument wurde in Orientierung an den RSK-Fragebogen von Schubert (1961) und die Thrill and Adventure Seeking-Dimension der deutschsprachigen Fassung(en) der Sensation Seeking Scale, Form V (SSS V) von Zuckerman (1971; 1994, 389–392) (vgl. Andresen 1986; Gniech 2002; Beaducel/Brocke 2003) entwickelt und erfasst anhand von 12 Items tatsächliches wie hypothetisches risikobezogenes Verhalten (vgl. Raithel 1999; 2001a; 2003a). Es können die Dimensionen *waghalsige Aktivitäten* („über eine stark befahrene Autobahn rennen"; „von einem mit ca. 50 km/h fahrenden LKW abspringen"; „Strommastklettern"; „S-/U-Bahn-Surfen"; „mit geschlossenen Augen eine stark befahrene Straßenkreuzung überqueren"; „über einen Baum balancieren, der über einer 12m hohen Schlucht liegt"; „die Außenleiter eines Fabrikschornsteins hochklettern") und *Risk-Fashion Aktivitäten* („Fallschirmspringen"; „aus 10m Höhe in ein Sprungtuch springen"; „Bungeejumping"; „Drachen-/Gleitschirmfliegen"; „Soloklettern am Fels (ohne Sicherung)") unterschieden werden. Die Itembatterie wird mit der Frage: „Würdest du einige der nachstehenden Dinge tun oder hast du etwas davon getan?" eingeleitet und ist anhand einer fünfstufigen Ratingskala von „ganz sicher", „ziemlich sicher", „vielleicht", „eher nicht" bis „nie" zu beantworten (s. Tab. 15).

Tabelle 15   ERKA-S (Explizit risiko-konnotative Aktivitäten-Skala)

Würdest du einige der nachstehenden Dinge tun oder hast du etwas davon getan?	nie	eher nicht	vielleicht	zieml. sicher	ganz sicher
1. S-/U-Bahn-Surfen	①	②	③	④	⑤
2. Strommastklettern	①	②	③	④	⑤
3. Mit geschlossenen Augen über eine stark befahrene Straßenkreuzung gehen.	①	②	③	④	⑤
4. Drachen-/Gleitschirmfliegen	①	②	③	④	⑤
5. Über eine stark befahrene Autobahn rennen.	①	②	③	④	⑤
6. Bungee-jumping	①	②	③	④	⑤
7. Von einem mit ca. 50 km/h fahrenden LKW abspringen.	①	②	③	④	⑤
8. Aus 10 m Höhe in ein Sprungtuch springen.	①	②	③	④	⑤
9. Fallschirmspringen	①	②	③	④	⑤
10. Über einen Baum balancieren, der über einer 12 m hohen Schlucht liegt.	①	②	③	④	⑤
11. An der Außenleiter eines Fabrikschornsteins hochklettern.	①	②	③	④	⑤
12. Soloklettern am Fels (ohne Sicherung)	①	②	③	④	⑤

Zahnpflegeverhalten wird über die Frage: „Wie häufig putzt du dir deine Zähne?" („nach jeder Mahlzeit (3-mal oder öfter)" [5], „2-mal täglich", „1-mal täglich", „jeden zweiten Tag", „seltener" [1]) fünfstufig erhoben.

Sonnenbezogenes Verhalten wird über die offene Frage: „Wie viele Sonnenbrände hattest du im gesamten letzten Jahr (auch beim Wintersport oder nach Solarium)?" erfasst. Die absoluten Anzahlen werden für die weiteren Analysen in einen Wertebereich zwischen 1 und 5 transformiert.

Musiklautstärkekonsum ist über die Frage: „Hörst du gerne laute Musik (z. B. in der Disco)?" fünfstufig von „nie" [1] bis „immer" [5] zu erfassen.

Schlafverhalten wird über die Frage: „Wenn du an die letzte Schulwoche denkst: Wie viele Stunden hast du durchschnittlich pro Nacht geschlafen?" in absoluter Zahl erfasst.

Hygieneverhalten ist über die Frage: „Wie häufig duschst/badest du in der Woche?" von „jeden Tag, an manchen mehrmals" [5] über „jeden Tag einmal", „jeden zweiten Tag", „1–2-mal pro Woche" bis „seltener" [1] zu ermitteln.

Dimensionen gesundheitsrelevanten Verhaltens
Zur Identifikation der dimensionalen Struktur gesundheitsrelevanter Verhaltensweisen kann eine explorative Hauptkomponentenanalyse angewendet werden (vgl. Backhaus et al. 1994, 188 ff.). Im Folgenden seien zwei Analysen unterschiedlicher Jugendlichen-Stichproben mit dem Ziel der Datenreduktion von Variablen und Variablenbündeln eines breiteren Spektrums gesundheitsrelevanter Verhaltensweisen dargestellt.

Stichprobe 2000
Datengrundlage bilden Aussagen von 165 Jugendlichen zwischen 14 und 17 Jahren aus dem Jahr 2000. Es handelt sich hierbei um eine Zufallsstichprobe an zwei Gesamtschulen in Bielefeld. Die Geschlechterverteilung ist homogen, das Durchschnittsalter beträgt 15.2 Jahre; von den befragten Jugendlichen strebten 16% den Hauptschulabschluss, 48% den Realschulabschluss und 36% das Abitur an (vgl. Raithel 2003e).

Die Beschreibung der Datenerhebung: Für die Erhebung kam ein standardisiertes Erhebungsinstrument zum schriftlichen Selbstausfüllen im Rahmen von Klassenbefragungen zum Einsatz. Für die Bearbeitung des Fragebogens benötigten die Jugendlichen in der Regel nicht länger als eine Unterrichtsstunde. Vor der Erhebung wurden die Eltern/Erziehungsberechtigten und Schüler über die Studie informiert und um Mitarbeit gebeten sowie auf die Freiwilligkeit der Teilnahme hingewiesen und Anonymität zugesichert. Geschulte Interviewer führten die Befragung im Klassenverband durch und gaben nach Vergabe der Fragebögen einige mündliche Instruktionen, die unter anderem die Motivation der Schüler erhöhen sollten, das Antwortverhalten in Richtung sozialer Erwünschtheit, Response Set, Simulations- oder Dissimulationstendenzen zu reduzieren. Um möglichst gegenseitige Beeinflussungen zu vermeiden, erfolgte ein Verweis auf selbständiges Arbeiten. Der Fragebogen enthielt am Ende einige offene Fragen, die für die „schnelleren" Jugendlichen gedacht waren, um diese zu beschäftigen damit sie nicht die anderen Jugendlichen störten. Die einzelnen Fragebögen waren nach dem Ausfüllen von den Jugendlichen jeweils in ein separates Couvert zu stecken und zu verschließen.

Die Ermittlung gesundheitsrelevanter Verhaltensdimensionen erfolgte mittels einer explorativen Hauptkomponentenanalyse mit Varimax-Rotation (paarweiser Fallausschluss). Nach dem Kaiser-Kriterium (EV > 1) konnte eine Vier-Faktoren-Lösung exploriert werden, die insgesamt 53.7% der Gesamtvarianz aufklärt (s. Tab. 16).

Tabelle 16   Rotierte Komponentenmatrix (Stichprobe 2000)

	I	II	III	IV	h^2
Zigarettenkonsum	**.81**	−.06	−.10	.21	.71
Cannabiskonsum	**.75**	.15	−.02	−.07	.59
Alkoholkonsum	**.61**	.23	.05	.22	.48
Schmerzmittelkonsum	**.59**	−.46	.02	−.02	.56
Risk-Fashion	.18	**.79**	.03	.08	.66
Waghalsigkeit	.29	**.73**	−.27	−.10	.70
Bewegung	−.13	.09	**.67**	−.07	.48
Hochwertige Ernährung	−.06	−.12	**.66**	−.10	.46
Hygiene	.28	.10	**.64**	.25	.57
Zahnpflege	−.01	−.17	**.53**	.05	.32
Laute Musik	.19	.14	.12	**.65**	.50
Sexualverhalten	−.21	−.30	.04	**.62**	.52
Sonnenbrände	.19	.05	−.13	**.55**	.36

Es lassen sich vier gesundheitsrelevante Verhaltensdimensionen Jugendlicher bestimmen:

1) Substanzkonsum (erklärte Varianz: 19.7%)
2) Explizit risiko-konnotative Verhaltensweisen (erklärte Varianz: 14.4%)
3) Proaktives Gesundheitsverhalten (erklärte Varianz: 11.3%)
4) Gesundheitsrelevantes Freizeitverhalten (erklärte Varianz: 8.3%)

1) Der Faktor I wird substanziell durch Zigaretten- und Drogenkonsum charakterisiert. Weiterhin ist diesem Faktor der Alkoholkonsum eindeutig zuzuordnen. Der Schmerzmittelkonsum lädt auf diese substanzmittelbezogene Dimension am höchsten, hat aber eine ähnlich starke, allerdings negative Ladung auf Faktor II, was eine eindeutige Zuordnung problematisch macht.

2) Faktor II wird durch die waghalsigen und Risk-Fashion Aktivitäten gekennzeichnet. Diese beiden Verhaltensweisen erweisen sich als unabhängig von den anderen Dimensionen. Obwohl diese Praktiken nicht nur über die tatsächliche Aktivität, sondern auch die Affinität qua Konjunktivformulierung erfasst wurden, und deshalb methodische Effekte in der Analyse zu den anderen Verhaltensweisen nicht gänzlich ausgeschlossen werden können, spricht allerdings die inhaltliche Plausibilität für das hauptkomponentenanalytische Ergebnis. Denn bei den explizit risiko-konnotativen Aktivitäten handelt es sich im Unterschied zum Substanzkonsum um eine qualitativ andere Risikoverhaltensgruppe.

3) Der dritte Faktor wird durch „proaktive" gesundheitsförderliche Verhaltensweisen charakterisiert. Insbesondere durch eine gesundheitlich unterstützende Bewegung, Ernährungs- und Hygieneverhalten (Duschen/Baden). Die Zahnpflege komplettiert diese Dimension.

4) Faktor IV zeichnet sich durch Verhaltensweisen aus, die wohl von Jugendlichen am wenigsten mit Gesundheit in Verbindung gebracht werden. Es handelt sich vor allem um freizeitbezogenes Verhalten, das nur episodisch eine Risikoexposition darstellt.

Um die extrahierte Faktorenstruktur geschlechtsspezifisch zu kontrollieren und geschlechtstypische Differenzen zu berücksichtigen, wurde je eine Hauptkomponentenanalyse für Mädchen und Jungen gerechnet. Diese geschlechtsspezifische Analyse kann die Faktorenstruktur in den ersten drei Dimensionen substanziell (aber z. T. variablenreduziert) bestätigen:

1) Substanzkonsum (nur Zigaretten-, Drogen- und Alkoholkonsum).
2) Risikobezogenes Verhalten (waghalsige und Risk-Fashion Aktivitäten).
3) Proaktives Gesundheitsverhalten (nur Bewegung und hochwertige Ernährung).

Der letzte Faktor (IV) „gesundheitsrelevantes Freizeitverhalten" lässt sich nur noch bei den Jungen bestehend aus Sexualverhalten und Musikkonsum bestätigen.

Stichprobe 2003
Auf der Basis des Analysedatensatzes von n = 608 bayrischer Jugendlicher zwischen 15 und 18 Jahren (Durchschnittsalter 16.3 Jahre) aus dem Jahr 2003 bei homogener Geschlechts- und Schultypenverteilung (vgl. Raithel 2004b) konnte mittels der Hauptkomponentenanalyse mit Varimax-Rotation (paarweiser Fallaus-

schluss) eine Fünf-Faktoren-Lösung (Eigenwerte: 2.6; 1.5; 1.3; 1.1; 1.0) gefunden werden, die insgesamt 56.7 % der Varianz aufklärt (s. Tab. 17).

Tabelle 17   Rotierte Komponentenmatrix (Stichprobe 2003)

	I	II	III	IV	V	h^2
Illegale Drogen	**.65**	−.08	.18	−.05	−.03	.46
Sonnenbrände	**.52**	.15	.11	.03	.11	.32
Sexualverhalten	**−.50**	.24	−.10	−.14	.12	.35
Bewegungsverhalten	.07	**.74**	−.24	.12	−.09	.64
Zahnhygiene	−.24	**.73**	.10	−.01	−.14	.62
Hochwertige Ernährung	.07	**.64**	−.09	−.29	.27	.58
Laute Musik	−.01	−.02	**.68**	.40	−.19	.66
Cannabis-/Tabakkonsum	.21	−.09	**.67**	.08	.14	.53
Alkoholkonsum	.31	−.09	**.66**	−.13	.08	.57
Risk-Fashion	−.03	−.01	.13	**.82**	.10	.71
Waghalsigkeit	.37	−.06	−.01	**.66**	−.05	.67
Medikamentenkonsum	−.16	−.09	.01	.05	**.83**	.72
Ungünstige Ernährung	.34	.07	.12	.03	**.58**	.56

Hierbei lassen sich fünf Dimensionen des gesundheitsrelevanten Verhaltens Jugendlicher identifizieren:

1) Exponiertes Risikoverhalten (12.3 % erklärte Varianz)
2) Proaktives Gesundheitsverhalten (12.3 % erklärte Varianz)
3) Gesundheitsriskantes Sozialkontaktverhalten (11.7 % erklärte Varianz)
4) Explizit risiko-konnotative Verhaltensweisen (10.9 % erklärte Varianz)
5) Verdecktes gesundheitliches Risikoverhalten (9.5 % erklärte Varianz)

Die extrahierten Faktoren korrelieren mit −.01 bis .28 nur geringfügig untereinander, weshalb von relativ unabhängigen Dimensionen gesprochen werden kann. Die extrahierte Faktorenstruktur weist intern recht homogene gesundheitsförderliche bzw. gesundheitsabträgliche Verhaltensrepertoires auf, die interdimensional gut diskriminieren.

1) Der Faktor I (exponiertes Risikoverhalten) ist durch den Konsum von Schnüffelstoffen und Heroin, die Sonnenexposition und das Sexualverhalten gekennzeichnet. Hierbei handelt es sich um Verhaltensweisen mit einem exponierten Risiko. Die höchste Faktorenladung besteht für den Drogenkonsum, gefolgt von den Sonnenbränden. Das schützende Sexualverhalten lädt negativ, worin sich die gesundheitsriskante Ausrichtung des Faktors widerspiegelt.

2) Der zweite Faktor (proaktives Gesundheitsverhalten) wird durch Bewegungsaktivität (Summenindex aus Sportaktivität und recodiertem Bewegungsmangel), Zahnpflege und eine ernährungsphysiologisch hochwertige Lebensmittelauswahl bestimmt. Diese proaktiven Verhaltensweisen können aufgrund ihrer gesundheitsförderlichen Gerichtetheit im Sinne eines volitiven Verhaltens verstanden werden (vgl. Allmer 1990).

3) Faktor III (gesundheitsriskantes Sozialkontaktverhalten) ist durch solche gesundheitsriskanten Verhaltensweisen charakterisiert, die vor allem im sozialen Kontext von Bedeutung sind und eine sozialintegrierende Funktion übernehmen. Nahezu gleich stark laden auf diesem Faktor das laute Musikhören, der Konsum von Cannabis und Tabak sowie der Alkoholkonsum. Die relativ höchste Nebenladung findet sich für den Musiklautstärkekonsum, und zwar mit den explizit risiko-konnotativen Verhaltensweisen.

4) Der Faktor IV (explizit risiko-konnotative Verhaltensweisen) wird durch die waghalsigen und Risk-Fashion-Aktivitäten gekennzeichnet, wobei die Risk-Fashion-Aktivitäten höher laden. Mit dieser Dimension wird die „Exklusivität" des explizit risiko-konnotativen Verhaltens im interdimensionalen Vergleich herausgestellt. Für die waghalsigen Aktivitäten besteht dennoch eine höhere Nebenladung mit dem exponierten Risikoverhalten.

5) Der letzte Faktor (verdecktes gesundheitliches Risikoverhalten) ist durch Medikamentenkonsum und eine ernährungsphysiologisch ungünstige Lebensmittelauswahl charakterisiert. Der Medikamentenkonsum hat hierbei die höhere Faktorenladung. Beiden Verhaltensweisen ist gemein, dass sie ein eher verdecktes Risikoverhalten darstellen.

5.2 Delinquentes (rechtsnormriskantes) Verhalten

Nahezu sämtlichen Untersuchungen zur selbstberichteten Delinquenz liegt das von Short und Nye (1968) entwickelte Instrument zugrunde, das jedoch in jedem Einzelfall so modifiziert wurde (verkürzte Skalen, Hinzunahme von Items, Anpassung an die jeweilige Population usw.), dass kein einheitliches und standardisiertes Self Report-Instrument zur Verfügung steht (vgl. Albrecht 2003). Grundlage der hier verwendeten erweiterten Skala von Mansel (2001) (vgl. auch Mansel/Hurrelmann 1998) stellt die Delinquenzbelastungsskala von Lösel (1975) dar. Die erweiterte Skala umfasst insgesamt 12 Items (vgl. Raithel 2005) und erfasst die Deliktbereiche *Gewaltkriminalität* (Körperverletzungen mit und ohne Waffe, Handtaschen-/Raub) und *Eigentumskriminalität* (Diebstahl, Sachbeschädigung, Graffiti, Einbruch/Aufbruch, Hehlerei). Auf den Eingangstext: „Jeder von uns hat schon einmal unerlaubte Dinge getan. Bei dieser Frage sollst du bitte angeben, was du selbst schon getan hast und wie oft das in den letzten 12 Monaten war" können die Jugendlichen die einzelnen Delikte anhand einer vierstufigen Skala von „nie" [1] über „1-mal" und 2- bis 3-mal" bis „4- oder mehrmals" [4] beantworten (s. Tab. 18).

Die Items Nr. 13 bis 16 stellen potenzielle Ergänzungen (z. B. Computerkriminalität) dar. Für den Bereich sexuelle Belästigung und insbesondere sexuelle Gewalt ist mit äußerst hohen Verweigerungsquoten zu rechnen, weshalb sich dieser Deliktbereich für standardisierte Befragungen nur sehr eingeschränkt eignet.

Bei den Items zu den Körperverletzungen sind besonders in vergleichender Absicht von Dunkelfelddaten die Formulierungen zu beachten. So ergeben sich bei den hier vorgestellten Formulierungen nach Mansel (2001, 81) höhere Delinquenzraten als bei sprachlich enger gefassten Deliktbenennungen, wie beispielsweise bei Wetzels et al. (2001). Weiterhin stellt auch die Erhebungsmethode einen Grund für Differenzen in den Dunkelfeldbefunden dar (vgl. Albrecht 2003; Naplava/Oberwittler 2002). Die grundsätzlichen Unterschiede zu den Daten der Polizeilichen Kriminalstatistik (PKS) liegen in der Hell- und Dunkelfeld-Diskrepanz begründet (vgl. Mansel/Raithel 2003a).

Delinquentes (rechtsnormriskantes) Verhalten

Tabelle 18 Delinquenz-Skala (mit potenzielle Ergänzungen)

...Wie oft hast du in den letzten 12 Monaten Folgendes getan?	nie	1-mal	2–3-mal	4- oder mehrmals
1. Jemanden absichtlich geschlagen oder verprügelt und dabei verletzt.	①	②	③	④
2. Jemanden absichtlich mit einer Waffe verletzt.	①	②	③	④
3. Jemandem eine Sache mit Gewalt weggenommen (Raub) oder gezwungen, Geld oder Sachen herauszugeben („Abziehen").	①	②	③	④
4. Jemanden eine Handtasche, Einkaufstasche oder einen Geldbeutel aus der Hand oder vom Arm gerissen.	①	②	③	④
6. Sachen von anderen bzw. fremde Gegenstände absichtlich zerstört oder beschädigt.	①	②	③	④
7. An verbotenen Orten Graffiti gesprayt oder Tags gesetzt	①	②	③	④
8. Ein Fahrrad gestohlen, um es für dich zu behalten, zu verkaufen oder kaputt zu fahren.	①	②	③	④
9. Irgendwo eingebrochen (Gebäude) bzw. etwas aufgebrochen (Auto, Automat).	①	②	③	④
10. Sachen aus einem Supermarkt, Laden oder Kaufhaus gestohlen.	①	②	③	④
11. An anderen Orten (z. B. Umkleideraum) gestohlen.	①	②	③	④
12. Etwas verkauft, gekauft oder getauscht, von dem du wusstest, dass es gestohlen war.	①	②	③	④
Mögliche Ergänzungen:				
13. Eine Unterschrift nachgemacht	①	②	③	④
14. Einen Ausweis gefälscht (z. B. Schülerausweis)	①	②	③	④
15. Raubkopien angefertigt (unerlaubt CDs gebrannt)	①	②	③	④
16. Jemandem körperlich so nahe gekommen, dass er oder sie sich sexuell belästigt gefühlt hat.	①	②	③	④

6 Zur Prävention riskanten Verhaltens

In diesem abschließenden Kapitel steht die Thematik der Prävention riskanten Verhaltens im Mittelpunkt. Mit *Prävention* werden in gesundheitswissenschaftlicher Perspektive alle Interventionshandlungen bezeichnet, die sich auf Risikogruppen mit klar erwartbaren, erkennbaren oder bereits im Ansatz eingetretenen Anzeichen von Störungen und Krankheiten richten. Die Interventionshandlungen lassen sich je nach Zeitpunkt des Eingriffs in einer Abfolge von Entwicklungsstufen der Störung in primäre, sekundäre und tertiäre Prävention unterscheiden (vgl. Laaser/Hurrelmann 1998). Die Klassifikation in primäre, sekundäre und tertiäre Prävention von Caplan (1964) orientiert sich an der Zeitachse der Intervention. Erfolgt eine Einflussnahme vor einer Störung, so spricht man von primärer Prävention. Wird während des Ablaufs einer Erkrankung eingegriffen (z.B. bei Frühformen von Störungen), dann findet der Begriff sekundäre Prävention Verwendung, während die tertiäre Prävention nach dem Auftreten einer Erkrankung einsetzt. Diese Klassifikation ist international üblich, obwohl die Begriffe Prävention, Behandlung/Therapie und Rehabilitation den Sachverhalt angemessener wären (Perrez 1991). Perrez (1991) erachtet im Gegensatz die Differenzierung *person- vs. umweltorientierte Prävention* als wesentlich besser. Mittlerweile ist die Differenzierung zwischen Verhaltens- und Verhältnisebene bzw. Personen- und Strukturebene gängig (vgl. z.B. Hurrelmann 2000).

Allerdings findet der Begriff der Prävention nicht nur im medizinischen System Anwendung, wenn auch dort sein Ursprung zu verorten ist, sondern er wurde auch für andere riskante Verhaltensbereiche adaptiert. Bei dem Begriff Prävention handelt es sich somit auch um ein Mode- bzw. Trendwort, das aufgrund seiner inflationären Verwendung eine semantische Diffusion erlitten hat (vgl. Stark 1989; Eberle 1990; Böllert 1995). „Entgegen dem extensiven Gebrauch des Präventionsbegriffes in der Psychologie und Medizin hat sich in der Soziologie und Pädagogik eher eine Orientierung am Begriff der Intervention gehalten" (Hurrelmann/Holler 1988, 82).

Als leitender analytischer Arbeitsbegriff hat sich der Terminus der Intervention durchgesetzt und die interventionstheoretische Sicht bewährt (vgl. Laaser/Hurrelmann/Wolters 1993; Laaser/Hurrelmann 1998). Mit dem Interventionsbegriff und der Ergänzung eines entsprechenden Adjektivs (primordial, primär, sekundär, tertiär) lassen sich alle gezielten Veränderungen und Beeinflussungen von Verhältnissen und Verhalten anhand des Zeitpunkts der Intervention eindeutig bestimmen.

Es kann unterschieden werden zwischen (vgl. Laaser/Hurrelmann 1998, 397):

1) Interventionen, die sich auf die noch gesunde bzw. nicht risiko-auffällige Bevölkerung (bzw. Kohorten) und auf deren Alltagsleben richten (primordiale Prävention).
2) Interventionen, die sich spezifisch auf Vorbeugung und Früherkennung bestimmter Risikofaktoren (gesundheitliche Risikofaktoren, „kriminogene" Risikofaktoren) beziehen (Primärprävention).
3) Interventionen, die sich auf Entdeckung und Behandlung von Patienten/ Klientel mit Krankheitsfrühstadien oder Personen bzw. Personengruppen, die bereits auffällig geworden sind (z. B. erste Anzeige(n) wegen delinquenten Verhaltens) richten (Sekundärprävention).
4) Interventionen, die die möglichst weitgehende Wiederherstellung von Funktionstüchtigkeit und Lebensqualität nach einer Krankheit, Akutbehandlung oder Psychotherapie (auch bei forensischem Klientel) zum Ziel haben (Tertiärprävention).

Die Terminologie von Interventionsschritten nach einer unterstellten Abfolgesequenz von Laaser und Hurrelmann (1998, 398) kann Tabelle 19 entnommen werden. Eine noch etwas weiter ausdifferenzierte Einteilung des Begriffsfelds Prävention von Haug (1991, 38) ist aus Tabelle 20 zu ersehen.

Tabelle 19   Terminologie von Interventionsschritten (Laaser/Hurrelmann 1998, 398)

	primordial	**primär**	**sekundär**	**tertiär**
Interventionszeitpunkt	Im Gesundheitszustand	Erkennbare Risikofaktoren	Im Krankheitsfrühstadium	Nach akuter Krankheitsbehandlung
Zielgruppe	Gesamtbevölkerung	Risikogruppen	Patienten	Rehabilitanden
Zielsetzung	Beeinflussung von Verhalten und Verhältnissen	Beeinflussung von Verhalten und Risikofaktoren	Beeinflussung von Krankheitsauslösern	Vermeidung von Folgeerkrankungen
Interventionsorientierung	Ökologischer Ansatz	Vorbeugender Ansatz	Korrektiver Ansatz	Kompensatorischer Ansatz
Bezeichnung	Gesundheitsförderung	Primärprävention	Sekundärprävention, Frühbehandlung	Tertiärprävention, Rehabilitation

Tabelle 20   Zentrale Begriffe im Feld der Prävention (nach Haug 1991, 38)

Präventionsebene	primordial unspezifisch originär	primär spezifisch personenbezogen	sekundär	tertiär	quartär Rehabilitation
Interventionszeitpunkt	Gesundheit Wohlgefühl	Frühzeichen Risikofaktoren	Krankheitsanzeichen	manifeste Krankheit	Krankheitsfolgen
Zielgruppe	Gesunde	Risikopersonen	Kranke	Kranke	Genesende Behinderte
Begriffliche Zuordnung	Vorbeugung	Prophylaxe	Früherkennung	Therapie	Rehabilitation
			Gesundheitserziehung		
				Krankheitserziehung	

Das Ziel von primordialen Interventionen bezüglich Risikoverhalten im Jugendalter ist in der Vermeidung von körperlichen, psychischen und sozialen Schädigungen und somit in der Verhinderung einer Gefährdung der produktiven Persönlichkeitsentwicklung der Jugendlichenpopulation (Kohorte) zu sehen. Eine verbessernde Beeinflussung des Verhaltens respektive eine Stärkung und Erhaltung wünschenswerter Kompetenzen stellt einen genuinen Anspruch der Pädagogik dar (vgl. Brezinka 1978) und somit sind Interventionen immer pädagogisch durchdrungen.

Gesundheitsförderungsprogramme entsprechen dem primordialen Interventionskonzept. So verwendet beispielsweise die Niedersächsische Kommission Gesundheitsförderung (1992) den Begriff integrierend für medizinische, psychologische, pädagogische, soziale und ökologische Maßnahmen. Gesundheitsförderung wird hier als die Gesamtheit aller nicht-therapeutischen Maßnahmen bezeichnet, die zur Entwicklung, Erhaltung und Verbesserung der Gesundheit sowie zur Vermeidung und Bewältigung von verhaltens- und verhältnisbezogenen Gesundheitsproblemen beitragen können. Gesundheitsförderung integriert somit die Teilstrategien der Gesundheitsaufklärung, Gesundheitserziehung, Gesundheitsbildung, Gesundheitsberatung, Gesundheitsselbsthilfe sowie Präventivmedizin.[10]

---

[10] *Gesundheitsförderung* bezeichnet alle vorbeugenden Aktivitäten und Maßnahmen, die die gesundheitsrelevanten Lebensbedingungen und Lebensweisen von Menschen zu beeinflussen suchen. Dabei sind sowohl medizinische als auch hygienische, psychische, psychiatrische, kulturelle, soziale, ökonomische und ökologische Ansätze angesprochen. Die Adressaten der Gesundheitsförderung sind nicht wie bei der Prävention Risikogruppen, sondern alle Gruppen der Bevölkerung, vor allem

Die Idee der Gesundheitsförderung ist gegenüber dem Konzept der Prävention noch sehr jung und wurde insbesondere nach Antonovsky (1979) durch das europäische Büro der WHO eingebracht. Die Gesundheitsförderung ist unspezifisch und setzt an den Lebensbedingungen an. Die Idee der Prävention hingegen ist krankheitsspezifisch orientiert und stammt aus der sozialhygienischen Diskussion des 19. Jahrhunderts, als die sozialen Probleme bedingt durch Industrialisierung und Urbanisierung groß und die Möglichkeiten zur Krankheitsbehandlung noch recht gering entwickelt waren (vgl. Badura 1992).

Die meisten primordialen Präventions- bzw. Gesundheitsförderungskonzepte beziehen sich auf die Verhaltensebene. Die häufigsten Aktivitäten im gesundheitlichen Bereich (zum Überblick ausgewählter gesundheitsbezogener Präventionsprogramme vgl. Roth/Rudert/Petermann 2003) fokussieren den Substanzkonsum und die Suchtproblematik (vgl. neueren Datums: Petermann et al. 1997; Schmidt 1998; Kolip 1999; Leppin/Hurrelmann/Petermann 2000; Bornhäuser 2001; Petermann/Roth 2002). Hiernach folgen (nach quantitativem Umfang) die Bemühungen gegenüber Essstörungen (vgl. Stahr/Barb-Priebe/Schulz 1998; Kolip 1999), Zahnpflegeverhalten (vgl. Frühbuß/Micheelis 1995), ungeschütztem Sexualverhalten (vgl. Reinecke 1997; Plies 1999; BZgA-Reihe) und zum Straßenverkehrsverhalten (vgl. Raithel 1999; Limbourg/Raithel/Reiter 2001; Publikationen der Bundesanstalt für Straßenwesen). Marginal vertreten sind bisher hingegen Maßnahmen/Konzepte gegen lautes Musikhören (vgl. Hanel 2001), sonnenbezogenes Verhalten (vgl. Schwarzer 1997) oder den Extremisierungen von Sportausübung (vgl. Rittner 2001).

Zum Bereich delinquenten Verhaltens finden sich vor allem primärpräventive Programme (vgl. Mansel 2001; Gabriel et al. 2003; Hurrelmann 2004, 206–215). Einen Überblick zu gewaltpräventiven Konzepten und Maßnahmen gibt Schubarth (2000; 2003).

In verhältnisbezogener Sicht ist die soziale und politische Unterstützung für Jugendliche herauszustellen. Die beste Unterstützung aus der sozialen Umwelt ergibt sich durch ein vielfältige strukturiertes, miteinander verbundenes und zugleich flexibles Netzwerk von formellen und informellen Instanzen. Hierbei erweist sich eine systemübergreifende Verknüpfung von Familie, Gleichaltrigengruppe, Jugendhilfe, Sozialarbeit, Schule, Ausbildungseinrichtung, Arbeitsplatz, Freizeitangeboten und Massenmedien als günstig. Ziel einer gesteuerten Netz-

---

auch die Gesunden. Ziel ist die Bewahrung von Gesundheit, die Verbesserung und Steigerung von Gesundheitspotenzialen. In diesem Sinne schließt Gesundheitsförderung den Begriff Prävention ein. Dies gilt auch insofern als Gesundheitsförderung den Kompetenzbegriff und die Veränderung der Lebensbedingungen mit einschließt, also möglichst weitgehende Selbstbestimmung in einem günstigen sozialen Umfeld. Diese Ausrichtung wird im Rahmen der klassischen Präventionsterminologie auch als primordiale Prävention bezeichnet (vgl. Laaser/Hurrelmann 1998, 395).

werkförderung sollte eine Stabilisierung oder Wiederherstellung von effektiv funktionierenden Unterstützungssystemen sein (vgl. Hurrelmann 2004, 195 ff.).

Die primordiale Interventionsstrategie der „Risikoverhaltensprävention"
In Bezug auf das Risikoverhalten im Jugendalter soll hier die primordiale Interventionsstrategie der „Risikoverhaltensprävention" bzw. -vorbeugung mit einer Förderung von Risikokompetenz vertieft werden. Als „präventives" Ziel formulieren Engel und Hurrelmann (1993), „die Risikoverhaltensweisen auf ein entwicklungsverträgliches Maß zurückzuschrauben" (S. 276). Hierbei ist als ein Schwerpunkt verhaltensbezogener Maßnahmen die Förderung der Risikokompetenz zu sehen (vgl. Franzkowiak 1996; 1998).

Franzkowiak (1996) versteht Risikokompetenz als „Erwerb von Erfahrungen und Entwicklung von Entscheidungs- und Handlungskompetenzen im Umgang mit gesundheitsbezogenen Risikoverhaltensweisen bzw. Risikosituationen" (S. 416). Die Förderung von Risikokompetenz in diesem Verständnis entspricht dem Konzept der Gesundheitsförderung und Gesundheitserziehung (Hörmann 1999; 2002), welches dem salutogenetischen Ansatz (Antonovsky 1979) folgend Potenziale und Ressourcen fördert und förderliche Rahmenbedingungen schafft.

Demnach sollten entsprechende Interventionskonzepte idealtypisch sowohl die Verhaltens- als auch die Verhältnisebene einbeziehen. Denn zum einen kommt es darauf an, die sozialstrukturellen Ausgangsbedingungen systematisch zu verändern. Diese Ebene bezieht sich auf langfristig ansetzende sozialpolitische Aktivitäten, die beispielsweise das Familienleben mit Jugendlichen positiv beeinflussen und verstärkte Bemühungen unternehmen, familiären Missständen zu begegnen. Zum zweiten geht es um die direkte Beeinflussung der Verhaltensweisen der Jugendlichen, wobei deren sozialstrukturelle Verankerung und lebensstilistische Einbindung voll berücksichtigt werden muss (vgl. Raithel 2005).

Moderne Verhaltensinterventionen haben die Eingeschränktheit konventioneller kognitiver Aufklärungsmaßnahmen (z. B. Abschreckungs- und reines Informationsvermittlungsmodell) überwunden und intendieren motivational auf kognitiver und affektiver Ebene, Informations-, Wissens-, Einstellungs- und Bewältigungskompetenzen zu vermitteln. Maßnahmen mit dieser Ausrichtung verstehen sich als Ansätze der Persönlichkeitsentwicklung und sind somit primordial ausgerichtet. Eine Kombination von Wissensvermittlung und unmittelbarem praktischen Training von Verhaltensweisen und Verhaltensmustern ist eine wichtige Voraussetzung. Ziel ist es, jeweils in bestimmten Situationen angemessen und kompetent handeln und reagieren zu können und Freude und Spaß am Einschlagen von objektiv persönlichkeitsstärkenden und (gesundheits)fördernden Verhaltensweisen zu entwickeln (vgl. Engel/Hurrelmann 1993).

So benennt beispielsweise Fahrenkrug (1998) für einen kompetenten Umgang mit den Risiken des Drogenkonsums auf der Verhaltensebene folgende Kriterien:

- Profunde Kenntnisse über die Stoffe
- Erwerb von Erfahrungen und Entscheidungs-/Handlungskompetenz im Umgang mit Drogen
- Fähigkeit zur Verhinderung eines längerfristigen Missbrauchverhaltens
- Beschränkung des Missbrauchs auf den Probierkonsum
- Genuss-Orientierung
- Fähigkeit zur Verhinderung von Abhängigkeit
- Entwicklung eines kontrollierten Konsums
- Sensibles Eingehen von Risiken (sensitive risk-taking)

Diese Auflistung drogenspezifischer Risikokompetenzen ist als ein Ansatz zu werten, Inhalten und Zielkategorien der kompetenzfördernden Intervention und damit der (Entwicklungs-)Funktionalität und sozialen Realität von Risikoverhalten Rechnung zu tragen. Diese auf Realismus und Pragmatismus basierende Grundeinstellung orientiert sich an den Prämissen der akzeptierenden Drogenarbeit (vgl. Franzkowiak 1998). Nur in dieser Form wird das Risikoverhalten als Entwicklungsaufgabe in Interventionskonzepten adäquat aufgenommen, da es nach dem Entwicklungsaufgabenkonzept um die Bewältigung von Aufgaben und Aneignung entsprechender Kompetenzen geht (vgl. Kap. 4.1.1.2). Allerdings muss hier eine Differenzierung nach Risikoverhaltensweisen vorgenommen werden. Denn Förderung von Risikokompetenz bezieht sich auf gesundheitsriskante Verhaltensweisen. Hingegen sind bezüglich delinquenter Verhaltensweisen Kompetenzen zu vermitteln, die ein entsprechendes Verhalten überhaupt nicht erst entstehen lassen.

Im Bereich der Jugendarbeit bietet die bestärkende (empowernde) Sozialarbeit (vgl. Keupp 1992), die bei den Stärken des Jugendlichen ansetzt und ihm beim Entdecken eigener Möglichkeiten hilft, vielversprechende Ansatzpunkte. Das Empowerment-Konzept nimmt dabei die Person als kompetenten Akteur wahr, welcher über das Vermögen verfügt, sein Leben in eigener Regie zu gestalten (vgl. Herriger 2000). Ziel einer Empowerment-Praxis der Jugendhilfe in Bezug auf das Risikoverhalten kann der Aufbau von fördernden Strukturen und Kompetenzen sein. Hierbei ist die Fähigkeit Jugendlicher zu unterstützen, ihre Ressourcen für einen konstruktiven Umgang mit „Bedürfnissen" (quantitative oder qualitative Integrationsleistungen, symbolische und/oder rituelle Individuationsinitiationen) oder belastenden Lebenssituationen produktiv einzusetzen.

Bei der Interventionsmaßnahme geht es darum, den Jugendlichen zu befähigen, sein bestehendes Verhaltensrepertoire um (gesundheits)förderliche Verhaltensweisen und Risikokompetenz zu erweitern. Hierfür gilt es, personale Ressourcen, also die dem Individuum zur Verfügung stehenden kognitiven, emotionalen, motorischen und sozialen Fähigkeiten, ebenso zu entwickeln wie soziale Ressourcen, also die dem Individuum zur Verfügung stehenden materiellen, informationellen, emotionalen, kulturellen und sozialen Hilfen und Unterstützungen.

Wichtig bei Verhaltensinterventionen (im gesundheitlichen Bereich) ist, dass die Gegenwartsorientierung der Jugendlichen in den Blick genommen wird. Denn die Jugendlichen haben noch kein explizit gesundheitsbezogenes Handlungsrepertoire ausgebildet, vielmehr stehen für sie Aspekte des aktuellen psychosozialen Wohlbefindens im Zentrum. Die Gesundheit muss für gesundheitsgerechte Maßnahmen positiv und angenehm konnotiert werden. Hier kann die (außerschulische) Jugendarbeit eine entscheidende Stellung einnehmen. Denn im alltagsnahen Lebensraum sind die Erfahrungen und das Erleben am authentischsten und intensivsten. Damit eine stabile Verhaltensänderung erzielt wird, muss neben der reinen kognitiven Wissensvermittlung eine sehr notwendige emotionale Betroffenheit erreicht werden. Die intendierte Änderung des Verhaltens muss eingeübt werden und hängt natürlich vom unmittelbaren subjektiven Umsetzungsprozess ab, welcher zwar nicht erzwungen, aber durch entsprechende Zielgruppendifferenziertheit der Interventionsmaßnahme erleichtert werden kann.

Es ist also besonders wichtig, die Jugendlichen für die mit ihrer Lebensweise verbundenen Risiken zu sensibilisieren und ihnen Möglichkeiten zur Kompetenzerweiterung und Kompetenzsicherung anzubieten. Forderungen nach Selbstwirksamkeitsstärkungen sind im Rahmen von risikoverhaltenspräventiven Konzepten allerdings nicht unreflektiert zu propagieren. So zeigten Untersuchungen von Raithel (1999; 2004), dass zwar die *Selbstwirksamkeit* (Schwarzer 1987) als Ressource gegenüber psychosozialen Belastungen bestätigt werden konnte, wenngleich auch in geringerem Ausmaß als das *Selbstwertgefühl* (Rosenberg 1968), aber dass gleichzeitig die Selbstwirksamkeit mit den Risikoverhaltensweisen positiv korreliert. Die Selbstwirksamkeit darf deshalb nicht in eine Selbstüberschätzung und in Invulnerabilitätsphantasien übergehen, sondern sie muss über die Reflektion der eigenen Kompetenzen und fehlenden Fähigkeiten realistisch eingeschätzt werden. Hierzu sind darauf abgestimmte Trainings für Jugendliche erforderlich.

Verhaltensorientierte Interventionsprogramme für Kinder und Jugendliche, die in erster Linie aus der Erwachsenenperspektive heraus konzipiert werden, laufen Gefahr, an ihren Zielgruppen vorbeientwickelt zu werden. Das Anknüpfen an den täglichen Handlungsmustern von Jugendlichen, an ihren Erlebnissen und

Erfahrungen, ist eine notwendige Voraussetzung für die Gestaltung von Maßnahmen mit einer langfristig wirksamen Vermittlung von risikovermeidendem Verhalten. Allerdings besteht hier die Gefahr, in den Selbstbestimmungsraum der Jugendlichen einzugreifen, was sehr einfühlsame und jeweils mit den Jugendlichen gut abgestimmte Schritte verlangt (vgl. Engel/Hurrelmann 1993).

Bei der primordialen Verhaltensintervention bedarf es zudem der Berücksichtigung grundlegender gesundheits- und risikobezogener Geschlechtsunterschiede. Somit ist es besonders wichtig, bei den geschlechtsspezifischen Sozialisationserfahrungen und Sozialisationsbedingungen anzusetzen. Der unterschiedliche Sozialisationshintergrund führt zu unterschiedlichen Gesprächskulturen, welche als aktive Form der Problembewältigung angesehen werden können. Deshalb könnte ein Ziel der Intervention sein, Individuen für ihre sozialen Handlungsfelder verstärkt Interaktionsfähigkeiten zu vermitteln. Nach Helfferich (2001) stellt geschlechtsspezifische und geschlechtssensible Arbeit keine eigene Methode dar, sondern eine Haltung, die mit unterschiedlichsten Methoden verknüpfbar ist. Maßgeblich für geschlechtsbezogene Angebote muss sein, dass sie Mädchen wie Jungen aus der üblichen Interaktion herausnehmen und sie somit von einem Inszenierungsdruck entlasten, um so eine Reflektion des eigenen Parts aus der Distanz und das Ausprobieren neuer Formen zu ermöglichen.

Für das Gelingen eines präventiven Interventionsvorhabens ist eine langfristige Planung und Implementierung entscheidend. Als wirkungserhöhend für ein Interventionsprogramm gilt die Verbindung mehrerer Beeinflussungsdimensionen. Die Beeinflussungsgröße von Erlebnissen und neu erlangten Erfahrungen auf der Emotionsebene ist mit einer Reflektion (auf kognitiver Ebene) sowie einer komplementären Wissensvermittlung zu verbinden, um so eine langfristige Verhaltensänderung zu erzielen. Solch eine Änderung bedarf der Stärkung unterstützender Faktoren, wie grundsätzlicher Fähigkeiten und Kompetenzen, hin zu einem produktiven Verhaltensstil und Verhaltensweisen.

Generell problematisch für den Erfolg von Interventionsmaßnahmen stellt sich die schwere Kontrollier- und Steuerbarkeit aufgrund ihrer hohen Komplexität dar. Auch die Risikoprognose selbst birgt die Gefahr negativer Nebeneffekte, indem schon die Etikettierung, einer Risikogruppe anzugehören, Prozesse auslösen kann, die den „Risikostatus" noch erhöhen. Kritisch ist ebenfalls die Tendenz von Interventionen zu entmündigenden, reglementierenden und kontrollierenden Eingriffen in die Persönlichkeitsentwicklung zu reflektieren (vgl. Hurrelmann/ Holler 1988).

Wie gut auch Interventionen konzipiert sind, so ist doch der „Erfolg" solcher Maßnahmen vom subjektiven Umsetzungsprozess des Jugendlichen abhängig, um das Vermittelte in die eigene Bedeutungszuschreibung zu übernehmen. Deshalb müssen Wissen und Einstellung ebenso wie Handlungs- und Bewältigungskompetenzen im sozialen Kontext des täglichen Lebens erlernt werden, welcher für die Jugendlichen unmittelbar persönlich bedeutsam ist. Letztendlich müssen die Jugendlichen aus eigenem Antrieb, auf dem Hintergrund ihrer eigenen Werte- und Zielhorizonte, ihre alltäglichen Verhaltensweisen und Stilisierungen auswählen. Ein direktes und direktives Eindringen in diese Lebens- und Wertewelt kann nicht Ziel von Intervention sein, sondern es muss vielmehr darauf ankommen, Interesse und Freude an stabilisierenden und (gesellschaftlich) akzeptierten Verhaltensweisen zu finden, die zugleich Erlebnis, Erfahrung und Abwechslung sowie Stilisierung und Inszenierung mit sich bringen (vgl. Engel/Hurrelmann 1993). Prävention muss immer in Verantwortung für die kindliche und jugendliche Persönlichkeitsentwicklung erfolgen. Die Alternativen zum Risikoverhalten müssen unmittelbar greifbar, anschaulich, und praktisch durchführbar sein, sonst werden sie nicht gewählt. Dennoch darf bei alledem nicht die subjektive Funktionalität der riskanten Verhaltensweisen für den Jugendlichen aus dem Blick geraten.

Literaturverzeichnis

Abel, T. (1991): Measuring Health Life-styles in a Comparative Analysis: Theoretical Issues and Emirical Findings. In: Soc.Sci.Med., 32, 899–908.

Abel, T. (1999): Gesundheitsrelevante Lebensstile: Zur Verbindung von handlungs- und strukturtheoretischen Aspekten in der modernen Ungleichheitsforschung. In: Maeder, C./Burton-Jeangros, C./Haour-Knipe, M. (Hrsg.): Gesundheit, Medizin und Gesellschaft. Beiträge zur Soziologe der Gesundheit. Zürich: Seismo, 43–61.

Abel, T./Rütten, A. (1994): Struktur und Dynamik moderner Lebensstile: Grundlagen für ein neues empirisches Konzept. In: Dangschat, J. S./Blasius, J. (Hrsg.): Lebensstile in den Städten. Opladen: Leske + Budrich, 216–234.

Achenbach, T. M./Edelbrock, C. S. (1978): The classification of child psychopathology: A review and analysis of empirical efforts. In: Psychological Bulletin, 85, 1275–1301.

Ajzen, I. (1985): From intentions to actions: A theory of planned behavior. In: Kuhl, J./Beckmann, J. (Eds.): Action control. From cognition to behavior. Berlin: Springer, 154–176.

Ajzen, I. (1988): Attitudes, Personality and Behavior. Milton Keynes.

Ajzen, I. (1991): The Theory of Planned Behavior. In: Organizational Behavior and Human Decision Processes, 50, 179–211.

Ajzen, I./Fishbein, M. (1978): Einstellungs- und normative Variablen als Prädiktoren für spezifische Verhaltensweisen. In: Stroebe, W. (Hrsg.): Sozialpsychologie. Band 1. Darmstadt, 404–443.

Ajzen, I./Fishbein, M. (1980): Understanding Attitudes and Predicting Social Behavior. Englewood-Cliffs. New Jersey: Prentice Hall.

Ajzen, I./Madden, T. J. (1986): Prediction of goal-directed behavior. Attitudes, intentions, and perceived behavioral control. In: Journal of Experimental Social Psychology, 22, 453–474.

Ajzen, I./Timko, C. (1986): Correspondence between health and behavior. In: Basic and Applied Social Psychology, 7, 4, 259–276.

Albrecht, G. (2003): Soziallage jugendlicher Straftäter. Ein Vergleich für selbstberichtete Delinquenz im Dunkel- und Hellfeld und die Sanktionspraxis im Kontrollfeld. In: Raithel, J./Mansel, J. (Hrsg.): Kriminalität und Gewalt im Jugendalter. Hell- und Dunkelfeldbefunde im Vergleich. Weinheim: Juventa, 87–116.

Allmer, H. (1990): Gesundheitsverhalten als intentionales und volitives Geschehen. In: Schwarzer, R. (Hrsg.): Gesundheitspsychologie. Ein Lehrbuch. Göttingen: Hogrefe, 117–130.

Andresen, B. (1986): Reizsuche- und Erlebnismotive I. Eine psychometrische Analyse der SSS V Zuckermans im Kontext der MISAP-Entwicklung. In: Zeitschrift für Differentielle und Diagnostische Psychologie, 4, 177–203.

Antonovsky, A. (1979): Health, Stress, and Coping. San Francisco: Jossey-Bass.

Apter, M. (1994): Im Rausch der Gefahr. München: Kösel.

Archer, J (2006): Testosterone and human Aggression: An Evaluation of the Challenge Hypothesis. In: Neuroscience and Biobehavioral Reviews, 30, 319–345.
Armstrong, G. (1998): Football Hooligans. Knowing the score. Oxford/New York: Berg.
Arbeitsgruppe Bielefelder Jugendforschung (1990): Das Individualisierungs-Theorem – Bedeutung für die Vergesellschaftung von Jugendlichen. In: Heitmeyer, W./Olk, T. (Hrsg.): Individualisierung von Jugend. Gesellschaftliche Prozesse, subjektive Verarbeitungsformen, jugendpolitische Konsequenzen. Weinheim: Juventa.
Atkinson, J. W. (1958) (Ed.): Motives in fantasy, action, and society. Princeton, NJ: Van Nostrand.

Baacke, D. (1987): Jugend und Jugendkulturen. Darstellung und Deutung. Weinheim/München: Juventa.
Baacke, D. (1994): Die 13- bis 18jährigen. Einführung in die Probleme des Jugendalters. Weinheim: Beltz.
Baacke, D./Ferchhoff, W. (1988): Jugendkultur und Freizeit. In: Krüger, H.-H. (Hrsg.): Handbuch der Jugendforschung. Opladen: Leske + Budrich, 291–325.
Baacke, D./Ferchhoff, W. (1993): Jugend und Kultur. In: Krüger, H.-H. (Hrsg.): Handbuch der Jugendforschung. Opladen: + Budrich, 403–445.
Backhaus, K./Erichson, B./Plinke, W./Weiber, R. (1994): Multivariate Analysemethoden. Eine anwendungsorientierte Einführung. Berlin: Springer.
Ball, I. L./Farnnill, D./Wangeman, J. F. (1984): Sex and age differences in sensation seeking: Some national comparisons. In: British Journal of Psychology, 75, 257–265.
Badura, B. (1992): Gesundheitsförderung und Prävention aus soziologischer Sicht. In: Paulus, P. (Hrsg.): Prävention und Gesundheitsförderung. Perspektiven für die psychosoziale Praxis. Köln: GWG-Verlag.
Badura, B./Pfaff, H. (1989): Streß, ein Modernisierungsrisiko? Mikro- und Makroaspekte soziologischer Belastungsforschung im Übergang zur postindustriellen Zivilisation. In: Kölner Zeitschrift für Soziologie und Sozialpsychologie, 41, 4, 644–668.
Badura, B./Pfaff, H. (1992): Für einen subjektorientierten Ansatz in der soziologischen Streßforschung. Erwiderung auf Heinz-Günter Vester. In: Kölner Zeitschrift für Soziologie und Sozialpsychologie, 44, 3, 354–363.
Baethge, M. (1985): Individualisierung als Hoffnung und als Verhängnis. Aporien und Paradoxien der Adoleszenz in spätbürgerlichen Gesellschaften. In: Soziale Welt, 36, 3, 299–312.
Bamberg, S./Schmidt, P. (1994): Auto oder Fahrrad? Empirischer Test einer Handlungstheorie zur Erklärung der Verkehrsmittelwahl. In: Kölner Zeitschrift für Soziologie und Sozialpsychologie, 46, 1, 80–102.
Banning, T. (1987): Lebensstilorientierte Marketing-Theorie. Heidelberg: Physica Verlag.
Barrera, M., jr. (1988): Models of Social Support and Life Stress. Beyond the Buffering Hypothesis. In: Cohen, L. H. (Ed.): Life Events and Psychological Functioning. London: Sage, 211–236.

Baur, J. (1988): Über die geschlechtstypische Sozialisation des Körpers. Ein Literaturüberblick. In: Zeitschrift für Sozialisationsforschung und Erziehungssoziologie, 8, 2, 152–160.

Baur, J./Miethling, W.-D. (1991): Die Körperkarriere im Lebenslauf. Zur Entwicklung des Körperverständnisses im Jugendalter. In: Zeitschrift für Sozialisationsforschung und Erziehungssoziologie, 11, 165–188.

Beauducel, A./Brocke, A. (2003): Sensation Seeking Scale – Form V. Roth, M./Hammelstein, P. (Hrsg.): Sensation Seeking – Konzeption, Diagnostik und Anwendung. Göttingen: Hogrefe, 77–99.

Beauducel, A./Strobel, A./Brocke, A. (2003): Psychometrische Eigenschaften und Normen einer deutschsprachigen Fassung der Sensation Seeking Skalen, Form V. In: Diagnostica, 49, 61–72.

Beck, U. (1983): Jenseits von Stand und Klasse? Soziale Ungleichheiten, gesellschaftliche Individualisierungsprozesse und die Entstehung neuer Formationen und Identitäten. In: Kreckel, R. (Hrsg.): Soziale Ungleichheiten. Sonderband 2 der Sozialen Welt, 35–74.

Beck, U. (1986): Risikogesellschaft. Auf den Weg in eine andere Moderne. Frankfurt/M.: Suhrkamp.

Becker, M. H. (1974): The Health Belief Model and personal health behavior. In: Health Education Monographs, 2, 324–508.

Becker, M. H./Rosenstock, I. M. (1987): Comparing social learning theory and the health belief model. In: Ward, W. B. (Ed.): Advances in health education and promotion (Vol. 2). Greenwich: JAI, 245–249.

Becker, U./Nowak, H. (1982): Lebensweltanalyse als neue Perspektive der Markt- und Meinungsforschung. In: E. S. O. M. A. R. Kongreß, Band 2, 247–267.

Becker-Schmidt, R. (1993): Geschlechterdifferenz – Geschlechterverhältnis. Soziale Dimensionen des Begriffs „Geschlecht". In: Zeitschrift für Frauenforschung, 2, 37–46.

Belloc, N. B./Breslow, L. (1972): Relationship of physical health status and health pratices. In: Preventive Medicine, 9, 469–481.

Bengel, J. (1993): Gesundheit, Risikowahrnehmung und Vorsorgeverhalten. Göttingen: Hogrefe.

Benke, M./Utz, R. (1989): Hools, Kutten, Novizen und Veteranen: Zur Soziologie gewalttätiger Ausschreitungen von Fußballfans. In: Kriminologisches Journal, 21, 85–100.

Berlyne, D. E. (1960): Conflict, arousal and curiosity. New York: McGraw-Hill.

Bertram, H. (1996): Jugend und Jugendforschung im Kontext sozialer Modernisierung und gesellschaftlicher Transformationsprozesse. In: Bendit, R. (Hrsg.): Jugend im Aufbruch – Jugend in der Krise? Deutsch-russische Forschungsperspektiven. Baden-Baden, 17–38.

Bilden, H. (1991): Geschlechtsspezifische Sozialisation. In: Hurrelmann, K./Ullich, D. (Hrsg.): Neues Handbuch der Sozialisationsforschung. Weinheim: Beltz, 279–301.

BKA – Bundeskriminalamt (2003): Polizeiliche Kriminalstatistik 2002. Wiesbaden: BKA.

Blum, A./Grabe, C./Rassner, G. (1998): Prävention des malignen Melanoms. In: Hautarzt, 49, 826–834.

Bloor, M. (1995): A user's guide to contrasting theories of HIV-related risk behaviour. In: Gabe, J. (Ed.): Medicine, Health and Risk. Sociological Approaches. Oxford: Blackwell, 19–30.

Boers, K./Pöge, A. (2003): Wertorientierungen und Jugenddelinquenz, in: Lamnek, Siegfried/Boatcă, Manuela (Hrsg.): Geschlecht – Gewalt – Gesellschaft, Opladen, S. 246–268.

Bonß, W. (1991): Unsicherheit und Gesellschaft – Argumente für eine soziologische Risikoanalyse. In: Soziale Welt, 42, 2, 258–277.

Booth, A./Osgood, D. W. (1993): The influence of testosteron on deviance in adulthood: assessing and explaining the relationship. In: Criminology 31, 93–117.

Bornhäuser, A. (2001): Alkoholabhängigkeit bei Jugendlichen und jungen Erwachsenen. Versorgungskonzepte der modernen Suchtkrankenhilfe. Bern: Huber.

Bourdieu, P. (1982): Die feinen Unterschiede. Zur Kritik der gesellschaftlichen Urteilskraft. Frankfurt: Suhrkamp.

Böhnisch, L. (2001): Abweichendes Verhalten. Weinheim: Juventa.

Böhnisch, L./Münchmeier, R. (1990): Pädagogik des Jugendraums – Zur Begründung und Praxis einer sozialräumlichen Jugendpädagogik. Weinheim.

Böllert, K. (1995): Zwischen Intervention und Prävention. Eine andere Funktionsbestimmung Sozialer Arbeit. Neuwied: Luchterhand.

Brettschneider W.-D./Kleine, T. (2002): Jugendarbeit im Sportverein. Anspruch und Wirklichkeit. Schorndorf: Hofmann.

Brezinka, W. (1978): Metatheorie der Erziehung. München: Reinhardt.

Brinkhoff, K.-P. (1998): Sport und Sozialisation im Jugendalter. Weinheim: Juventa.

Brocke, B./Strobel, A./Müller, J. (2003): Sensation Seeking. Eine biopsychologische Mehr-Ebenen-Theorie. In: Roth, M./Hammelstein, P. (Hrsg.): Sensation Seeking – Konzeption, Diagnostik und Anwendung. Göttingen: Hogrefe, 29–51.

Bronfenbrenner, U. (1981): Die Ökologie der menschlichen Entwicklung. Stuttgart.

Brooks-Gunn, J./Reiter, E. O. (1990): The role of pubertal process. In: Feldman, S. S./Elliott, G. R. (Eds.): At the threshold. The developing adolescent. Cambridge: Harvard University Press, 16–53.

Brüchert, O. (2000): Warum die Randale meistens ausbleibt. In: Neue Kriminalpolitik, 12, 3, 36–32.

Buford, B. (1992): Geil auf Gewalt. Unter Hooligans. München: Hanser.

Bundesministerium des Inneren/Bundesministerium der Justiz (2001): Erster Periodischer Sicherheitsbericht. Berlin.

Burnett, L./Conrad, M. (1985): Life Style Research 1985. Forschungsrahmen. Life Style Typen 1985. Frankfurt.

Bush, M. D./Simmons, R. G. (1987): Gender and coping with the entry into early adolescence. In: Barnett, R. C./Biener, L./Baruch, G. K. (Eds.): Gender and stress. New York: The Free Press, 185–217.

Buskotte, A. (1994): Leben: Wild und Gefährlich. Funktionen von action-orientiertem Risikoverhalten. In: Thema Jugend, 3, 8–10.

Bühler, C. (1921/1967): Das Seelenleben des Jugendlichen. Stuttgart: Fischer.

BZgA – Bundeszentrale für gesundheitliche Aufklärung (2001): Die Drogenaffinität Jugendlicher in der Bundesrepublik Deutschland 2001. Eine Wiederholungsbefragung. Köln: Bundeszentrale für gesundheitliche Aufklärung.
BZgA – Bundeszentrale für gesundheitliche Aufklärung (2006): Jugendsexualität. Wiederholungsbefragung von 14- bis 17-Jährigen und ihren Eltern. Köln: BZgA.

Cannon, W. B. (1914): The interrelations of emotions as suggested by recent physiological reserches. In: American Journal of Psychology, 25, 256–282.
Caplan, P. (1964): Principles of preventive psychiatry. New York: Basis Books.
Cobb, S. (1976): Social Support as Moderator of Life Stress. In: Psychosomatic Medicine, 38, 300–314.
Cohen, S./Wills, T. A. (1985): Stress, social Support, and the Buffering Hypothesis. In: Psychological Bulletin, 98, 310–357.
Coleman, J. S. (1987): Microfoundations and Macrosocial Behavior. In: Alexander, J./Giesen, B./Münch, R./Smelser, N. J. (Eds.): The Micro-Macro Link. London, 153–176.
Coleman, J. S. (1995): Grundlagen der Sozialtheorie Bd. 1. München: Oldenbourg.

Dlugosch, G. E./Krieger, W. (1995): Fragebogen zur Erfassung des Gesundheitsverhaltens (FEG). Frankfurt: Swets Test.
Dodge, K. A./Harnish, J. D./Lochman, J. E./Bates, J. E./Pettit, G. S. (1997): Reactive and Proactive Aggression in School Children and Psychiatrically Impaired Chronically Assaultive Youth. In: Journal of Abnormal Psychology, 106, 37–51.
Dohrenwend, B. S./Dohrenwend, B. P. (Eds.)(1974): Stressful life events: Their nature and effects. New York: Wiley.
Donovan, J. E./Jessor, R. (1978): Adolescent problem drinking: Psychosocial correlates in a national sample study. In: Journal of Studies on Alcohol, 39, 1506–1524.
Donovan, J. E./Jessor, R. (1983): Problem drinking and the dimension of involvement with drugs: A Guttman scalogram analysis of adolescent drug use. In: American Journal of Public Health, 73, 543–552.
Dreher, E./Dreher, M. (1985): Entwicklungsaufgaben im Jugendalter: Bedeutsamkeit und Bewältigungskonzepte. In: Liepmann, D./Stiksrud, A. (Hrsg.): Entwicklungsaufgaben und Bewältigungsprobleme in der Adoleszenz. Göttingen: Hogrefe, 56–70.
Dreher, E./Dreher, M. (1985a): Wahrnehmung und Bewältigung von Entwicklungsaufgaben im Jugendalter: Fragen, Ergebnisse und Hypothesen zum Konzept einer Entwicklungs- und Pädagogischen Psychologie des Jugendalters. In: Oerter, R. (Hrsg.): Lebensbewältigung im Jugendalter. Weinheim: VCH, 30–61.

Eberle, G. (1990): Leitfaden Prävention. Sankt Augustin: Asgard.
Eckert, R. (1993): Gesellschaft und Gewalt – ein Aufriß. In: Soziale Welt, 3, 358–374.
Eckert, R. (1995): Distinktion durch Gewalt? In: Ferchhoff, W./Sander, U./Vollbrecht, R. (Hrsg.): Jugendkulturen – Faszination und Ambivalenz: Einblicke in jugendliche Lebenswelten. Weinheim: Juventa, 186–202.

Eckert, R./Reis, C./Wetzstein, T.A. (2000): „Ich will halt anders sein wie die anderen". Abgrenzung, Gewalt und Kreativität bei Gruppen Jugendlicher. Opladen: Leske + Budrich.
Edwards, W. (1954): The theory of decision making. In: Psychological Bulletin, 51, 380–417.
Eid, P. (2003): Kritische Sonnenexposition. In: Jerusalem, M./Weber, H. (Hrsg.): Psychologische Gesundheitsförderung. Diagnostik und Prävention. Göttingen: Hogrefe, 321–338.
Eifler, S. (1996): Dimensionen gesundheitsrelevanten Verhaltens. In: Bielefelder Schriften zur Sozialpsychologie, Nr. 180. Bielefeld: Universität.
Eisenegger, C./Naef, M./Snozzi, R./Heinrichts, M./Fehr, E. (2009): Prejudice and Truth about the Effect of Testosterone on bargaining Behaviour. In: Nature
Eisenstadt, S.N. (1966): Von Generation zu Generation – Altersgruppen und Sozialstruktur. München.
Elias, N. (1994): Die Gesellschaft der Individuen. Frankfurt/M.: Suhrkamp.
Engel, U./Hurrelmann, K. (1989): Psychosoziale Belastungen im Jugendalter. Empirische Befunde zum Einfluß von Familie, Schule und Gleichaltrigengruppe. Berlin/New York: de Gruyter.
Engel, U./Hurrelmann, K. (1993): Was Jugendliche wagen. Eine Längsschnittstudie über Drogenkonsum, Streßreaktionen und Delinquenz im Jugendalter. Weinheim: Juventa.
Engelhard, D. v. (1998): Gesundheit. In: Korff, W. (Hrsg.): Lesikon Bioethik. München, 111–114.
Erben, R./Franzkowiak, P./Wenzel, E. (1986): Die Ökologie des Körpers. Konzeptionelle Überlegungen zur Gesundheitsförderung. In: Wenzel, E. (Hrsg.): Die Ökologie des Körpers. Frankfurt: Suhrkamp, 13–120.
Erikson, E.H. (1966): Identität und Lebenszyklus. Frankfurt: Suhrkamp.

Fahrenkrug, H. (1998): Risikokompetenz – eine neue Leitlinie für den Umgang mit „riskanten Räuschen"? In: Akzeptanz, 2.
Farrington, D.P. (1994): Human development and criminal careers. In: Maguire, Mike, Morgan, Rod, Reiner, Robert: The Oxford Handbook of Criminology. Oxford: Clarendon Press.
Fasteau, M.F. (1978): The male machine. New York: McGraw Hill.
Fend, H. (1977): Schulklima: Soziale Einflussprozesse in der Schule. Soziologie der Schule III. Weinheim/Basel.
Fend, H. (1988): Sozialgeschichte des Aufwachsens. Frankfurt: Suhrkamp.
Fend, H. (1990): Vom Kind zum Jugendlichen. Der Übergang und seine Risiken. Entwicklungspsychologie der Adoleszenz in der Moderne. Bern: Huber.
Fend, H. (1991): Identitätsentwicklung in der Adoleszenz. Bern: Huber.
Fend, H. (2001): Entwicklungspsychologie des Jugendalters. Ein Lehrbuch für pädagogische und psychologische Berufe. Opladen: Leske + Budrich.
Fenstermaker, S./West, C./Zimmerman, D.H. (1991): Gender inequality: New conceptual terrain. In: Lesser-Blumberg, R. (Ed.): Gender, family, and economy: The triple overlap. Newbury Park: Sage, 289–307.

Ferchhoff, W. (1990): Jugendkulturen am Ende der 80er Jahre in der Bundesrepublik. In: Büchner, P. (Hrsg.): Kindheit und Jugend im interkulturellen Vergleich. Opladen: Leske + Budrich, 197–211.
Ferchhoff, W. (1994): Ein Kaleidoskop zur Jugend in den 90er Jahren. In: Thema Jugend, 3, 2–4.
Ferchhoff, W./Sander, U./Vollbrecht, R. (1995) (Hrsg.): Jugendkulturen – Faszination und Ambivalenz. Einblicke in jugendliche Lebenswelten. Weinheim: Juventa.
Ferchhoff, W./Neubauer, G. (1996): Jugendkulturelle Stile und Moden zwischen Selbstinszenierung, Stilzwang und (Konsum-)Vereinnahmung. In: Mansel, J./Klocke, A. (Hrsg.): Die Jugend von heute. Selbstanspruch, Stigma und Wirklichkeit. Weinheim: Juventa, 32–52.
Findeisen, H.-V./Kersten, J. (Hrsg.) (1999): Der Kick und die Ehre. Vom Sinn jugendlicher Gewalt. München: Antje Kunstmann.
Filipp, S.-H. (1995): Ein allgemeines Modell für die Analyse kritischer Lebensereignisse. In: Filipp, S.-H. (Hrsg.): Kritische Lebensereignisse. Weinheim: Beltz, 3–52.
Fishbein, M./Ajzen, I. (1975): Belief, Attitude, Intention and Behavior: An Introduction to Theory and Research. Reading, Massachusetts.
Flaig, B. B./Meyer, T./Ueltzhöffer, J. (1993): Alltagsästhetik und politische Kultur. Zur ästhetischen Dimension politischer Bildung und politischer Kommunikation. Bonn: Dietz.
Franzkowiak, P. (1985): Risikoverhalten als jugendliches Alltagshandeln. In: IDIS (Hrsg.): Gesundheitsriskantes Verhalten bei Jugendlichen. Bielefeld: IDIS, 27–42.
Franzkowiak, P. (1986): Risikoverhalten und Gesundheitsbewußtsein bei Jugendlichen. Der Stellenwert von Rauchen und Alkoholkonsum im Alltag von 15 bis 20jährigen. Berlin: Springer.
Franzkowiak, P. (1987): Risikoverhalten als Entwicklungsaufgabe. Zur „subjektiven Vernunft" von Zigarettenrauchen und Alkoholkonsum in der Adoleszenz. In: Lasser, U./Sassen, G./Murza, G./Sabo, P. (Hrsg.): Prävention und Gesundheitserziehung. Berlin: Springer, 63–84.
Franzkowiak, P. (1996): Risikokompetenz – Eine neue Leitorientierung für die primäre Suchtprävention? In: Neue Praxis, 26, 5, 409–425.
Franzkowiak, P. (1998): Risikokompetenz und „Regeln für Räusche": Was kann die Suchtprävention von der akzeptierenden Drogenarbeit lernen? In: Akzeptanz, 2,
Frühbuß, J./Micheelis, W. (1995): Prävention in der Kinder- und Jugendzahnheilkunde. In: Kolip, P./Hurrelmann, K./Schnabel, P.-E. (Hrsg.): Jugend und Gesundheit. Interventionsfelder und Präventionsbereiche. Weinheim: Juventa, 263–284.
Fuchs, W. (1984): Biographische Forschung. Opladen: Westdeutscher Verlag.
Fuchs, W. (1985): Jugend als Lebenslaufphase. In: Jugendwerk der Deutschen Shell (Hrsg.): Jugend und Erwachsene '85 – Generationen im Vergleich, Bd. 1. Opladen, 195–265.
Fuchs, M./Lamnek, S./Lüdtke, J. (2001): Tatort Schule. Gewalt an Schulen 1994–1999. Opladen: Leske + Budrich.

Gabriel, G./Holthausen, B./Lüders, C./Schäfer, H. (2003): Delinquente Kinder und straffällige Jugendliche. Präventionsstrategien zwischen sicherheitspolitischen Anforderungen und pädagogischem Anspruch. In: Raithel, J./Mansel, J. (Hrsg.): Kriminalität und Gewalt im Jugendalter. Hell- und Dunkelfeldbefunde im Vergleich. Weinheim: Juventa, 317–331.

Galtung, J. (1984): Strukturelle Gewalt. Beiträge zur Friedens- und Konfliktforschung. Reinbek: Rowohlt.

Garfinkel, H. (1967): Studies in Ethnomethodology. New York: Englewood Cliffs.

Garmezy, N./Masten, A. S. (1986): Stress, Competence, and Resilience: Common Frontiers for Therapist and Psychopathologist. In: Behavior Therapy, 17, 500–521.

Gehrmann, T. (1990): Fußballrandale: Hooligans in Deutschland. Essen: Klartext.

Geißler, R. (2002): Die Sozialstruktur Deutschlands. Die gesellschaftliche Entwicklung vor und nach der Vereinigung. 3., grundlegend überarbeitete Auflage. Wiesbaden: Westdeutscher.

Georg, W. (1998): Soziale Lage und Lebensstil. Eine Typologie. Opladen: Leske + Budrich.

Geulen, D. (1981): Zur Konzeptionalisierung sozialisationstheoretischer Entwicklungsmodelle. Möglichkeiten der Verschränkung subjektiver und gesellschaftlicher Bedingungen individueller Entwicklungsverläufe. In: Matthes, J. (Hrsg.): Lebenswelt und soziale Probleme. Verhandlungen des 20. Soziologentages zu Bremen 1980. Frankfurt: Campus, 537–556.

Gildemeister, R./Wetterer, A. (1992): Wie Geschlechter gemacht werden. Die soziale Konstruktion der Zweigeschlechtlichkeit und ihre Reifizierung in der Frauenforschung. In: Knapp, G.A./Wetterer, A. (Hrsg.): TraditionenBrüche. Entwicklung feministischer Theorie. Freiburg: Kore, 201–254.

Gluchowski, P. (1987): Feizeit und Lebensstil. Plädoyer für eine integrierte Analyse von Freizeitverhalten. Erkrath: DGFF.

Gniech, G. (2002): Der Odysseusfaktor: Sensationslust. Lengerich: Pabst.

Godin, G./Kok, G. (1996): The Theory of Planned Behavior: A Review of its Applications to Health-related Behavior. In: American Journal of Public Health, 12, 2, 87–98.

Goffman, E. (1977): Rahmen-Analyse. Ein Versuch über die Organisation von Alltagserfahrungen. Frankfurt am Main: Suhrkamp.

Gottfredson, M./Hirschi, T. (1990): A general theory of crime. Stanford: Stanford University Press.

Groenemeyer, A. (2001): Risikosoziologie und gesundheitsbezogenes Risikoverhalten – Zwischen „Empowerment" und „Lifestyle Correctness". In: Raithel, J. (Hrsg.): Risikoverhaltensweiser Jugendlicher. Formen, Erklärungen und Prävention. Opladen: Leske + Budrich, 31–57.

Hagemann-White, C. (1984): Sozialisation: weiblich – männlich? Opladen: Leske + Budrich.

Haisch, J./Haisch, I. (1990): Gesundheitspsychologie als Sozialpsychologie. Das Beispiel der Theorie sozialer Vergleichsprozesse. In: Psychologische Rundschau, 41, 25–36.

Hanel, J. (2001): Lautes Musikhören Jugendlicher. In: Raithel, J. (Hrsg.): Risikoverhaltensweisen Jugendlicher. Formen, Erklärungen und Prävention. Opladen: Leske + Budrich, 265–278.

Harris, D. M./Guten, S. (1979): Health protective behavior: A exploratory study. In: Journal of Health and Sochial Behavior, 20, 17–29.
Hartmann, P. H. (1999): Lebensstilforschung. Darstellung, Kritik und Weiterentwicklung. Opladen: Leske + Budrich.
Haug, C. V. (1991): Gesundheitsbildung im Wandel. Die Tradition der europäischen Gesundheitsbildung und der „Health Promotion"-Ansatz in den USA in Ihrer Bedeutung für die gegenwärtige Gesundheitspädagogik. Bad Heilbrunn: Klinkhardt.
Havighurst, R. J. (1974): Developmental tasks and education. New York: Mc Kay.
Hebb, D. O. (1955): Drives and the CNS. In: Psychological Review, 62, 243–254.
Heckhausen, H. (1980): Motivation und Handeln. Berlin: Springer.
Heintz, B. (1993): Die Auflösung der Geschlechterdifferenz. Entwicklungstendenzen in der Theorie der Geschlechter. In: Bühler, E./Meyer, H./Reichert, D./Scheller, A. (Hrsg.): Ortssuche. Zur Geographie der Geschlechterdifferenz. Zürich/Dortmund, 17–48.
Heitmeyer, W./Olk, T. (1990): Das Individualisierungs-Theorem – Bedeutung für die Vergesellschaftung von Jugendlichen. In: Heitmeyer, W./Olk, T. (Hrsg.): Individualisierung von Jugend. Gesellschaftliche Prozesse, subjektive Verarbeitungsformen, jugendpolitische Konsequenzen. Weinheim: Juventa, 11–34.
Heitmeyer, W./Collmann, B./Conrads, J./Matuschek, I./Kraul, D./Kühnel, W./Möller, R./ Ulbrich-Herrmann, M. (1995): Gewalt. Schattenseiten der Individualisierung bei Jugendlichen aus unterschiedlichen Milieus. Weinheim/München: Juventa.
Helfferich, C. (1994): Jugend, Körper und Geschlecht. Die Suche nach sexueller Identität. Opladen: Leske + Budrich.
Helfferich, C. (1997): „Männlicher" Rauschgewinn und „weiblicher" Krankheitsgewinn? Geschlechtsgebundene Funktionalität von Problemverhalten und die Entwicklung geschlechtsbezogener Präventionsansätze. In: Zeitschrift für Sozialisationsforschung und Erziehungssoziologie, 17, 2, 148–161.
Helfferich, C. (2001): Jugendliches Risikoverhalten aus geschlechtsspezifischer Sicht. In: Raithel, J. (Hrsg.): Risikoverhaltensweisen Jugendlicher. Formen, Erklärungen und Prävention. Opladen: Leske + Budrich, 331–347.
Herriger, N. (1994): Risiko Jugend. Konflikthafte Lebensbewältigung und Empowerment in der Jugendhilfe. In: Archiv für Wissenschaft und Praxis der sozialen Arbeit, 25, 4, 298–315.
Herriger, N. (2000): Empowerment in der pädagogischen Arbeit mit „Risiko-Jugendlichen". In: Bendit, R./Erler, W./Nieborg, S./Schäfer, H. (Hrsg.): Kinder- und Jugendkriminalität. Opladen: Leske + Budrich, 263–267.
Hesse, S. (1993): Suchtprävention in der Schule. Evaluation der Tabak- und Alkoholprävention. Opladen: Leske + Budrich.
Holler, B./Hurrelmann, K. (1990): Gesundheitliche Beschwerden und soziales Netzwerk bei Jugendlichen. In: Seiffge-Krenke, I. (Hrsg.): Krankheitsverarbeitung bei Kindern und Jugendlichen. Berlin/Heidelberg: Springer, 59–79.
Holler-Nowitzki, B. (1994): Psychosomatische Beschwerden im Jugendalter. Schulische Belastungen, Zukunftsangst und Streßreaktionen. Weinheim: Juventa.

Honig, M. S. (1986): Verhäuslichte Gewalt. Frankfurt/M.: Suhrkamp.

Honkala et al. (2000): A case study in oral health promotion. In: The Evidence of Health Promotion Effectiveness. A report for the European Commission by the International Union for Health Promotion and Education. Brussels.

Hornstein, W. (1990): Aufwachsen mit Widersprüchen. Jugendsituation und Schule heute. Stuttgart.

House, J. S. (1981): Work Stress and Social Support. Reading: Adison Wesley.

Hörmann, G. (1999): Gesundheitserziehung. In: Zeitschrift für Erziehungswissenschaft, 2, 5–30.

Hörmann, G. (2002): Gesundheitserziehung. In: Homfeldt, H. G./Laaser, U./Prümel-Philippsen, U./Robertz-Grossmann, B. (Hrsg.): Studienbuch Gesundheit. Neuwied: Luchterhand, 87–106.

Hradil, S. (1983): Die Ungleichheit der „Sozialen Lage". In: Kreckel, R. (Hrsg.): Soziale Ungleichheiten (Soziale Welt, Sonderband 2). Göttingen: Schwartz, 101–118.

Hradil, S. (1987): Sozialstrukturanalyse einer fortgeschrittenen Gesellschaft. Opladen: Leske + Budrich.

Hradil, S. (1992): Alte Begriffe und neue Strukturen. Die Milieu-, Subkultur- und Lebensstilforschung der 80er Jahre. In: Hradil, S. (Hrsg.): Zwischen Bewußtsein und Sein. Die Vermittlung „objektiver" Lebensbedingungen und „subjektiver" Lebensweisen. Opladen: Leske + Budrich, 15–55.

Hradil, S. (1999): Soziale Ungleichheit in Deutschland. Opladen: Leske + Budrich.

Hradil, S. (2001): Eine Alternative? Einige Anmerkungen zu Thomas Meyers Aufsatz „Das Konzept der Lebensstile in der Sozialstrukturforschung". In: Soziale Welt, 52, 273–282.

Hubacher, M./Ewert, U. (1994): Einstellungen und Merkmale der Fahrzeugbenützung jugendlicher Velo- und Mofafahrer. Bern: Schweizerische Beratungsstelle für Unfallverhütung.

Hurrelmann, K. (1983): Das Modell des produktiv realitätsverarbeitenden Subjekts in der Sozialisationsforschung. In: Zeitschrift für Sozialisationsforschung und Erziehungssoziologie, 3, 91–103.

Hurrelmann, K. (1986): Einführung in die Sozialisationstheorie. Weinheim: Beltz.

Hurrelmann, K. (1988): Sozialisation und Gesundheit. Somatische, psychische und soziale Risikofaktoren im Lebenslauf. Weinheim: Juventa.

Hurrelmann, K. (1990): Familienstreß – Schulstreß – Freizeitstreß. Gesundheitsförderung für Kinder und Jugendliche. Weinheim/Basel: Beltz.

Hurrelmann, K. (1991): Gesundheitsrisiken und Risikoverhalten im Jugendalter – Konsequenzen für präventive und fördernde Maßnahmen. In: Bundesvereinigung für Gesundheitserziehung (Hrsg.): Risiken für unsere Gesellschaft – einschätzen und handhaben. Zum Weltgesundheitsthema 1991 „Auf die Wechselfälle des Lebens vorbereitet sein – gesund bleiben!" Köln: Moeker Merkur, 29–39.

Hurrelmann, K. (1991a): Bio-psycho-soziale Entwicklung. Versuche, die Sozialisationstheorie wirklich interdisziplinär zu machen. In: Zeitschrift für Sozialisationsforschung und Erziehungssoziologie, 11, 98–103.

Hurrelmann, K. (1994): Lebensphase Jugend. Eine Einführung in die sozialwissenschaftliche Jugendforschung. Weinheim: Juventa.
Hurrelmann, K. (2000): Gesundheitssoziologie. Eine Einführung in sozialwissenschaftliche Theorien von Krankheitsprävention und Gesundheitsförderung. 4., völlig überarbeitet Auflage von Sozialisation und Gesundheit. Weinheim: Juventa.
Hurrelmann, K. (2002): Einführung in die Sozialisationstheorie. 8., vollständig überarbeitete Auflage. Weinheim: Beltz.
Hurrelmann, K. (2004): Lebensphase Jugend. Eine Einführung in die sozialwissenschaftliche Jugendforschung. 7., vollständig überarbeitete Auflage. Weinheim: Juventa.
Hurrelmann, K./Mürmann, M./Wissinger, J. (1986): Persönlichkeitsentwicklung als produktive Realitätsverarbeitung. In: Zeitschrift für Sozialisationsforschung und Erziehungssoziologie, 6, 91–109.
Hurrelmann, K./Holler, B. (1988): Pädagogische Intervention. In: Hörmann, G./Nestmann, F. (Hrsg.): Handbuch der psychosozialen Intervention. Opladen: Westdeutscher Verlag, 81–92.
Hurrelmann, K./Hesse, S. (1991): Drogenkonsum als problematische Form der Lebensbewältigung im Jugendalter. In: Sucht, 37, 240–252.
Hurrelmann, K./Klocke, A./Melzer, W./Ravens-Sieberer, U. (2003) (Hrsg.): Jugendgesundheitssurvey. Internationale Vergleichsstudie im Auftrag der WHO. Weinheim: Juventa.
Hüther, G. (2009): Männer – das schwache Geschlecht und sein Gehirn. Göttingen: Vandenhoeck & Ruprecht.

Igra, V./Irwin, C. E., Jr. (1996): Theories of adolescent risk-taking behavior. In: DiClemente, R. J./Hansen, W. B./Ponton, L. E. (Eds.): Handbook on adolescent health risk behavior. New York: Plenum Press, 35–51.
Inglehart, R. (1989): Kultureller Umbruch: Wertewandel in der westlichen Welt, Frankfurt.
Ipsos (2000): Trendsport – ein wichtiger Bestandteil in der Sportwelt. Hamburg: Ipsos Deutschland GmbH. Marketing-, Medien- und Sozialforschung. Eigenverlag.

Japp, K. P. (1996): Soziologische Risikoforschung. Funktionale Differenzierung, Politisierung und Reflexion. Weinheim: Juventa.
Jeffery, R. W. (1989): Risk behavior und health. Contrasting individual and population perspectives. In: American Psychologist, 44, 1194–1202.
Jessor, R. (2001): Problem-Behavior Theory. In: Raithel, J. (Hrsg.): Risikoverhaltensweisen Jugendlicher. Formen, Erklärungen und Prävention. Opladen: Leske + Budrich, 61–78.
Jessor, R./Graves, T. D./Hanson, R. C./Jessor, S. L. (1968): Society, personality, and deviant behavior: A study of a tri-ethnic community. New York: Holt, Rinehart, & Winston (Reprinted by Krieger Publishing Company, Melbourne, FL.).
Jessor, R./Jessor, S. L. (1977): Problem behavior and psychosocial development: A longitudinal study of youth. New York: Academic Press.
Jessor, R./Chase, J. A./Donovan, J. E. (1980): Psychosocial correlates of marijuana use and problem drinking in a national sample of adolescents. In: American Journal of Public Health, 70, 604–613.

Jessor, R./Donovan, J. E./Widmer, K. (1980): Psychosocial factors in adolescent alcohol and drug use: The 1978 national sample study and the 1974–78 panel study. Boulder: Institute of Behavioral Science, University of Colorado. 1–167.

Jessor, R./Jessor, S. (1983): Ein sozialpsychologisches Modell des Drogenkonsums. In: Lettieri, D./Welz, R. (Hrsg.): Drogenabhängigkeit – Ursachen und Verlaufsformen. Weinheim: Beltz, 110–117.

Jessor, R./Turbin, M. S./Costa, F. M. (1999): Protektive Einflussfaktoren auf jugendliches Gesundheitsverhalten. In: Kolip, P. (Hrsg.): Programme gegen Sucht. Internationale Ansätze zur Suchtprävention im Jugendalter. Weinheim: Juventa, 41–69.

Joas, H. (1978): George H. Mead. In: Käsler, D. (Hrsg.): Klassiker des soziologischen Denkens, Band 2. München, 7–39.

Jugendwerk der Deutschen Shell (1981) (Hrsg.): Jugend '81. Lebensentwürfe, Alltagskulturen, Zukunftsbilder. Hamburg.

Kaplan, H. B. (1980): Deviant behavior in defense of self. New York: Academic Pres.

Kaplan, H. B./Martin, S. S./Robbins, C. (1982): Application of a general theory of deviant behavior: Selb-derogation and adolescent drug use. In: Journal of Health and Social Behavior, 23, 247–294.

Kasl, S. V./Cobb, S. (1966): Health behavior, illnes, and sick-role behavior. In: Archives of Environmental Psychology, 12, 246–266, 531–541.

Katschnig, H. (1980): Lebensverändernde Ereignisse als Ursache psychischer Krankheiten. Eine Kritik des globalen Ansatzes in der Life-Event-Forschung. In: Katschnig, H. (Hrsg.): Sozialer Streß und psychische Erkrankung. Lebensverändernde Ereignisse als Ursache seelischer Störungen. München/Wien/Baltimore: Urban & Schwarzenberg, 1–93.

Kelle, H. (1999): Geschlechterterritorien. Eine ethnographische Studie über Spiele neun- bis zwölfjähriger Schulkinder. In: Zeitschrift für Erziehungswissenschaft, 2, 2, 211–228.

Keupp, H. (1992): Gesundheitsförderung und psychische Gesundheit: Lebenssouveränität und Empowerment. In: Psychomed, 4, 244–250.

KKH Allianz (2011) (Hrsg.): Weißbuch Prävention. Gesund jung?! Herausforderung für die Prävention und Gesundheitsförderung bei Jugendlichen und jungen Erwachsenen. Berlin: Springer

Klages, H. (1984): Wertorientierungen im Wandel: Rückblick, Gegenwartsanalyse, Prognosen, Frankfurt.

Knight, F. H. (1921): Risk, Uncertainty and Profit. Chicago: University of Chicago Press 1965.

Kraiker, C. (1997): Risikoverhaltensanalyse. In: Weitkunat, R./Haisch, J./Kessler, M. (Hrsg.): Public Health und Gesundheitspsychologie. Bern: Huber, 80–87.

Koch, H. (1980): Verkehrswissen und -verhalten jugendlicher Mofafahrer. Bergisch-Gladbach: Bundesanstalt für Straßenwesen, Bereich Unfallforschung, Heft 28.

Kogan, N./Wallach, M. A. (1964): Risk taking: A study in cognition and personality. New York: Holt, Rinehart & Winston.

Kogan, N./Wallach, M.A. (1967): Risky-Shift Phenomenon in Small Decision-Making Groups. A Test of the Information-Exchange Hypothesis. In: Journal of experimental social psychology, 3, 75–84.

Kohli, M. (1986): Gesellschaftszeit und Lebenszeit. Der Lebenslauf im Strukturwandel der Moderne. In: Berger, J. (Hrsg.): Die Moderne – Kontinuität und Zäsuren. Soziale Welt, Sonderband 4, 183–208.

Kohli, M. (1998): Lebenslauftheoretische Ansätze in der Sozialisationsforschung. In: Hurrelmann, K./Ulich, D. (Hrsg.): Handbuch der Sozialisationsforschung. Weinheim/Basel: Beltz, 303–317.

Kolip, P. (1995): Ernährung und Körperzufriedenheit: Der Einfluß von Alter und Geschlecht auf Körperzufriedenheit und Ernährungsverhalten im Jugendalter. In: Zeitschrift für Gesundheitspsychologie, 3, 2, 97–113.

Kolip, P. (1997): Geschlecht und Gesundheit im Jugendalter. Die Konstruktion von Geschlechtlichkeit über somatische Kulturen. Opladen: Leske + Budrich.

Kolip, P. (1999): Gesundheitliches Risikoverhalten im Jugendalter: Epidemiologische Befunde und Ansätze der Prävention. In: Kolip, P. (Hrsg.): Programme gegen Sucht. Internationale Ansätze zur Suchtprävention im Jugendalter. Weinheim: Juventa, 7–24.

Kolip, P. (2000): Tabak- und Alkoholkonsum bei Jugendlichen: Entwicklungstrends, Prävalenzen und Konsummuster in den altern Bundesländern. In: Leppin, A./Hurrelmann, K./Petermann, H. (Hrsg.): Jugendliche und Alltagsdrogen. Konsum und Perspektiven der Prävention. Neuwied: Luchterhand, 24–44.

Kolip, P./Nordlohne, E./Hurrelmann, K. (1995): Der Jugendgesundheitssurvey 1993. In: Kolip, P./Hurrelmann, K./Schnabel, P.-E. (Hrsg.): Jugend und Gesundheit. Interventionsfelder und Präventionsbereiche. Weinheim/München: Juventa, 25–48.

Kracke, B./Silbereisen, R. (1994): Körperliches Entwicklungstempo und psychosoziale Anpassung im Jugendalter. Ein Überblick zur neueren Forschung. In: Zeitschrift für Entwicklungspsychologie und Pädagogische Psychologie, 26, 293–330.

Kreckel, R. (1983): Theorien sozialer Ungleichheit im Übergang. In: Kreckel, R. (Hrsg.): Soziale Ungleichheiten (Soziale Welt, Sonderband 2). Göttingen: Schwartz, 3–15.

Krüger, H.-H. (1990): Zwischen Verallgemeinerung und Zerfaserung. Zum Wandel der Lebensphase Jugend in der Bundesrepublik Deutschland. In: Büchner, P. (Hrsg.): Kindheit und Jugend im interkulturellen Vergleich. Opladen: Leske + Budrich, 113–123.

Kunkel, K. (1991): Das Bedürfnis nach Sensation Seeking und das Spielen an Unterhaltungsautomaten mit Gewinnmöglichkeit. Mannheim: FRG e.V.

Kühnel, W. (1995): Die Bedeutung von sozialen Netzwerken und Peer-Group-Beziehungen für Gewalt im Jugendalter. In: Zeitschrift für Sozialisationsforschung und Erziehungssoziologie, 15, 2, 122–144.

Laaser, U./Hurrelmann, K./Wolters, P. (1993): Prävention, Gesundheitsförderung und Gesundheitserziehung. In: Hurrelmann, K./Laaser, U. (Hrsg.): Gesundheitswissenschaften. Ein Handbuch für Lehre, Forschung und Praxis. Weinheim: Beltz, 176–203.

Laaser, U./Hurrelmann, K. (1998): Gesundheitsförderung und Krankheitsprävention. In: Hurrelmann, K./Laaser, U. (Hrsg.): Handbuch Gesundheitswissenschaften. Weinheim: Juventa, 395–424.

Labouvie, E. (1986): The coping function of adolescent alcohol and drug use. In: Silbereisen, R. K./Eyferth, K./Rudinger, R. (Hrsg.): Development as action in context: Problem behavior and young adult development. New York: Springer, 229–240.

Lamnek, S. (1995): Gewalt in Massenmedien und Gewalt unter Schülern. In: Lamnek, S. (Hrsg.): Jugend und Gewalt. Devianz und Kriminalität in Ost und West. Opladen: Leske + Budrich, 225–256.

Lampert, T. (2010): Gesundheitliche Ungleichheit. In: Hackauf, H./Ohlbrecht, H. (Hrsg.): Jugend und Gesundheit. Ein Forschungsüberblick. Weinheim: Juventa, 44–65.

Lange, E. (1997): Jugendkonsum im Wandel. Konsummuster, Freizeitverhalten, soziale Milieus auf Kaufsucht 1990 und 1996. Opladen: Leske + Budrich.

Lange, E. (2000): „Haste was, dann biste was!". Kompensatorischer Konsum und Kaufsucht bei Jugendlichen. In: Thema Jugend. Zeitschrift für Jugendschutz und Erziehung, 2, 5–7.

Laqueur, T. (1992): Auf den Leib geschrieben. Die Inszenierung der Geschlechter von der Antike bis Freud. Frankfurt: Campus.

Lay, B./Ihle, W./Esser, G./Schmidt, M. H. (2001): Risikofaktoren für Delinquenz bei Jugendlichen und deren Fortsetzung bis in das Erwachsenenalter. In: Monatszeitschrift für Kriminologie und Strafrechtsreform, 84, 2, 119–132.

Lazarus, R. S. (1966): Psychological Stress and the Coping Process. New York: McGraw-Hill.

Lazarus, R. S./Folkmann, S. (1984): Stress, appraisal and coping. New York: Springer.

Lazarus, R. S./Folkmann, S. (1987): Transactional theory and research on emotions and coping. In: European Journal of Personality, 1, 141–169.

Lazarus, R. S./Launier, R. (1981): Streßbezogene Transaktionen zwischen Personen und Umwelt. In: Nitsch, J. (Hrsg.): Streß. Theorien, Untersuchungen, Maßnahmen. Bern: Huber, 213–259.

Lenz, K. (1989): Abschied von „der Jugend". Eine empirische Studie über Alltagswelten von Jugendlichen. In: Brettschneider, W.-D./Baur, J./Bräutigam, M. (Hrsg.): Sport im Alltag von Jugendlichen. Schorndorf: Hofmann, 40–67.

Leppin, A. (1994): Bedingungen des Gesundheitsverhaltens. Weinheim: Juventa.

Lewin, K. (1938): The conceptual representation and the measurement of psychological forces. Durham, NC: Duke UniversityPress.

Lewin, K. (1963): Feldtheorie in den Sozialwissenschaften. Bern: Huber.

Lewis, C. F./Siegel, J. M./Lewis, M. A. (1984): Feeling bad: Exploring sources of distress among pre-adolescent children. In: American Journal of Public Health, 74, 117–122.

Limbourg, M./Raithel, J./Reiter, K. (2001): Jugendliche im Straßenverkehr. In: Raithel, J. (Hrsg.): Risikoverhaltensweiser Jugendlicher. Formen, Erklärungen und Prävention. Opladen: Leske + Budrich, 201–216.

Linneweber, V. (2003): Verhalten im Straßenverkehr. In: Jerusalem, M./Weber, H. (Hrsg.): Psychologische Gesundheitsförderung. Diagnostik und Prävention. Göttingen: Hogrefe, 291–320.

Lösel, F. (1975): Handlungskontrolle und Jugenddelinquenz. Persönlichkeitspsychologische Erklärungsansätze delinquenten Verhaltens – theoretische Integration und empirische Überprüfung. Stuttgart.

Luhmann, N. (1990): Soziologische Aufklärung 5. Konstruktivistische Perspektiven. Opladen: Westdeutscher.

Lukesch, H. (1990): Wenn Gewalt zur Unterhaltung wird. Regensburg: Roderer.

Lüdemann, C. (1998): Die Befolgung von Gesetzen. Eine theoriegeleitete Erklärung von Verhaltensbereitschaften und Verhalten auf Grundlage einer Bevölkerungsumfrage. In: Zeitschrift für Rechtssoziologie, 20, 2, 116–135.

Lüdtke, H. (1989): Expressive Ungleichheit. Zur Soziologie der Lebensstile. Opladen: Leske + Budrich.

Lüdtke, H./Matthäi, I./Ulbrich-Herrmann, M. (1994): Technik im Alltagsstil. Eine empirische Studie zum Zusammenhang von technischem Verhalten, Lebensstilen und Lebensqualität privater Haushalte. Marburg: Universität.

Mann, L. (1992): Stress, affect, and risk taking. In: Yates, F. (Ed.): Risk-Taking Behavior. Chichester/New York: Wiley, 201–230.

Mansel, J. (1995): Sozialisation in der Risikogesellschaft. Eine Untersuchung zu psychosozialen Belastungen Jugendlicher als Folge ihrer Bewertung gesellschaftlicher Bedrohungspotentiale. Neuwied: Luchterhand.

Mansel, J. (2001): Angst vor Gewalt. Eine Untersuchung zu jugendlichen Opfern und Tätern. Weinheim/München: Juventa.

Mansel, J./Hurrelmann, K. (1991): Alltagsstreß bei Jugendlichen. Eine Untersuchung über Lebenschancen, Lebensrisiken und psychosoziale Befindlichkeit im Statusübergang. Weinheim: Juventa.

Mansel, J./Hurrelmann, K. (1994): Außen- und innengerichtete Formen der Problemverarbeitung Jugendlicher. Aggressivität und psychosomatische Beschwerden. In: Soziale Welt, 45, 2, 147–179.

Mansel, J./Hurrelmann, K. (1998): Aggressives und delinquentes Verhalten Jugendlicher im Zeitvergleich. In: Kölner Zeitschrift für Soziologie und Sozialpsychologie, 50, 1, 78–109.

Mansel, J./Raithel, J. (2003a): Verzerrungsfaktoren im Hell- und Dunkelfeld und die Gewaltentwicklung. In: Raithel, J./Mansel, J. (Hrsg.): Kriminalität und Gewalt im Jugendalter. Hell- und Dunkelfeldbefunde im Vergleich. Weinheim: Juventa, 7–24.

Matt, E. (1995): Episode und „Doppel-Leben": Zur Delinquenz Jugendlicher. In: Monatszeitschrift für Kriminologie und Strafrechtsreform, 78, 3, 153–164.

Matt, E. (1999): Jugend, Männlichkeit und Delinquenz. In: Zeitschrift für Soziologie der Erziehung und Sozialisation, 19, 3, 259–276.

McClelland, D.C. (1961): The Achieving Society. Princeton: Van Nostrand.

Mead, G. H. (1973): Geist, Identität und Gesellschaft. Frankfurt: Suhrkamp.
Mead, M. (1971): Der Konflikt der Generationen. Jugend ohne Vorbild. Olten/Freiburg.
Mednick, S./Gabrielli, W./Hutchings, B. (1984): Genetic influence in criminal convictions: evidence from an adoption cohort. In: Science 224, 891–891.
Melzer, W./Hurrelmann, K. (1990): Individualisierungspotentiale und Widersprüche in der schulischen Sozialisation von Jugendlichen. In: Heitmeyer, W./Olk, T. (Hrsg.): Individualisierung von Jugend. Gesellschaftliche Prozesse, subjektive Verarbeitungsformen, jugendpolitische Konsequenzen. Weinheim: Juventa, 35–59.
Melzer, W./Lukowski, W./Schmidt, L. (1991) (Hrsg.): Deutsch-polnischer Jugendreport. Weinheim: Juventa.
Merten, K. (1999): Gewalt durch Gewalt im Fernsehen? Opladen: Westdeutscher.
Merton, R. K. (1957): Social theory and social structure (rev. ed.). New York: Free Press.
Merton, R. K. (1968): Social Structure and Anomia. In: Merton, R. K. (Ed.): Social Theory and Social Structure. New York: Free Press, 185–214.
Meyer, T. (2001): Das Konzept der Lebensstile in der Sozialstrukturforschung – eine kritische Bilanz. In: Soziale Welt, 52, 255–572.
Michailow, M. (1994): Lebensstilsemantik. Soziale Ungleichheit und Formationsbildung in der Kulturgesellschaft. In: Mörth, I./Fröhlich, G. (Hrsg.): Das symbolische Kapital der Lebensstile. Zur Kultursoziologie der Moderne nach Pierre Bourdieu. Frankfurt: Campus, 107–128.
Mielck, A. (2000): Soziale Ungleichheit und Gesundheit. Empirische Ergebnisse, Erklärungsansätze, Interventionsmöglichkeiten. Bern: Huber.
Mitchel, A. (1983): The Nine American Life Styles. New York.
Mittag, W. (2002): Gesundheitsverhalten Jugendlicher. In: Schwarzer, R./Jerusalem, M./Weber, H. (Hrsg.): Gesundheitspsychologie von A bis Z. Göttingen: Hogrefe, 213–216.
Moffitt, T. E./Silva, P. A. (1988): Neuropsychological Deficit and Self-reported Delinquency in an Unselected Birth Cohort. In: Journal of the American Academy of Child and Adolescent Psychiatry, 27, 233–240.
Moffitt, T. E. (1993). Adolescence-limited and life-course-persistent antisocial behavior: A developmental taxonomy. In: Psychological Review, 100, 674–701.
Mohiyeddini, C./Kohlmann, C.-W. (2002): Geschlechtsunterschiede im Gesundheitsverhalten von Grundschulkindern als Funktion defensiver Emotionsregulation. In: Zeitschrift für Gesundheitspsychologie, 10, 69–78.
Moruzzi, G./Magoun, H. W. (1949): Brain stem reticular formation and activation of the EEG. In: EEG Clinical Neurophysiology, 1, 455–473.
Mrazek, J. (1984): Die Verkörperung des Selbst – Ergebnisse der Psychologie heute-Umfrage. In: Psychologie heute, 11, 2, 50–58.
Mrazek, J. (1987): Struktur und Entwicklung des Körperkonzepts im Jugendalter. In: Zeitschrift für Entwicklungspsychologie und Pädagogische Psychologie, 19, 1, 1–13.
Muuss, R. E. (1993): Zunehmendes Risikoverhalten unter Jugendlichen. In: Biologische Medizin, 22, 4, 187–192.
Müller, H.-P. (1992): Sozialstruktur und Lebensstile. Der neuere theoretische Diskurs über soziale Ungleichheit. Frankfurt: Suhrkamp.

Nahrstedt, W. (1990): Leben in freier Zeit. Grundlagen und Aufgaben der Freizeitpädagogik. Darmstadt: Wiss. Buchgesellschaft.

Naplava, T./Oberwittler, D. (2002): Methodeneffekte bei der Messung selbstberichteter Delinquenz von männlichen Jugendlichen. Ein Vergleich zwischen schriftlicher Befragung in der Schule und mündlicher Befragung im Haushalt. In: Monatsschrift für Kriminologie und Strafrechtsreform, 85, 6, 401–423.

Neubauer, G. (2001): Sexuelle Risikolagen und riskantes Sexualverhalten von Jugendlichen. In: Raithel, J. (Hrsg.): Risikoverhaltensweiser Jugendlicher. Formen, Erklärungen und Prävention. Opladen: Leske + Budrich, 188–200.

Neumann, P. (1999): Das Wagnis im Sport. Grundlagen und pädagogische Forderungen. Schorndorf: Hofmann.

Neumann, J. (2001): Aggressives Verhalten rechtsextremer Jugendlicher. Eine sozialpsychologische Untersuchung. Münster: Waxmann.

Niedersächsische Kommission Gesundheitsförderung (1992): Gesundheit 2000. Neue Wege der Gesundheitsförderung in Niedersachsen. Hannover.

Nohl, H. (1952): Erziehung als Lebenshilfe. In: Nohl, H.: Ausgewählte pädagogische Schriften, besorgt von J. Offermann. Paderborn, 86–99.

Nohl, H. (1957): Die pädagogische Bewegung in Deutschland und ihre Theorie. Frankfurt: Suhrkamp.

Nordlohne, E. (1992): Die Kosten jugendlicher Problembewältigung. Alkohol-, Zigaretten- und Arzneimittelkonsum im Jugendalter. Weinheim: Juventa.

Nowak, H./Becker, U. (1985): „Es kommt der neue Konsument." Werte im Wandel. In: Forum. Zeitschrift für Gestaltung, 111, 13–17.

Oberwittler, D. (1999): Soziale Probleme, Gewalt- und Jugenddelinquenz in der Stadt, Ansätze einer sozialökologischen Forschung. In: Albrecht, H.-J. (Hrsg.): Forschungen zu Kriminalität und Kriminalitätskontrolle am Max-Planck-Institut für ausländisches und internationales Strafrecht in Freiburg i. Br. Freiburg i. Br.: Edition Uscrim, 403–417.

Oerter, R. (1987): Jugendalter. In: Oerter, R./Montada, L. u. a. (Hrsg.): Entwicklungspsychologie. Ein Lehrbuch. Weinheim: Beltz, 265–338.

Oerter, R./Dreher, E. (2002): Jugendalter. In: Oerter, R./Montada, L. (Hrsg.): Entwicklungspsychologie. Weinheim: Beltz, 258–318.

Ohder, C. (1992): Gewalt durch Gruppen Jugendlicher: Eine empirische Untersuchung am Beispiel Berlins. Berlin: Hitit.

Olbrich, E. (1984): Jugendalter – Zeit der Krise oder der produktiven Anpassung. In: Olbrich, E./Todt, E. (Hrsg.): Probleme des Jugendalters. Berlin: Springer, 1–48.

Olk, T. (1985): Jugend und gesellschaftliche Differenzierung. Zur Entstrukturierung der Jugendphase. In: Heidt, H./Klafki, W. (Hrsg.): Arbeit – Bildung – Arbeitslosigkeit. Beiträge zum 9. Kongreß des Deutschen Gesellschaft für Erziehungswissenschaft. 19. Beiheft der Zeitschrift für Pädagogik. Weinheim: Beltz, 290–302.

Olk, T./Strikker, F. (1991): Jugend und Arbeit. Individualisierungs- und Flexibilisierungstendenzen in der Statuspassage Schule/Arbeitswelt. In: Heitmeyer, W./Olk, T. (Hrsg.):

Individualisierung von Jugend. Gesellschaftliche Prozesse, subjektive Verarbeitungsformen, jugendpolitische Konsequenzen. Weinheim: Juventa, 159–193.
Olweus, D. (1979): Stability of aggressive reaction patterns in males: a review. In: Psychological Bulletin, 86, 852–875.
Opaschowski, H. W. (1994): Einführung in die Freizeitwissenschaft. Opladen: Leske + Budrich.
Opaschowski, H. W. (2000): Xtrem. Der kalkulierte Wahnsinn. Extremsport als Zeitphänomen. Hamburg: Germa Press.

Palentien, C. (1995): Die Inanspruchnahme medizinischer und psychosozialer Versorgungseinrichtungen von Kindern und Jugendlichen. In: Settertobulte, W./Palentien, C./Hurrelmann, K. (Hrsg.): Gesundheitsversorgung von Kindern und Jugendlichen. Ein Praxishandbuch. Heidelberg: Asanger, 153–168.
Palentien, C. (1997): Jugend und Streß. Ursachen, Entstehung und Bewältigung. Neuwied: Luchterhand.
Palentien, C. (2001): Konsumverhalten als jugendliches Risikoverhalten. In: Raithel, J. (Hrsg.): Risikoverhaltensweisen Jugendlicher. Formen, Erklärungen und Prävention. Opladen: Leske + Budrich, 317–328.
Palentien, C./Hurrelmann, K. (1995): Veränderte Lebenssituation – veränderte Gesundheit. Zum Zusammenhang von Sozialisation und Gesundheit im Jugendalter. In: Der pädagogische Blick, 3, 1, 5–13.
Parsons, T. (1965): Jugend im Gefüge der amerikanischen Gesellschaft. In: Friedeburg, L. von (Hrsg.): Jugend in der modernen Gesellschaft. Köln/Berlin, 131–155.
Patterson, G. R./Reid, J. B./Dishion, T. J. (1992): Antisocial boys. Eugene: Costalia.
Pearlin, L. I. (1987): The stress process and strategies of intervention. In: Hurrelmann, K./Kaufmann, F. X./Lösel, F. (Hrsg.): Social intervention: Potentials and constraints. Berlin: Springer, 53–72.
Pearlin, L./Liebermann, M. (1979): Social sources of emotional distress. In: Simons, R. (Ed.): Research in community and mental health. Greenwich: JAI Press, 217–248.
Perrez, M. (1991): Prävention, Gesundheits- und Entfaltungsförderung: Systematik und allgemeine Aspekte. In: Perrez, M./Baumenn, U. (Hrsg.): Klinische Psychologie, Band 2: Intervention. Bern: Huber, 80–98.
Petermann, H./Müller, H./Kersch, B./Röhr, M. (1997): Erwachsen werden ohne Drogen. Ergebnisse schulischer Drogenprävention. Weinheim: Juventa.
Petermann, H./Roth, M. (2002) (Hrsg.): Sucht und Suchtprävention. Berlin: Logos.
Piaget, J. (1926): La représentation du monde chez l'enfant. Paris: Alcan.
Piaget, J. (1952): The origins of intelligence in children. New York: International University Press.
Pientka, L. (1994): Gesundheitliche Ungleichheit und das Lebensstilkonzept. In: Mielck, A. (Hrsg.): Krankheit und soziale Ungleichheit. Ergebnisse der sozialepidemiologischen Forschung in Deutschland. Opladen: Leske + Budrich, 393–409.
Pfaff, H. (1989): Streßbewältigung und soziale Unterstützung. Zur sozialen Regulierung individuellen Wohlbefindens. Weinheim: Deutscher Studienverlag.

Pfingstmann, G./Baumann, U. (1987): Untersuchungsverfahren zum Sozialen Netzwerk und zur Sozialen Unterstützung. Ein Überblick. In: Zeitschrift für Differentielle und Diagnostische Psychologie, 8, 2, 75–98.
Plies, K./Nickel, B./Schmidt, P. (1999) (Hrsg.): Zwischen Lust und Frust. Jugendsexualität in der 90er Jahren. Opladen: Leske + Budrich.
Popp, U./Tillmann, K. J. (1990): Jugend und Familie – mehr Kontinuität als Wandel? In: Neue Sammlung, 30, 4, 564–572.

Raithel, J. (1999): Unfallursache: Jugendliches Risikoverhalten. Verkehrsgefährdung Jugendlicher, psychosoziale Belastungen und Prävention. Weinheim: Juventa.
Raithel, J. (2000): Mutproben im Jugendalter. Analogien, Äquivalenzen und Divergenzen zu Initiationsriten. In: Deutsche Jugend, 48, 7/8, 327–330.
Raithel, J. (2001): Risikoverhaltensweisen Jugendlicher – Ein Überblick. In: Raithel, J. (Hrsg.): Risikoverhaltensweisen Jugendlicher. Formen, Erklärungen und Prävention. Opladen: Leske + Budrich, 11–29.
Raithel, J. (2001a): Explizit risiko-konnotative Aktivitäten und riskante Mutproben. In: Raithel, J. (Hrsg.): Risikoverhaltensweisen Jugendlicher. Formen, Erklärungen und Prävention. Opladen: Leske + Budrich, 237–248.
Raithel, J. (2001b): Exponierte Risiken jugendlicher Männlichkeitsentwicklung. In: Zeitschrift für Sozialisationsforschung und Erziehungssoziologie, 21, 2, 133–149.
Raithel, J. (2002): Ernährungs- und Gesundheits-/Risikoverhalten Jugendlicher. In: Zeitschrift für Gesundheitswissenschaften, 10, 1, 58–71.
Raithel, J. (2002a): Jugendkriminalität und elterliches Erziehungsverhalten. In: Neue Kriminalpolitik, 2, 62–65.
Raithel, J. (2003): Riskante Verhaltensweisen im Jugendalter. Ein Literaturüberblick und lebensstilbezogene Forschungsperspektive. In: Zeitschrift für Soziologie der Erziehung und Sozialisation, 23, 3, 286–301.
Raithel, J. (2003a): Risikobezogenes Verhalten und Geschlechtsrollenorientierung im Jugendalter. In: Zeitschrift für Gesundheitspsychologie, 11, 1, 21–28.
Raithel, J. (2003b): Mutproben im Übergang vom Kindes- ins Jugendalter. Befunde zu Verbreitung, Formen und Motiven. In: Zeitschrift für Pädagogik, 49, 5, 657–674.
Raithel, J. (2003c): Sexuelles Risikoverhalten und Risikolagen im Jugendalter. In: Unsere Jugend, 55, 1, 2–11.
Raithel, J. (2003d): Medien, Familie und Gewalt im Jugendalter. Zum Zusammenhang von Gewaltkriminalität, Erziehungserfahrungen, Fernsehkonsum und Computerspielnutzung. In: Monatsschrift für Kriminologie und Strafrechtsreform, 86, 4, 287–298.
Raithel, J. (2003e): Dimensionen gesundheitsrelevanter Verhaltensweisen Jugendlicher. Das Belastungs- und Risikobereitschaftsmodell im Vergleich. In: Zeitschrift für Gesundheitswissenschaften, 11, 3, 263–279.
Raithel, J. (2003f): Sportpartizipation vs. Sportabstinenz und Gesundheit im Jugendalter. Befunde zu vermuteten ressourcestärkenden und entwicklungsförderlichen Leistungen des Sports. In: Zeitschrift für Gesundheitswissenschaften, 11, 2, 146–164.

Raithel, J. (2004): Zu Anspruch und Wirklichkeit der Ressourcenkonzepte Selbstwirksamkeitserwartung und Selbstwertgefühl im Jugendalter. In: Medizinische Psychologie, 15, 2, 3–8.

Raithel, J. (2004a): Riskante Verhaltensweisen bei Jungen. Zum Erklärungshorizont risikoqualitativ differenter Verhaltensformen. In: Altgeld, T. (Hrsg.): Männergesundheit. Neue Herausforderungen für Gesundheitsförderung und Prävention. Weinheim: Juventa, 137–154.

Raithel, J. (2004b): Lebensstil und gesundheitsrelevantes Verhalten im Jugendalter. In: Soziale Welt, 55, 1, 75–94.

Raithel, J. (2004c): Delinquenz und Lebensstile Jugendlicher. In: Kriminologisches Journal, 36, 3, 179–197.

Raithel, J. (2004d): Gesundheitsrelevantes Verhalten und Lebensstile Jugendlicher. Lengerich: Pabst.

Raithel, J. (2005): Lebensstile, Risikoverhalten und Geschlechtsrollenorientierung im Jugendalter. Weinheim: Juventa.

Raithel J (2006): Lebensstiltypologien Jugendlicher und junger Erwachsener in Deutschland. Ein Forschungsüberblick. In: Merkens H, Zinnecker J (Hrsg.): Jahrbuch Jugendforschung 2006. Wiesbaden: VS, 271–289.

Raithel, J. (2007): Umgang von PädagogInnen mit Risiko – eine Frage der Haltung. In: Einwanger, J. (Hrsg.): RISIKO – ein Weg in die Verantwortung. Jugendliches Risikoverhalten und Bergsport. Druck Österreichischer Alpenverein, 77–84.

Raithel, J. (2008): Gewalt in der Schule. „Gewalt darf nicht Schule machen". In: Deutsches Polizeiblatt, 26, 2, 4–6.

Raithel, J. (2010): Gesundheitsrelevantes Risikoverhalten unter Jugendlichen. In: Hackauf, H./Ohlbrecht, H. (Hrsg.): Jugend und Gesundheit. Ein Forschungsüberblick. Weinheim: Juventa, 160–177.

Raithel, J. (2010a): Die Lebensphase Adoleszenz – körperliche, psychische und soziale Entwicklungsaufgaben und ihre Bewältigung. In: KKH Allianz (Hrsg.): Weißbuch Prävention. Berlin: Springer,11–22.

Raithel, J. (2010b): Ein kognitiv-verhaltenstheoretisches Modell devianten Verkehrsverhaltens. In: Zeitschrift für Verkehrssicherheit, 4, 204–205.

Raithel, J. (2011): Risikoverhalten durch waghalsige Aktivitäten. In: Stier, B./Winter, R. (Hrsg.): Handbuch Jungengesundheit. Stuttgart: Kohlhammer, (in Druck).

Raithel, J./Mansel, J. (2003) (Hrsg.): Kriminalität und Gewalt im Jugendalter. Hell- und Dunkelfeldbefunde im Vergleich. Weinheim: Juventa.

Ravens-Sieberer, U./Thomas, C./Erhart, M. (2003): Körperliche, psychische und soziale Gesundheit von Jugendlichen. In: Hurrelmann, K./Klocke, A./Melzer, W./Ravens-Sieberer, U. (Hrsg.): Jugendgesundheitssurvey. Internationale Vergleichsstudie im Auftrag der WHO. Weinheim: Juventa, 19–98.

Reinders, H. (2003): Jugendtypen. Ansätze zu einer differentiellen Theorie der Adoleszenz. Opladen: Leske + Budrich.

Reinecke, J. (1997): AIDS-Prävantion und Sexualverhalten. Die Theorie des geplanten Verhaltens im empirischen Test. Opladen: Westdeutscher.

Reinhard, H. G. (1988): Entwicklung und psychische Störung im Jugendalter. Formen der Daseinsbewältigung psychisch gestörter Jugendlicher. Stuttgart: Thieme.
Remschmidt, H. (1994): Adoleszenz als Risikofaktor? In: Thema Jugend, 3, 4–6.
Renn, O. (1992): Concepts of Risk: A Classification. In: Krimsky, S./Golding, D. (Eds.): Social theories of risk. Westport: Praeger, 53–79.
Renner, B. (2002): Risikowahrnehmung. In: Schwarzer, R./Jerusalem, M./Weber, H. (Hrsg.): Gesundheitspsychologie von A bis Z. Göttingen: Hogrefe, 470–473.
Renner, B./Schwarzer, R. (2000): Gesundheit: Selbstschädigendes Handeln trotz Wissen. In: Mandl, H./Gerstenmaier, J. (Hrsg.): Die Kluft zwischen Wissen und Handeln. Göttingen: Hogrefe, 26–50.
Richartz, A./Brettschneider, W.-D. (1996): Weltmeister werden und die Schule schaffen. Zur Doppelbelastung von Schule und Leistungstraining. Schorndorf: Hofmann.
Richter, M./Kruse, C./Steckling, N. (2010): Ungleiche Gesundheitschancen im Jugendalter. Eine internationale Perspektive. In: Hackauf, H./Ohlbrecht, H. (Hrsg.): Jugend und Gesundheit. Ein Forschungsüberblick. Weinheim: Juventa, 18–43.
Richter, R. (1989): Subtile Distinktion zur Reproduktion sozialer Ungleichheit im mikrosozialen Bereich. In: Österreichische Zeitschrift für Soziologie, 14, 3, 53–63.
Richter, R. (1994): Stile im Konflikt in der Begegnung zwischen Ost und West. Ein kultursoziologischer Beitrag aus der Lebensstilforschung. In: Schwenk, O. G. (Hrsg.): Lebensstil zwischen Sozialstrukturanalyse und Kulturwissenschaft. Opladen: Leske + Budrich, 261–282.
Rittner, V. (2001): Risikoverhalten im Sport. In: Raithel, J. (Hrsg.): Risikoverhaltensweiser Jugendlicher. Formen, Erklärungen und Prävention. Opladen: Leske + Budrich, 117–236.
RKI – Robert Koch Institut (2008): Lebensphasenspezifische Gesundheit von Kindern und Jugendlichen in Deutschland. Ergebnisse des nationalen Kinder- und Jugendgesundheitssurveys (KiGGS). Berlin. RKI.
Rohrmann, B. (1990): Psychologische Risikoforschung. In: Frey, D. (Hrsg.): Bericht über den 37. Kongreß des Deutschen Gesellschaft für Psychologie. Göttingen.
Rosenberg, M. (1968): Society and the adolescent self-image. Princeton University Press.
Rosenstock, I. M. (1960): What research in motivation suggests for public health. In: American Journal of Public Health, 50, 295–302.
Rosenstock, I. M. (1966). Why People Use Health Services. In: Milbank Memorial Fund Quarterly, 44, 94–124.
Rosenstock, I. M. (1974). Historical Origins of the Health Belief Model. In: Health Education Monograph, 2, 328–335.
Roth, M./Hammelstein, P. (2003) (Hrsg.): Sensation Seeking – Konzeption, Diagnostik und Anwendung. Göttingen: Hogrefe.
Roth, M./Rudert, E./Petermann, H. (2003): Prävention bei Jugendlichen. In: Jerusalem, M./ Weber, H. (Hrsg.): Psychologische Gesundheitsförderung. Diagnostik und Prävention. Göttingen: Hogrefe, 399–418.
Rotter, J. B. (1954): Social learning and clinical psychology. New York: Prentice-Hall.

Rotter, J.B. (1982): The development and application of social learning theory: Selected papers. New York: Praeger.
Röhrle, B. (1994): Soziale Netzwerke und soziale Unterstützung. Weinheim: Beltz.
Ruch, W./Zuckerman, M. (2001): Sensation Seeking and Adolescence. In: Raithel, J. (Hrsg.): Risikoverhaltensweisen Jugendlicher. Formen, Erklärungen und Prävention. Opladen: Leske + Budrich, 97–110.

Saltonstall, R. (1993): Healthy bodies, social bodies: Men's and women's concepts and practices of health in everyday life. In: Social Science and Medicine, 36, 7–14.
Sassen, G. (1987): Der Gesundheitsbegriff in der Gesundheitserziehung. In: Laaser, U./ Sassen, G./Murza, G./Sabo, P. (Hrsg.): Prävention und Gesundheitserziehung. Berlin/ Heidelberg: Springer, 3–7.
Schäfers, B. (2001): Jugendsoziologie. Opladen: Leske + Budrich.
Schelsky, H. (1957): Die skeptische Generation. Eine Soziologie der deutschen Jugend. Düsseldorf/Köln.
Scherhorn, G./Reisch, L./Raab, G. (1992): Bericht über eine empirische Untersuchung. Universität Hohenheim. Arbeitspapier 50.
Schifter, D.J./Ajzen, I. (1985): Intention, perceived control, and weight loss. An application of the theory of planned behavior. In: Journal of Personality and Social Psychology, 49, 843–851.
Schlag, B./Ellinghaus, D./Steinbrecher, J. (1986): Risikobereitschaft junger Fahrer. Bergisch Gladbach: Bundesanstalt für Straßenwesen, Unfall- und Sicherheitsforschung Straßenverkehr, Heft 58.
Schlicht, W. (2002): Theory of Planned Behavior. In: Schwarzer, R./Jerusalem, M./Weber, H. (Hrsg.): Gesundheitspsychologie von A bis Z. Göttingen: Hogrefe, 597–600.
Schmidt, B. (1998): Suchtprävention bei konsumierenden Jugendlichen. Sekundärpräventive Ansätze in der geschlechtsbezogenen Drogenarbeit. Weinheim: Juventa.
Schnabel, P.-E. (2001): Belastungen und Risiken im Sozialisationsprozess Jugendlicher. In: Raithel, J. (Hrsg.): Risikoverhaltensweiser Jugendlicher. Formen, Erklärungen und Prävention. Opladen: Leske + Budrich, 79–95.
Schubarth, W. (2000): Gewaltprävention in Schule und Jugendhilfe. Theoretische Grundlagen – Empirische Ergebnisse – Praxismodelle. Neuwied: Luchterhand.
Schubarth, W. (2003): Formen, Möglichkeiten und Grenzen der Gewaltprävention. Schulische und außerschulische Präventionskonzepte und deren Beitrag zur Entwicklung von Konfliktfähigkeit bei Jugendlichen. In: Raithel, J./Mansel, J. (Hrsg.): Kriminalität und Gewalt im Jugendalter. Hell- und Dunkelfeldbefunde im Vergleich. Weinheim: Juventa, 300–316.
Stahr, I./Barb-Priebe, I./Schulz, E. (1998): Essstörungen und die Suche nach Identität. Ursachen, Entwicklungen und Behandlungsmöglichkeiten. Weinheim: Juventa.
Schröder, H. (1995): Jugend und Modernisierung. Strukturwandel der Jugendphase und Statuspassagen auf dem Weg zum Erwachsenwerden. Weinheim/München: Juventa.
Schubert, G. (1961): RSK-Fragebogen. In: Wehner, E.G./Durchholz, E. (1980): Persönlichkeits- und Einstellungstests. Stuttgart/Berlin/Köln/Mainz: Kohlhammer, 125–128.

Schubert, A. (1997): Delinquente Karrieren Jugendlicher. Reanalysen der Philadelphia Cohort Studies. Aachen: Shaker.
Schulze, G. (1992): Die Erlebnisgesellschaft. Kultursoziologie der Gegenwart. Frankfurt: Campus.
Schulze, G. (2001): Scheinkonflikte. Zu Thomas Meyers Kritik der Lebensstilforschung. In: Soziale Welt, 51, 283–296.
Schumacher, J./Hammelstein, P. (2003): Sensation Seeking und gesundheitsbezogenes Risikoverhalten – Eine Betrachtung aus gesundheitspsychologischer Sicht. In: Roth, M./ Hammelstein, P. (Hrsg.): Sensation Seeking – Konzeption, Diagnostik und Anwendung. Göttingen: Hogrefe, 138–161.
Schwanitz, H. J. (1990): Der Kranke und seine Gesundheit. In: MMG 15, 109–114.
Schwarzer, R. (1987): Streß, Angst und Hilflosigkeit. Die Bedeutung um Kognitionen und Emotionen bei der Regulation von Belastungssituationen. Stuttgart: Kohlhammer.
Schwarzer, R. (1990): Gesundheitspsychologie: Einführung in das Thema. In: Schwarzer, R. (Hrsg.): Gesundheitspsychologie. Ein Lehrbuch. Göttingen: Hogrefe, 3–23.
Schwarzer, R. (1993): Defensiver und funktionaler Optimismus als Bedingungen für Gesundheitsverhalten. In: Zeitschrift für Gesundheitspsychologie, 1, 7–31.
Schwarzer, R. (1993): Streß, Angst und Handlungsregulation. Stuttgart: Kohlhammer.
Schwarzer, R. (1996): Psychologie des Gesundheitsverhaltens. Göttingen: Hogrefe.
Schwarzer, R./Renner, B. (1997): Risikoeinschätzung und Optimismus. In: Schwarzer, R. (Hrsg.): Gesundheitspsychologie – Ein Lehrbuch. Göttingen: Hogrefe, 43–66.
Seiffge-Krenke, I. (1994): Gesundheitspsychologie des Jugendalters. Göttingen: Hogrefe.
Seiffge-Krenke, I./Lipp, O./Brath, K. (1989): Persönlichkeitsstruktur und Bewältigungsverhalten bei Jugendlichen. In: Zeitschrift für klinische Psychologie, 18, 332–349.
Selg, H. (1997): Gewalt in Medien – Möglichkeiten von Eltern zur Vermeidung negativer Auswirkungen. In: Kindheit und Entwicklung, 6, 67–78.
Selye, H. (1946): The general adaptation syndrome and the diseases of adaptation. In: Journal of Clinical Endocrinology, 6, 117–230.
Semler, G. (1997): Die Lust an der Angst. Warum Menschen sich freiwillig extremen Risiken aussetzen. München: Heyne.
Short, J. F./Nye, F. I. (1968): Erfragtes Verhalten als Indikator für abweichendes Verhalten. In: Sack, F./König, R. (Hrsg.): Kriminalsoziologie. Frankfurt: Akademische Verlagsgesellschaft, 60–70.
Sieber, M. (1993): Drogenkonsum: Einstieg und Konsequenzen. Bern: Huber.
Siegrist, J. (1988): Medizinische Soziologie. München: Urban & Schwarzenberg.
Sieverding, M. (2000): Risikoverhalten und präventives Verhalten im Geschlechtervergleich: Ein Überblick. In: Zeitschrift für Medizinische Psychologie, 1, 7–16.
Silbereisen, R. (1986): Entwicklung als Handlung im Kontext: Entwicklungsprobleme und Problemverhalten im Jugendalter. In: Zeitschrift für Sozialisationsforschung und Erziehungssoziologie, 6, 29–46.
Silbereisen, R. (1996): Jugendliche als Gestalter ihrer Entwicklung: Konzepte und Forschungsbeispiele. In: Hengsteler, R./Trautner, H. M. (Hrsg.): Entwicklung im Jugendalter. Göttingen: Hogrefe, 1–18.

Silbereisen, R./Kastner, P. (1987): Jugend und Problemverhalten. Entwicklungspsychologische Perspektiven. In: Oerter, R./Montada, L. et al.: Entwicklungspsychologie. Ein Lehrbuch. Weinheim: Beltz, 882–919.
Silbereisen, R./Reese, A. (2001): Substanzgebrauch Jugendlicher: Illegale Drogen und Alkohol. In: Raithel, J. (Hrsg.): Risikoverhaltensweiser Jugendlicher. Formen, Erklärungen und Prävention. Opladen: Leske + Budrich, 131–154.
Simon, T. (1996): Raufhändel und Randale. Sozialgeschichte aggressiver Jugendkulturen und pädagogische Bemühungen vom 19. Jahrhundert bis zur Gegenwart. Weinheim: Juventa.
Sisk, C. L./Foster, D. L. (2004): The neuronal basis of puberty and adolescence. In: Nature and Biobehavior Revue, 24, 417.
Spellerberg, A. (1996): Soziale Differenzierung durch Lebensstile. Eine empirische Untersuchung zur Lebensqualität in West- und Ostdeutschland. Berlin: Ed. Sigma.
Sperlich, S./Mielck, A. (2003): Sozialepidemiologische Erklärungsansätze im Spannungsfeld zwischen Schicht- und Lebensstilkonzeptionen. Plädoyer für eine integrative Betrachtung auf der Grundlage der Bourdieuschen Habitustheorie. In: Zeitschrift für Gesundheitswissenschaften, 11, 2, 165–179.
Spranger, E. (1924): Psychologie des Jugendalters. Heidelberg: Springer.
Stark, W. (1989): Prävention als Gestaltung von Lebensräumen. Zur Veränderung und notwendigen Reformulierung eines Konzepts. In: Stark, W. (Hrsg.): Lebensweltbezogene Prävention und Gesundheitsförderung: Konzepte und Strategien für die psychosoziale Praxis. Freiburg: Lambertus, 11–37.
Starr, C. (1969): Social Benefit versus Technological Risk. What is our society willing to pay for safety? In: Science, 165, 1232–1238.
Steinberg, L. (1993): Adolescence. New York: McGraw-Hill.
Steinkamp, G. (1993): Soziale Ungleichheit, Erkrankungsrisiko und Lebenserwartung: Kritik der sozialepidemiologischen Ungleichheitsforschung. In: Sozial- und Präventivmedizin, 38, 111–122.
Steinkamp, G. (1999): Soziale Ungleichheit in Mortalität und Morbidität: Oder: Warum einige Menschen gesünder sind und länger leben als andere. In: Schlicht, W./Dickhuth, H. (Hrsg.): Gesundheit für alle. Schorndorf: Hofmann, 101–154.
Steptoe, A./Wardle, J./Vinck, J./Tuomisto, M./Holte, A./Wichstrom, L. (1994): Personality and attitudinal correlates of healthy and unhealthy lifestyles in young adults. In: Psychology and Health, 9, 331–341.
Steptoe, A./Sanderman, R./Wardle, J. (1995): Stability and changes in health behaviours in young adults over a one year period. In: Psychology and Health, 10, 155–169.
Stoller, R. (1968): Sex and Gender, Bd. 1. New York.
Stoner, J. A. F. (1961): A comparison of individual and group decisions involving risk. Unpublished master's thesis. Cambridge: Massachusetts Institute of Technology.
Stößel, U./Hofmann, F. (2001): Das Hygieneverhalten Jugendlicher – Ein gesundheitliches Risikoverhalten? In: Raithel, J. (Hrsg.): Risikoverhaltensweiser Jugendlicher. Formen, Erklärungen und Prävention. Opladen: Leske + Budrich, 171–182.

Streeck-Fischer, A. (2008): Psychische Gesundheit in der Adoleszenz. In: Resch, F./Schulte-Markwort, M. (Hrsg.): Kursbuch für integrative Kinder- und Jugendpsychotherapie. Schwerpunkt: Adoleszenz. Weinheim: Beltz, 77–87.
Strittmatter, R. (1995): Alltagswissen über Gesundheit und gesundheitliche Protektivfaktoren. Frankfurt: Peter Lang.
Stroebe, W./Stroebe, M. S. (1998): Lehrbuch der Gesundheitspsychologie. Ein sozialpsychologischer Ansatz. Eschborn: Klotz.

Tertilt, H. (1996): Turkish Power Boys. Ethnographie einer Jugendbande. Frankfurt a. M.: Suhrkamp.
Thoits, P. A. (1982): Life Stress, social support, and Psychological Vulnerability: Epidemiological Considerations. In: Journal of Community Psychology, 10, 341–362.
Thoits, P. A. (1983): Multiple identities ans psychological well-being: A reformulation and test of the social isolation hypothesis. In: American Sociological Review, 46, 174–187.
Thornberry, T. P./Lizotte, A./Krohn, M./Farnworth, M./Jang, S. (1994): Delinquent peers, beliefs, and delinquent behavior: A longitudinal test of interactional theory. In: Criminology, 32, 47–83.
Tillmann, K.-J. (1993): Sozialisationstheorien. Eine Einführung in den Zusammenhang von Gesellschaft, Institution und Subjektwerdung. Reinbeck: Rowohlt.
Tillmann, K.-J./Holler-Nowitzki, B./Holtappels, H. G./Meier, U./Popp, U. (1999): Schülergewalt als Schulproblem. Verursachende Bedingungen, Erscheinungsformen und pädagogische Handlungsperspektiven. Weinheim, München: Juventa.
Tippelt, R. (1984): Jugendforschung in der Bundesrepublik: Ein Bericht des SINUS-Institut. Leverkusen: Leske + Budrich.
Tolman, E. C. (1955): Principles of performance. In: Psychological Review, 62, 315–326.
Trapp, U./Neuhäuser-Berthold, M. (2001): Riskantes Ernährungsverhalten im Jugendalter. In: Raithel, J. (Hrsg.): Risikoverhaltensweisen Jugendlicher. Formen, Erklärungen und Prävention. Opladen: Leske + Budrich, 155–170.
Troschke, J. v. (2003): Gesundheits- und Krankheitsverhalten. In: Hurrelmann, K./Laaser, U. (Hrsg.): Handbuch Gesundheitswissenschaften. Weinheim: Juventa, 371–394.
Tuck, M./Riley, D. (1986): The Theory of Reasonend Action: A Decision Theory of Crime. In: Cornish, D. B./Clarke, R. V. (Eds.): The Reasoning Criminal. Rational Choice Perspectives on Offending. New York, Berlin, Heidelberg, Tokyo: Springer, 156–169.

Udris, J./Kraft,U./Muheim, M./Mussmann, C./Riemann, M. (1992): Ressourcen der Salutogenese. In: Schröder, H./Reschke, K. (Hrsg.): Psychosoziale Prävention und Gesundheitsförderung. Regensburg: Roderer, 85–103.
Ulbrich-Herrmann, M. (1998): Lebensstile Jugendlicher und Gewalt. Eine Typologie zur mehrdimensionalen Erklärung eines sozialen Problems. Münster: Lit.
Ulbrich-Herrmann, M./Claves, O. (2001): Gewaltaffines Risikoverhalten Jugendlicher. In: Raithel, J. (Hrsg.): Risikoverhaltensweisen Jugendlicher. Formen, Erklärungen und Prävention. Opladen: Leske + Budrich, 295–316.

Unser, M. (1998): Behavioral Finance am Aktienmarkt. Empirische Analysen zum Risikoverhalten individueller Anleger. Bad Soden: Uhlenbruch.
Van den Putte, B. (1993): On the Theory of Reasoned Action. Amsterdam.
Vermeiren, R./de Clippele, A./Deboutte, D. (2000): Eight Month Follow-up of Delinquent Adolescents: Predictors of Short Term Outcome. In: European Archives of Psychiatry and Clinical Neuroscience, 250, 133–138.
Vester, M./Oertzen, P. von/Geiling, H./Herrmann, T./Müller, D. (1993): Soziale Milieus im gesellschaftlichen Strukturwandel. Zwischen Integration und Ausgrenzung. Köln: Bund-Verlag.
Vester, M./Oertzen, v. P./Geiling, H./Hermann, T./Müller, D. (2001): Soziale Milieus im gesellschaftlichen Strukturwandel. Zwischen Integration und Ausgrenzung. Frankfurt: Suhrkamp.
Villa, P.-I. (2000): Sexy Bodies. Eine soziologische Reise durch den Geschlechtskörper. Opladen: Leske + Budrich.

Waldron, I. (1988): Gender and health-related behavior. In: Gochman, D. S. (Ed.): Health behavior. New York: Plenum, 193–208.
Weber, I. (1987): Soziale Schichtung und Gesundheit. In: Geißler, R. (Hrsg.): Soziale Schichtung und Lebenschancen in der Bundesrepublik. Stuttgart: Enke, 172–182.
Weber, M. (1972): Wirtschaft und Gesellschaft. Tübingen.
Weinbach, C./Stichweh, R. (2000): Die Geschlechterdifferenz in der funktional differenzierten Gesellschaft. In: Heintz, B. (Hrsg.): Geschlechter-Soziologie. (Sonderheft KZfSS) Opladen: Westdeutscher, 30–52.
Weinstein, N. D./Klein, W. M. (1996): Unrealistic optimism: Present and future. In: Journal of Social and Clinical Psychology, 15, 1–8.
West, C./Zimmerman, D. H. (1987): Doing gender. In: Gender and Society, 1, 125–151.
West, C./Zimmerman, D. H. (1991): Doing gender. In: Lorber, J./Farrell, S. A. (Eds.): The social construction of gender. Newbury Park: Sage, 13–37.
Wetzels, P. (1997): Gewalterfahrungen in der Kindheit. Sexueller Missbrauch, körperliche Misshandlung und deren langfristige Konsequenzen. Baden-Baden: Nomos.
Wetzels, P./Enzmann, D. (1999): Die Bedeutung der Zugehörigkeit zu devianten Cliquen und der Normen Gleichaltriger für die Erklärung jugendlichen Gewalthandelns. In: DVJJ-Journal, 2, 116–131.
Wetzels, P./Enzmann, D./Mecklenburg, E./Pfeiffer, Ch. (2001): Jugend und Gewalt. Eine repräsentative Dunkelfeldstudie in München und acht anderen deutschen Städten. Baden-Baden: Nomos.
Wetzstein, T. A./Würtz, S. (2001): Gruppenzugehörigkeit und das Risikoverhalten Jugendlicher. In: Raithel, J. (Hrsg.): Risikoverhaltensweisen Jugendlicher. Formen, Erklärungen und Prävention. Opladen: Leske + Budrich, 349–363.
WHO (1985): Einzelziele für „Gesundheit 2000". Kopenhagen.
WHO (1998): Glossar Gesundheitsförderung. Genf. (deutsche Fassung – Hamburg: Conrad).

Wilcox, B. L. (1981): Social Support, Life Stress, and Psychological Adjustment: A Test for the Buffering Hypothesis. In: American Journal of Community Psychology, 9, 371–386.
Wilson, J./Herrnstein, R. (1985): Crime and human nature. New York: Simon and Schuster.
Wittenberg, J./Reinecke, J. (2003): Diebstahlkriminalität von Jugendlichen. In: Raithel, J./Mansel, J. (Hrsg.): Kriminalität und Gewalt im Jugendalter. Hell- und Dunkelfeldbefunde im Vergleich. Weinheim: Juventa, 207–225.
Wnuck, A. (1987): Familie und soziales Netzwerk. Konstitution und Leistung informeller Netzwerke von Kindern, Jugendlichen und Eltern. In: Bubert, R./Franzkowiak, P./Stößel, U./Troschke, J. v./Wnuck, A. (Hrsg.): Soziale Netzwerke und Gesundheitsförderung. Risiken und Bewältigungsformen von Eltern und Jugendlichen. München: Deutsches Jugendinstitut, 149–197.
Wulfhorst, B. (2002): Theorie der Gesundheitspädagogik. Legitimation, Aufgabe und Funktionen von Gesundheitserziehung. Weinheim: Juventa.

Yates, F. (1992) (Ed.): Risk-Taking Behavior. Chichester/New York: Wiley.

Zerger, F. (2000): Klassen, Milieus und Individualisierung. Eine empirische Untersuchung zum Umbruch der Sozialstruktur. Frankfurt: Campus.
Ziegelmann, J. P. (2002): Gesundheits- und Risikoverhalten. In: Schwarzer, R./Jerusalem, M./Weber, H. (Hrsg.): Gesundheitspsychologie von A bis Z. Göttingen: Hogrefe, 152–155.
Zimmermann, P. (2003): Grundwissen Sozialisation. Opladen: Leske + Budrich.
Zinnecker, J. (1985): Literarische und ästhetische Praxen in Jugendkultur und Jugendbiographie. In: Jugendwerk der Deutschen Shell (Hrsg.): Jugendliche und Erwachsene '85 – Generationen im Vergleich (Band 2). Opladen: Leske + Budrich, 143–148.
Zinnecker, J. (1985a): Jugend und Gegenwart – Beginn oder Ende einer historischen Epoche? In: Baacke, D./Heitmeyer, W. (Hrsg.): Neue Widersprüche. Jugendliche in den 80er Jahren. Weinheim: Juventa, 24–46.
Zinnecker, J. (1987): Jugendkultur 1940–1985. Leverkusen: Leske + Budrich.
Zinnecker, J. (1991): Jugend als Bildungsmoratorium. Zur Theorie des Wandels der Jugendphase in west- und osteuropäischen Gesellschaften. In: Melzer, W. Heitmeyer, W./Liegle, L./Zinnecker, J. (Hrsg.): Osteuropäische Jugend im Wandel. Weinheim: Juventa, 9–25.
Zinnecker, J. (1996): Jugendforschung in Deutschland – Bilanz und Perspektiven. In: Edelstein, W./Sturzbecher, D. (Hrsg.): Jugend in der Krise – Ohnmacht der Institutionen. Potsdam, 189–207.
Zinnecker, J./Molnár, P. (1988): Lebensphase Jugend im historisch-interkulturellen Vergleich. In: Ferchhoff, W./Olk, T. (Hrsg.): Jugend im internationalen Vergleich. Weinheim: Juventa, 181–206.
Zinnecker, J./Behnken, I./Maschke, S./Stecher, L. (2002): null zoff & voll busy. Die erste Jugendgeneration des neuen Jahrhunderts. Opladen: Leske + Budrich.

Zubrägel, S./Settertobulte, W. (2003): Körpermasse und Ernährungsverhalten von Jugendlichen. In: Hurrelmann, K./Klocke, A./Melzer, W./Ravens-Sieberer, U. (Hrsg.): Jugendgesundheitssurvey. Internationale Vergleichsstudie im Auftrag der WHO. Weinheim: Juventa, 159–182.
Zuckerman, M. (1971): Dimensions of sensation seeking. In: Journal of Consulting and Clinical Psychology, 36, 45–52.
Zuckerman, M. (1979): Sensation seeking: beyond the optimal level of arousal. Hillsdale: Erlbaum.
Zuckerman, M. (1994): Behavioral expressions and biosocial bases of sensation seeking. Cambridge: Cambridge University Press.
Zuckerman, M. (1996): The psychobiological model for impulsive unsocialized sensation seeking: a comparative approach. In: Neuropsychobiology, 34, 125–129.
Zuckerman, M./Eysenck, S./Eysenck, H. J. (1978): Sensation seeking in England and America: cross-cultural, age, and sex comparisons. In: Journal of Counselting and Clinical Psychology, 46, 139–149.

MIX
Papier aus verantwortungsvollen Quellen
Paper from responsible sources
FSC® C105338

If you have any concerns about our products,
you can contact us on
ProductSafety@springernature.com

In case Publisher is established outside the EU,
the EU authorized representative is:
**Springer Nature Customer Service Center GmbH
Europaplatz 3, 69115 Heidelberg, Germany**

Printed by Libri Plureos GmbH
in Hamburg, Germany